Brigitte Schulz
Flüstern allein genügt nicht

Brigitte Schulz

Flüstern allein
genügt nicht

Das »Pferde-Partner-Paß«-Programm
der Pferdefrau vom Immenhof

Ulrike Helmer Verlag

Empfohlen vom Verband der
Freizeitreiter und -fahrer Deutschlands

Die Deutsche Bibliothek – CIP-Einheitsaufnahme

Schulz, Brigitte:
Flüstern allein genügt nicht : Das »Pferde-Partner-
Paß«-Programm der Pferdefrau vom Immenhof /
Brigitte Schulz. – Königstein/Taunus : Helmer, 1999
ISBN 3-89741-016-8

Coverfoto: Werner Kubny
Satz: Ulrike Helmer Verlag
Druck und Verarbeitung: Niederland Verlagsservice,
Königstein/Ts.
Printed in Germany

Gesamtverzeichnis schickt gern:
Ulrike Helmer Verlag
Altkönigstraße 6a
D-61462 Königstein/Taunus
Tel.: 06174 / 93 60 60
Fax: 06174 / 93 60 61
e-mail: ulrike.helmer.verlag@t-online.de

Inhalt

Dieses Buch widme ich in Dankbarkeit meinem größten Lehrmeister, meinem Vater Dieter Schulz.

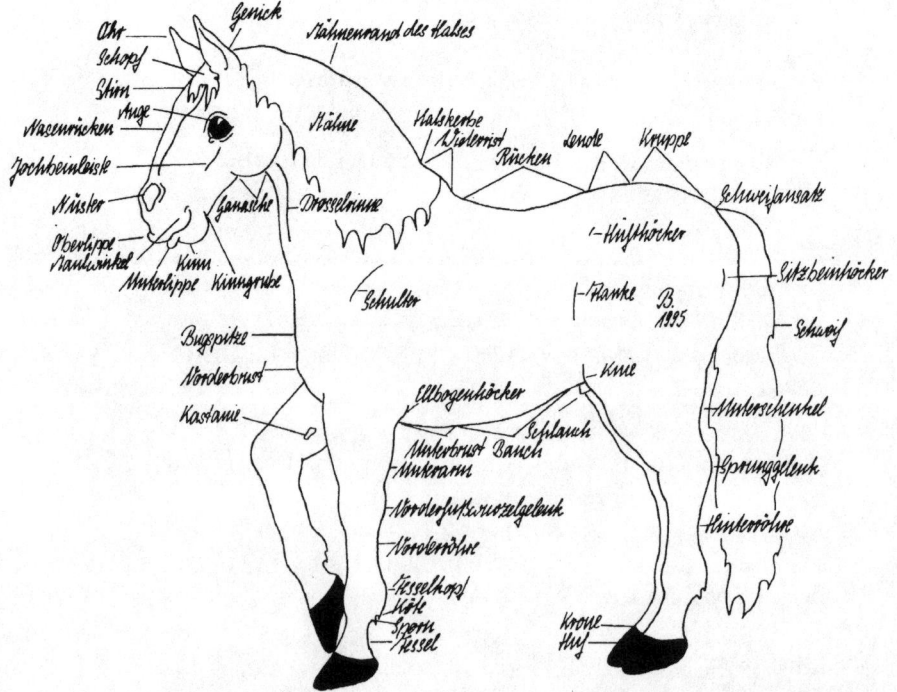

Wir stellen uns vor

Guten Tag, liebe Leserinnen und Leser!

Dieses Buch bildet die Grundlage für das von mir entwickelte »Pferde-Partner-Paß«-Programm. Es richtet sich an alle, die Pferde lieben, und enthält Grundlagen, die ich für unverzichtbar im Umgang mit diesen Tieren halte. Denn nur wer die Verhaltensweisen, die Körpersprache und die Mimik der Pferde versteht, nur wer ihre Bedürfnisse kennt und bereit ist, immer noch mehr über Pferde zu lernen, vermag ihnen gerecht zu werden.

Mein Anliegen ist es, die Kommunikation zwischen Pferd und Mensch zu verbessern – um den Pferden eine bessere Welt zu schenken. Ihre Sinne, Wahrnehmungen und Bedürfnisse haben sich in den letzten Jahrtausenden nicht verändert, wohl aber ihre Umwelt und die Ansprüche, die die Menschen an sie herantragen. Dem möchte ich Rechnung tragen – als Vermittlerin: In meiner Eigenschaft als geprüfte Reitausbilderin und Diplom-Pferdeverhaltenstherapeutin möchte ich Menschen für die Belange der Pferde sensibilisieren.

Hauptsächlich helfe ich verhaltensgestörten Pferden. Eine meiner Hauptaufgaben sehe ich aber darin, Verhaltensabweichungen und -störungen bereits im Vorfeld zu verhindern: Indem ich alle Möglichkeiten nutze, mein Wissen weiterzugeben, zu lehren und selbst noch mehr hinzuzulernen.

In unserem Reitstall Immenhof erteile ich theoretischen und praktischen Unterricht und gebe Stunden und Seminare zu allen Bereichen. Der Immenhof, idyllisch und ruhig in der Lüneburger Heide gelegen, ist von der Deutschen Reiterlichen Vereinigung (FN) und der Vereinigung der Freizeitreiter und -fahrer in Deutschland e.V. (VFD) als Reitstall anerkannt.

Ich informiere in Fachzeitschriften, Funk und Fernsehen, per Video

(›*Vom Lob zum Begriff*‹ und ›*Die Pferdefrau vom Immenhof*‹), mit diesem Buch, kleinen Geschichten, Lernspielen u.a.

Natürlich bin ich für viele eine »Pferdeflüsterin« – eine Zuschreibung, die ich nicht teile. In meiner Tätigkeit sehe ich nichts Geheimnisvolles oder Magisches, sondern eine Aneinanderreihung von Selbstverständlichkeiten: Erlerntes Wissen, gepaart mit Erfahrung, Geduld, Selbstdisziplin, Beherrschung von Körpersprache, Atmung und Stimme, zuzüglich der Fähigkeit zu motivieren, sprich: Freude zu vermitteln. Darum empfinde ich mich nicht als Pferdeflüsterin, sondern als Pferde-Partnerin. Flüstern allein genügt nicht! Abgesehen davon, distanziere ich mich von einigen Flüsterermethoden energisch: abstrakte Fesselungen oder das Umwerfen eines Pferdes sind weder sanfte noch erfolgreiche Mittel (siehe auch das Kapitel »Verhaltensstörungen«).

Wir müssen den Pferden nichts flüstern, sondern uns in sie hineinversetzen können. Darum soll in diesem Buch nicht nur ich selbst zu Wort kommen, sondern auch ein Pferd für sich und seine Artgenossen sprechen.

Brigitte Schulz

Immenhof, im Sommer 1999

Hallo,

mein Name ist Hotte Hurtig. Ich bin so etwas wie ein Beauftragter der Pferde, Ponies und ihrer Artverwandten. Ich soll und will zur Verständigung zwischen uns und euch beitragen.

Warum man gerade mich ausgewählt hat? Ich denke, wegen meiner etwas abenteuerlichen Abstammung. Ich bin nämlich sozusagen multikulturell: halb Pony, halb Großpferd. Hier ein Schuß Vollblut, der mich davon abhält, zur Schlaftablette zu werden, dort ein Hauch von Hartnäckigkeit, der sich bei Bedarf in einer gewissen Sturheit äußert und den ich einem sehr stämmigen Vorfahren verdanke.

Was im einzelnen noch in meiner – nicht vorhandenen – Ahnentafel steckt, weiß ich selbst nicht ganz genau, da meine große Verwandtschaft weit verteilt ist. Jedenfalls kann ich so über alle Arten von Pferden und Ponies und ihren gerechten Ansprüchen berichten.

Ich hoffe sehr, daß viele Menschen dieses Buch lesen werden. Vielleicht kann dann so mancher Fehler vermieden werden – vor allem Isolationshaltung! Falsche Pferdehaltung ist nach wie vor weit verbreitet. Selten steckt böser Wille dahinter, oft aber Profitgier oder schlicht zuviel Liebe. Uns zu behandeln, als seien wir Menschen, provoziert mitunter das Gegenteil von dem, was eigentlich beabsichtigt wird. Andere wiederum halten uns als Prestigeobjekte und degradieren uns zu Luxusgeschöpfen.

Ich weiß, daß unsere Mimik und unsere Körpersprache für Laien schwer zu verstehen ist. Am schlimmsten ist, daß wir unserem Menschen nicht »sagen« können, wenn wir Schmerzen empfinden.

Deshalb hat mein Mensch – wohl nicht zufällig eine Menschenfrau – es sich zur Aufgabe gemacht, ihren Artgenossen beizubringen, wie man uns besser versteht, artgerecht hält und pflegt. Sie selbst geht mit uns behutsam um und beugt sich den Gesetzen der Natur. Sie läßt uns ihre Achtung und Ehrfurcht vor der Kreatur spüren.

Logischerweise müssen wir und ihr in dem für uns heute so eingeschränkten Lebensraum alle irgendwo Kompromisse machen. Aber sie müssen für beide Seiten gleichermaßen akzeptabel sein, sonst hat eine Mensch-Pferd-Gemeinschaft keinen Sinn. Für meinen Menschen ist die Würde des Tieres unantastbar. Und genau deshalb haben wir dieses Buch gemeinsam verfaßt.

Übrigens, ich mag Menschen sehr, aber nur freiwillig, nicht wenn ich soll. Jetzt habe ich einfach alle geduzt, ich hoffe, das stört euch nicht. Aber schließlich hat zu mir auch noch keiner »Sie« gesagt ...

Und nun viel Spaß beim Lernen. Grämt euch nicht, wenn ihr euch dabei eurer Fehler (die macht schließlich jeder) bewußt werdet. Eure Bereitschaft, dieses Buch zu lesen, beweist den Willen zur Besserung. Und ich weiß guten Willen zu schätzen und kann ihn spüren.

Ach, und wer nicht so gerne liest, der kann an Brigittes Kursen zum »*Pferde-Partner-Paß*«-*Programm* teilnehmen.

Der Weg ist das Ziel!
Euer Hotte Hurtig

»*Gebrauchsanweisung*«

Welche Kapitel aus der Sicht der Autorin und welche aus der Sicht ihres Co-Autors Hotte geschrieben sind, erschließt sich beim Lesen.

(Sicherheitshalber steht aber auch immer in der Überschrift, wenn es sich um ein Kapitel von mir handelt! Hotte)

Kursiv und in Klammern gesetzt, erscheinen mitunter Zwischenbemerkungen des jeweils anderen im Text.

Abstammung und Domestikation

Auch wenn wir uns eigentlich mit lebendigen Pferden befassen möchten, sind die Vorfahren unserer Vierbeiner für uns durchaus von Interesse. Eine Reise in die Vergangenheit kann uns helfen, den Ursprung der Gepflogenheiten zu begreifen, die alle pferdeartigen Tiere – Equiden – heute aufweisen.

Unsere von der Zivilisation geprägten Pferde verfügen noch über alle notwendigen Verhaltensweisen, die aus dem früheren Leben in freier Wildbahn stammen.

Wie weit wir zurückschauen könnten? Wohl über 60 Millionen Jahre. Beschränken wir uns hier also auf das Wichtigste und galoppieren ein wenig durch die Geschichte:

Einst lebten die Urahnen unserer Pferde im Wald und ernährten sich überwiegend von Laub. Fossile Funde in Nordamerika und Europa geben darüber Aufschluß. Die ältesten Entdeckungen stammen aus dem Eozän (vor rund 50 Millionen Jahren), einem Zeitalter, dem der Eohippus seinen Namen verdankt. Er war nur etwa 40 Zentimeter groß! Heute gibt es Pferde, die beinahe ein Stockmaß von zwei Metern erreichen – ein ziemlicher Entwicklungssprung. Der Eohippus präsentierte sich mit gewölbtem Rücken und niedriger Kopfhaltung. Er besaß noch keine Hufe, sondern mehrere Zehen.

Das Urpferdchen entwickelte sich ständig weiter und begann in Herden in die offenen Landschaften zu ziehen. Für ein Steppentier mußte seine Tarnfarbe hellbraun, gelblich oder grau sein. Das Urpferdchen ernährte sich nun von Gras, formte sich allmählich zum Einzeher und hochspezialisierten Fluchttier – und wurde größer. Der ›Pliohippus‹ genannte Vorläufer unseres heutigen Pferdes wies schließlich schon ein Stockmaß von ca. 1,15 Meter auf. Das war vor ca. 10 bis 3 Millionen Jahren. Der Plio ähnelte dem heutigen Pferd bereits und verfeinerte sich zum Equus. Überreste dieser frühen Pferde wurden in Afrika, Amerika, Europa und Asien gefunden. Während des Pleistozän entwickelte sich das Equus weiter.

Gegen Ende der letzten Eiszeit, also vor rund 10.000 Jahren, gab es wohl schon mehrere wilde Stammarten unserer Hauspferde. Zu ihnen zählen das – nach seinem Erforscher genannte – Przewalski-Pferd und der Tarpan, deren Rückzüchtungen und Auswilderungen wir heutzutage wieder beobachten können. Allerdings verfügen die Przewalskis über 66 Chromosomen und die Hauspferde über nur 64. Die unterschiedliche Zahl an Trägern der Merkmalsanlagen zeigt, daß die Ahnentafel unserer Pferde noch nicht ganz geklärt ist.

Begeben wir uns nun auf einem anderen Pfad zurück in die Geschichte, um zu schauen, wie unsere Ahnen anfingen, sich vermehrt für Pferde zu interessieren und ihren Nutzen zu erkennen.

An alten Höhlenzeichnungen, gemalt oder geritzt, und an Skulpturen läßt sich erkennen, daß unsere Vorfahren Pferde zunächst einfach nur gejagt, aufgegessen und ihre Felle und Knochen verwertet haben. Dann begannen sie ihnen Traglast aufzubürden (wobei die Last, die unsere Pferde heute tragen müssen, oft schwerer wiegt – ich meine nicht nur die Reiter, sondern die seelische Last). Das Rad und der Wagen wurden erfunden, die Pferde zum Ziehen angespannt. Als sich unsere Vorfahren von herumreisenden Jägern zu seßhaften Bauern entwickelt hatten, erkannten sie den Nutzen der Pferde für die Feldarbeit – für den Acker und das Heeresfeld.

Schon vor ca. 5000 Jahren versuchten Menschen Pferde zu zähmen und haben es teilweise auch geschafft. Um 2000 v. Chr. galoppierten die Rösser vor Streitwagen, und um 1200 v. Chr. war die Reiterei bereits recht verbreitet.

In den nächsten Kapiteln wenden wir uns wieder der Gegenwart zu und lassen hin und wieder den Blick in die Vergangenheit schweifen – Vergangenheitsbewältigung für eine schönere Zukunft.

Ihre leidvollsten Erfahrungen haben die Pferde sicherlich in den Zeiten großer Kriege gemacht. Hier wenigstens war es für sie von Vorteil, von der Technik verdrängt zu werden. Doch darf nun nicht versucht werden, sie als Sportgeräte zu technisieren.

Pferde brauchen natürliche Bedingungen. Es liegt in unserer Macht, ihnen solche zu bieten. Ihr Schicksal liegt in unseren Händen. Vermenschlichen dürfen wir die Tiere allerdings ebensowenig, denn, wie schon ein altes Sprichwort sagt: »Ein Pferd ohne Reiter ist immer noch ein Pferd, ein Reiter ohne Pferd bloß ein Mensch.«

Allerdings sollten wir lernen, uns in diese prachtvollen Lebewesen hineinzuversetzen. Dabei gibt es viel zu entdecken. Denn das Empfindungsvermögen der Pferde ist groß – größer als viele es sich bisher vielleicht vorstellen konnten.

In unserer Herde gibt es einen rückgezüchteten Tarpan, also ein sehr urtümliches Pferd: Jappadappadu beweist uns immer wieder, daß sich die Pferde zwar im Aussehen geändert haben mögen, nicht aber in ihren Bedürfnissen. Und er erweist sich keinesfalls als Relikt aus der Steinzeit, sondern als überaus intelligenter, lernfähiger Bursche.

Schon immer hat das Pferd die Menschen fasziniert. Bereits seit vielen Jahrhunderten geben pferdebegeisterte Menschen ihre Beobachtungen und Empfindungen weiter. Das hippologische Werk von Xenophon (430–354 v. Chr., Philosoph, Politiker, Schriftsteller und Mitbegründer der Hippologie, der Lehre vom Pferd und vom Reiten) ist auch heute noch lesenswert.

Jappadappadu ...!
Roß und Reiterin
beim Ritt durch
die Geschichte.

Sinne, Wahrnehmungen und Gefühle
— *erläutert von Hotte Hurtig*

Wie wir es sehen – unser Sehvermögen

Wenn ihr im Umgang mit uns schon einmal richtig auf unsere Augen geachtet habt, wird euch klargeworden sein, daß sich unser Sehvermögen von eurem ziemlich unterscheidet. Ich will an dieser Stelle genauer darauf eingehen und euch auf ein paar Besonderheiten aufmerksam machen – bestimmt wird nur ein rücksichtsloser, egoistischer Mensch sie anschließend nicht berücksichtigen!

Unsere Augen stehen etwas nach außen vor und sind sehr groß, rund fünf Zentimeter im Durchmesser. Ein Elefantenauge ist übrigens kleiner. Entsprechend leicht können wir uns Verletzungen an den Augen zuziehen. Deshalb sind wir am Kopf auch berührungsempfindlicher als an den meisten anderen Körperteilen.

Aber die Hauptsache ist, daß wir ganz anders räumlich sehen als ihr – abgesehen davon, daß wir dazu natürlich auch zwei Augen brauchen. Bei euch liegen die Blickachsen parallel und laufen gemeinsam auf einen bestimmten Punkt zu. Bei uns aber laufen die Blickachsen in einem Winkel von 90° auseinander!

Dadurch besteht unser Gesichtsfeld aus zwei unterschiedlichen Bereichen: einem für ein Auge und einem für beide Augen. Das bedeutet: Wir können einen bestimmten Punkt nicht so klar sehen wie ihr, dafür aber ein viel größeres Umfeld relativ gleichmäßig überblicken. Für uns als Fluchttiere ist ein geräumiger Überblick nun mal lebenswichtig, besonders in der freien Wildbahn. Ihr habt sicher schon bemerkt, wie schnell wir euch immer entdecken. Vor allem dann, wenn ein unbeliebter Reiter auf der Weide mit der Trense auftaucht ... Unser Blickradius umfaßt nahezu 360° – fast ein Rundumblick. Manche Reitlehrer haben den allerdings auch.

Es gibt aber auch tote Blickwinkel. Wir versuchen natürlich, sie auszugleichen. Eine blinde Zone liegt direkt hinter uns, entlang des Rückens. Möchten wir genau hinter uns schauen, müssen wir den Kopf seitlich wenden. Sobald sich hinter uns etwas bewegt, halten wir deshalb den Kopf leicht schräg, um ein Auge auf alles halten zu können. Ihr werdet es nicht schaffen, uns in völlig gerader Haltung von hinten zu fotografieren. Ein Auge wird euch immer folgen, wenn ihr versucht, in den toten Winkel zu treten.

Eine weitere blinde Zone befindet sich unmittelbar vor und unter unserer Nasenspitze. Bedenkt bitte, daß wir nicht genau sehen, was ihr uns beispielsweise beim Auftrensen ins Maul schieben wollt. Gerade für unerfahrene Pferde kann das erste Aufzäumen zum Schockerlebnis werden, wenn ihnen nicht gleich alles richtig gezeigt wird. Selbst beim Leckerbissen Vorhalten können Mißverständnisse entstehen, wenn ihr zu ungeschickt seid. Bitte haltet uns die Hand deutlich sichtbar – und vorsichtshalber flach – hin.

Was sich unter unserem Bauch befindet, können wir nur unter Verrenkungen sehen und schon gar nicht mit erhobenem Kopf. Deshalb bleiben manche meiner Reitpferdekollegen nur höchst ungern über einer am Boden liegenden kurzen Stange stehen, was beim Reiten mitunter gefordert wird.

Das genaue Abschätzen von Entfernungen fällt uns schwerer als euch. Außerdem sind wir es durch unser großes Gesichtsfeld gewohnt, ständig mehrere Dinge gleichzeitig zu beobachten. Es fällt uns schwer, uns über einen längeren Zeitraum nach vorne zu konzentrieren.

Wir müssen das für euch trainingsgerechte Sehen also erst lernen. Stangentreten zum Beispiel ist für uns sehr anstrengend – nicht nur körperlich, sondern auch nervlich, eben weil wir andauernd starren müssen.

Hinzu kommt, daß wir das Scharfsehen von Objekten in unterschiedlicher Entfernung genauer einstellen müssen. Wir heben, senken und wenden dazu den Kopf. Das kommt, weil bei uns die Abstände von Hornhaut zu Netzhaut im Auge unterschiedlich lang sind. Je weiter entfernt der Gegenstand, dem unser Interesse gilt, desto aufrechter müssen wir unseren Kopf tragen, ist er näher, müssen wir ihn anwinkeln.

Beim Kaltblüter mit seinem größeren Schädel liegt das Auge vergleichsweise höher, weswegen er den Kopf tiefer halten kann. Der

Araber mit seiner oft auffällig vorgewölbten Stirn hält den Kopf eher erhoben und waagerecht.

Wir können einen Gegenstand, der dicht vor uns am Boden liegt, nur dann scharf erkennen, wenn wir den Kopf senken. Zur genaueren Untersuchung müssen wir uns auch zwischen Beäugen und Beriechen entscheiden; beides gleichzeitig geht nicht, weil unser Blick über unsere Nasenspitze hinwegläuft.

(Aufgrund dieser Tatsachen muß der häufig praktizierte feste und starre Griff ins Halfter beim Führen von Pferden vermieden werden. Nur ein Führseil, das Spielraum läßt, gibt den Pferden die nötige Kopffreiheit, gewährleistet Überblick und ein größeres Sicherheitsgefühl.)

Beim Grasen verfügen wir über ein fast vollständiges Gesichtsfeld. Wenn wir uns bewegen, sehen wir allerdings schlechter als im Stand. Es gibt oft Mißverständnisse mit Reitern, wenn wir plötzlich stehenbleiben, um etwas besser erkennen zu können. Dieses sichtgerechte Verhalten wird uns häufig als Ungehorsam angelastet.

Wenn wir eine Sache dicht neben uns begutachten wollen und uns nicht zu ihr hindrehen können, versuchen wir den Kopf schräg zu halten. Beim Reiten wird uns das Schiefhalten meist nicht erlaubt. Deshalb versuchen wir dann mitunter seitwärts auszuweichen, um mit mehr Abstand besser sehen zu können. Der Ärger mit unwissenden Reitern ist da vorprogrammiert; es ist leider weit verbreitet, daß uns unser Verhalten falsch ausgelegt wird.

Laßt uns bitte Zeit, wenn wir während eines Rittes vor etwas Angst bekommen. Gebt uns die Möglichkeit, aus allen Perspektiven zu schauen, nicht nur einseitig. So helft ihr uns die Furcht zu überwinden.

Ein Wort zum Springen: Mit etwas gesenktem Kopf können wir ein Hindernis besser sehen. Wenn ein Reiter uns dazu provoziert, den Sprung mit hohem, waagerecht gehaltenem Kopf anzugehen, bleibt uns außer dem »Parken« nur noch ein längerer Blindflug, vor allem bei zu starrer Zügelführung. Denn bei zu hoch gezogenem Schädel können wir den Sprung nur erkennen, wenn wir den Kopf zur Seite wenden *(einäugig)*. Abgesehen davon, sehen wir das Hindernis im allerletzten Moment *(toter Winkel)* sowieso nicht mehr und müssen deshalb vorher den Abstand einschätzen und den Hilfen des Reiters vertrauen.

(Springreiter bevorzugen oft Pferde mit engstehenden Augen, was allerdings nicht gerechtfertigt ist. Die seitliche Anordnung der Augen beeinflußt das Springvermögen nicht.)

Weil unsere Augen seitlich stehen, registrieren wir natürlich auch Bewegungen am Parcoursrand, unsere Konzentration wird also in jeder Hinsicht stark gefordert. Außerdem ist uns das Springen nicht so wichtig wie vielen Reitern. Daß wir es können, erweist sich zwar mitunter als praktisch, doch auf Dauerspringen sind wir nicht ausgerichtet, weder vom Verhalten her noch von der Anatomie.

Manche Menschen glauben übrigens allen Ernstes, Pferde mit viel sichtbarem Weiß im Auge seien bösartig. Das ist nicht richtig. Ich habe Verwandte, bei denen ist das Weiß rassebedingt. Und eine Rasse des bösartigen Pferdes gibt es doch wohl nicht. Außerdem drehen sich unsere Augen, wenn wir den Kopf schräg heben, automatisch so, daß mehr Weißes erkennbar wird. Legt das Ammenmärchen von der Bösartigkeit also zu den Akten!

In der Dämmerung sehen wir besser als ihr, weil wir eine lichtverstärkende Schicht hinter der Netzhaut besitzen *(Tapetum lucidum)*. Sie reflektiert das während der Dunkelheit in unsere Augen einfallende Licht. Ein Lichtstrahl wird so zweimal genutzt. Dieser »Verstärker« funktioniert wie ein Spiegel. Das Licht, das durch die Netzhaut auf die lichtverstärkende Schicht fällt, wird wieder zurückgeworfen. Ihr habt bestimmt schon einmal gesehen, wie unsere Augen nachts im Scheinwerferlicht funkeln. Bei schwacher Beleuchtung sehen wir mindestens zweimal so gut wie ihr.

Wir kommen nicht nur in der Dunkelheit prima zurecht, auch starke Helligkeit bereitet uns keine Probleme. Bei starkem Lichteinfall verengen sich unsere *(ohnehin querovalen)* Pupillen noch mehr, so daß unser Rundumblick nicht eingeschränkt wird. Daher kommen wir immer ohne Sonnenbrille aus.

Rasch wechselnde Lichtverhältnisse sind für uns allerdings ein Problem. Da ist unsere Anpassungsgeschwindigkeit geringer als eure. Das kommt daher, daß wir eigentlich Steppenbewohner sind. In der Steppe verändern sich die Lichtverhältnisse schließlich nur allmählich. Beachtet dies bitte, wenn ihr uns aus einem dunklen Stall führen wollt: Unsere Augen brauchen Zeit, sich aufs helle Tageslicht einzustellen. Von draußen nach drinnen ist es genauso. Deshalb sind uns auch Auftritte in Spotlights unangenehm. *(Stallbeleuchtung sollte nicht abrupt an- und ausgehen!)*

Ihr Menschen als »Höhlenbewohner« könnt euch schneller umstellen. Das ist seit jeher für euer Überleben wichtig gewesen. Wir hingegen brauchen den ständigen Überblick über unsere Umgebung.

Und noch eine Besonderheit: Wir Pferde sind Bewegungsseher. Kleinste Bewegungen, auf die euer Auge viel zu träge reagiert, um sie überhaupt zu erkennen, werden von uns wie in Zeitlupe wahrgenommen. Und zwar wie einzeln hintereinandergeschaltete Farbaufnahmen, nicht im Bewegungsfluß wie bei euch. Wir richten unsere Augen nicht willkürlich auf einen Gegenstand, sondern lassen sie durch Außenreize lenken.

Woran liegt es, daß wir uns auf einem Ausritt vor einem Schmetterling leichter erschrecken als vor einem näherkommenden LKW? Warum würden wir wahrscheinlich eher mit einem Auto zusammenstoßen als mit einem Wildschwein? Nun, in der Natur gibt es kein sich fortbewegendes Wesen, das in der Bewegung seinen Körper nicht verändert, etwa durch Beinarbeit, Kopfbewegungen, Krümmen und Dehnen des Leibes. Auf solche Bewegungen sind wir programmiert. Ein fahrendes Auto aber verändert seine Form nicht, kann also von uns nicht gut gesehen werden. Kleine Kinder können uns in dieser Hinsicht gut verstehen, denn sie haben ebensolche Einschätzungsprobleme bei sich nähernden Fahrzeugen.

Apropos Schwierigkeiten mit dem Erkennen von unbewegten Gegenständen: Besser, ihr bewegt euch, wenn wir einmal auf euch zu galoppiert kommen!

Verschiedene Helligkeitsstufen und Farbqualitäten können wir gut unterscheiden, unser Sinn für Farben ist allerdings anders als der eure. Am besten sehen wir die Farbe gelb, dann grün und erst mit Abstand blau und rot. Dunkelblau und dunkelrot können wir auf alle Fälle schlechter sehen als ihr. Denkt bitte dran, wenn ihr Hindernisse oder Weidezäune anstreicht! Der Helligkeitsgrad spielt eine nicht zu unterschätzende Rolle. Beispielsweise machen wir an blauen Hindernissen oft Springfehler, wobei wir jedoch mit hellblauen Sprüngen besser zurechtkommen als mit dunkelblauen.

(Untersuchungen haben gezeigt, daß Vollblüter in roten Boxen

*nerviger wurden, während blaue Boxen sie beruhigten. Ganz
ist das Farbsehen des Pferdes noch nicht aufgeschlüsselt.)*

Klar, daß ihr dieses Wissen über unser Sehvermögen auch entsprechend umsetzen solltet.

*(Beispiel Longieren: Wir können uns mit dem Pferd nach kurzer Zeit auch mit Zeichensprache verständigen – es müssen nicht immer bloß Stimmkommandos sein.
Beispiel Anreiten: Wenn ein Reiter zum ersten Mal auf ein ungerittenes Pferd steigt, sollte er sich nicht gleich ruckartig aufrichten. Das könnte beim Pferd gewaltige Furcht auslösen und die Nachfolgereaktion kann von Flucht bis »Explosion« reichen.)*

Ihr meint das Richtige zu tun, und trotzdem treten Probleme auf?
Nun, auch wir können Augenprobleme haben. Nicht jedes Pferd ist
›normalsichtig‹. Oder vielleicht ist es am Auge verletzt? Verletzungen
sind nicht immer mit bloßem Auge zu erkennen. Im Zweifelsfall holt
bitte den Tierarzt.

Aber sogar wenn eines von uns auf einem Auge erblindet, kann es
sein Leben noch gut meistern. Selbst als Reitpferd. Ihr müßt euch nur
darauf einstellen und ihm Zeit lassen, sich an seinen Zustand zu gewöhnen. Unter Schmerzen darf selbstverständlich nicht trainiert
werden!

*(Unserem inzwischen verstorbenen einäugigen Ponyhengst
Apollo hatte ein Fohlen sein linkes Auge herausgeschlagen.
Nach einer Operation und entsprechender Heilungs- und Anpassungsphase war er dennoch einer unserer besten Reitponies
und Deckhengste.)*

Jetzt werdet ihr Schaunummern wie unseren ›Immenhofer Springreifengalopp‹ vielleicht noch besser zu würdigen wissen!

*(Probieren Sie es doch einmal selbst aus: Setzen Sie sich eine
pferdenasengroße Papprähre unter die Augen und gehen Sie
damit über Stangen und andere Hindernisse. Verändern Sie dabei die Winkelung und ihre Kopfhöhe. Ich will Sie nicht veräppeln – Aha-Effekte sind gewiß.*

*Übrigens, auch wenn die Pferde ihr Augenmerk nicht so sehr
auf unbewegliche Objekte richten, wissen sie doch genau, wo*

sie durchpassen und wo nicht. Bloß berechnen sie ihre Reiter nicht mit ein. Ich habe schon öfter erlebt, daß Reiter zu faul waren, ein Stangentor ordentlich zu schließen. Nachlässig wurde auf unserem Reitplatz des öfteren lediglich die obere Stange am Ausgang eingeschoben und die untere liegengelassen. Ponies passen unter der oberen hindurch. Und da der Stalldrang mitunter stärker wirkt als die Arbeitslust, ist so mancher Reiter schon an der oberen Stange ›klebengeblieben‹. Jeder allerdings nur einmal.)

Wenn's uns stinkt – das Geruchsempfinden

Wir können wesentlich besser riechen als ihr, allerdings nicht so gut wie die Hunde. Trotzdem sind wir regelrechte ›Nasentiere‹, die sich in ihrer unmittelbaren Umgebung auch gerne mit dem Riechorgan orientieren. Wir können sogar einen Weg aufgrund seines Geruchs wiederfinden. Vor allem, wenn es ums Fressen geht. Klarerweise fressen wir nur, was wir auch riechen mögen.

Zur Fernorientierung benutzen wir die Nase lediglich, wenn alle anderen Reize zu undeutlich sind und der Geruch mehr sagt. Wasserstellen wittern wir unter natürlichen Umständen über weite Entfernung hinweg.

Und dann verfügen wir noch über etwas Besonderes: Fachleute bezeichnen es als »Jacobsonsches Organ« oder als »rudimentäres Witterungsorgan« *(rudimentär = verkümmert, Rudiment = Restorgan)*. Es befindet sich am Boden unserer Nasenhöhle. Seine Funktion liegt zwischen der des Schmeckens und des Riechens. Man kann sagen, wir kosten einen Geruch aus.

Dieses besondere Organ benutzen wir beim *Flehmen*, wenn wir den Geruch von Harn und Kot oder andere interessante Düfte untersuchen möchten. Beim interessierten bis genüßlichen Flehmen dehnen wir Kopf und Hals aufwärts und rollen die Oberlippe hoch, so daß die Nase sekundenlang zusammengedrückt und von der Außenluft abgeschlossen wird. Dabei blecken wir das Gebiß, die oberen –

mitunter auch die unteren – Schneidezähne werden samt Zahnfleisch entblößt. Die Ohren oft seitwärts gerichtet, halten wir meist auch den Kopf mit leicht geschlossenen Augen etwas schräg. Ihr ahnt es schon: Hengste flehmen vor allem nach dem Beriechen der Geschlechtsorgane rossiger Stuten. Dieses erotische Riechvermögen kann bis zu einem Kilometer Entfernung reichen.

(Einer unserer Ponyhengste schnüffelte sogar noch weiter, er war kreisbekannt, über- und unterwand jeden Zaun. Übrigens nehmen die Hengste Rossegeruch auch an der Kleidung derer wahr, die sich gerade mit einer entsprechenden Stute befaßt haben.)

Wenn wir einen neuen Artgenossen kennenlernen, begegnen wir uns zuerst Nase an Nase *(naso-nasaler Kontakt)*. Unser gegenseitiges Nüsternblasen kann alles einleiten, den Beginn einer Freundschaft ebenso wie den Anfang einer Rivalität. Und Liebe auf den ersten ›Puster‹ gibt es wirklich!

(Ich kenne Pferde, die Menschen mit starken Alkoholausdünstungen nicht riechen können, vielleicht aufgrund schlechter Erfahrungen.)

Cattani beim Flehmen

Horch, was kommt von draußen rein ...? –
Wissenswertes über unser Hörvermögen

Mit dem Hören ist es genauso wie mit dem Riechen: Wir können besser hören als ihr und schlechter als Hunde. Höhere Töne und leisere Laute vernehmen wir auf alle Fälle deutlicher als ihr. Allerdings läßt auch unser Hörvermögen im Alter nach.

Das Hörvermögen des Menschen reicht von ca. 16.000 bis 20.000 Hertz. Tests ergaben bei Pferden Werte bis zu 25.000 Hertz. Unser 28jähriger Pensionswallach Hermann hört besser als sein 20jähriger Boxennachbar. Die Altersschwerhörigkeit setzt also auch bei Pferden unterschiedlich ein.)

Unsere Ohren sind überaus beweglich, im Gegensatz zu euren. Sie können sich sogar unabhängig voneinander in alle Richtungen drehen. So sind wir in der Lage, Schallwellen zu orten, ohne Kopf und Körper wenden zu müssen. Unsere trichterförmigen Ohrmuscheln sind hervorragende Geräuschesammler und -verstärker. Eine laute Umgebung läßt uns deshalb genervt und reizbar werden.

In diesem Zusammenhang möchte ich noch unsere Musikalität erwähnen. Leise, klassische Musik finden wir in der Regel klasse, auf Techno und andere Krachmukken stehen wir nicht. *(Meine Therapiepferde bevorzugen sanfte klassische Klavierkompositionen zur Beruhigung.)*

Mit Musik geht vieles besser. Manchmal auch das Training. Unter einem einfühlsamen Reiter bei wunderschöner Musik einfach dahinzuschweben und eingebettet in die Melodien immer lockerer zu werden, ist körperliches Wohlbefinden.

(Meine Lehrpferde lernen die üblichen Stimmkommandos sehr schnell. Schon nach wenigen Unterrichtseinheiten beherrschen sie gängige Anweisungen wie ›Durchparieren zum Schritt‹. Nach einiger Zeit reagieren sie bereits schon auf ›Durchparieren‹. Deshalb verändere ich meine stimmlichen Kommandos im Unterricht immer wieder, um die Selbständigkeit meiner Reitschüler zu fördern. Doch die ›alten Hasen‹ unter den Schulpferden begreifen dann noch innerhalb einer Reitstunde Worte wie ›Bremsen‹ oder ›Runterschalten‹. Ich muß mir also ständig etwas Neues einfallen lassen. Meine Pferde hören mitunter eben besser als meine Reiter.)

Über Geschmack läßt sich streiten …

Wenn ich mich nun unserem Geschmacksvermögen widme, meine ich damit auf keinen Fall, wie wir schmecken, wenn wir als Mittagessen kredenzt werden (in einigen Ländern leider durchaus normal), sondern ich rede von unserem geschmacklichen Empfinden.

Über unsere Zungenschleimhaut sind sehr viele Geschmacksknospen verteilt, dank derer wir, wie ihr Menschen, süß, sauer, bitter und salzig unterscheiden können.

Wir benötigen in der Natur eine große Geschmacksempfindlichkeit, um zu überleben. Wir müssen giftige Pflanzen von anderen unterscheiden können. Bittere Pflanzen fressen wir nicht gern, süße umso lieber.

Geruchs- und Geschmackssinn stehen auch für uns in engem Zusammenhang.

(Nicht nur der Geschmack des Futters oder des Wassers spielt für die Pferde eine Rolle, ich habe auch schon einige erlebt, die die Zubereitung genau beachten. Ein Beispiel: Wir hatten eine Stute gekauft, deren Besitzer zu alt geworden war, um sich noch in gewohnter Weise um sie zu kümmern. Er gab uns einen Speisezettel mit auf den Weg und seine Restbestände an Futter. Die Stute verstand sich mit unseren Pferden auf Anhieb und machte gleich einen sehr zufriedenen Eindruck. Das mitgebrachte Kraftfutter fraß sie mit Begeisterung, die ebenfalls mitgebrachten Möhren blickte sie dagegen nur verächtlich an. Was war des Rätsels Lösung? Ihr Vorbesitzer hatte die Mohrrüben immer klein geschnitten, wir nicht. Da sie ordentlich kauen sollte, haben wir uns auch nicht erweichen lassen. Drei Tage vergingen, bis sie anfing, ganze Möhren zu akzeptieren. Pferde sind Gewohnheitstiere.)

Ta(s)tsache – der Tastsinn

Wenn wir etwas »begreifen« möchten, ist auch unser Tastsinn gefragt. Natürlich verfügen wir in den Hufen nicht über das Gefühl eurer Hände, aber durch Scharren läßt sich allerhand erfahren. Wir können beispielsweise den Untergrund prüfen. Es ist ja nicht ungefährlich, überall gleich blindlings draufzutreten oder drüberzugehen.

Unbekannte Gegenstände testen wir durch Tasten, nachdem wir sie beäugt und berochen haben. Wir klopfen meist erst vorsichtig, dann vielleicht auch etwas kräftiger darauf herum. Festigkeit und Nachgiebigkeit lassen sich so wie auch am Klang unterscheiden.

Selbst Bodenschwingungen können wir wahrnehmen.

Manchmal bringt ein Scharren stärkere Gerüche zum Vorschein, die für das Untersuchungsergebnis durchaus von Bedeutung sein können.

(Gerade das Scharren kann aber noch viele andere Ursachen haben. Verwechslungen können fatale Auswirkungen haben.)

Auf Berührungen unserer langen Tasthaare an Nüstern und Maul können wir sehr empfindlich reagieren, denn diese Haare sind direkt mit Nervenzellen verbunden. Gleiches gilt für die Tasthaare nahe den Augen und an den Innenseiten unserer Ohren. Die Reizung dieser Sinushaare löst Schutzreflexe aus wie den, die Lider zu schließen. Reiter, die obskuren Schönheitsidealen erliegen und sich von solchen Haaren genervt fühlen, sie abschneiden oder absengen wollen, sollten sich einen anderen Sport suchen.

Auch unsere Lippen sind ein sensibles Tastorgan. Leider werden gerade sie sehr häufig durch grobe Hände und scharfe Gebisse desensibilisiert.

(Viele Pferde machen beim Reiten ›Lippenbekenntnisse‹. Sie entspannen ihre Unterlippe bei Zufriedenheit so sehr, daß sie locker herunterhängt. Bei etlichen wird das deutlich, wenn man ihnen beim Reiten die Trense abnimmt, also das Trensengebiß entfernt und sie ausschließlich aus dem Sitz heraus lenkt. Solche Experimente sollten aber nur in der Halle oder innerhalb einer sicheren Umzäunung stattfinden.

Ein angeblich nahezu unreitbares »Problempferd« aus dem Hochleistungssport begann nach zwei Wochen Therapie plötz-

26

lich unter dem Reiter mit der Lippe zu spielen, und zwar so laut, daß es vor der Reithalle zu hören war. Nach dem ersten fröhlichen ›Plappern‹ war der Durchbruch geschafft. Nach vierwöchiger Behandlung flabberte das Tier schon fünf Minuten nach dem Aufsitzen los. Sein Besitzer hatte das vorher in fünf Jahren Reiten mit ihm nie erlebt.)

Beim Fressen können wir unseren Tastsinn sehr gut unter Beweis stellen, indem wir auch die allerkleinsten Gegenstände, die nicht in eine Futterkrippe gehören, problemlos mit den Lippen und/oder der Zunge aussortieren. Fremdkörper verschlucken wir eigentlich nie.

Unsere Fohlen nehmen beim Untersuchen ihrer Umwelt besonders gerne Lippen, Zunge und Zähne zur Hilfe (auch beim Herantasten an Menschen).

Wir verfügen auch über ein passives Tastempfinden. Unsere Körperoberfläche nimmt geringste Berührungen war. In unserer Haut und den Schleimhäuten unserer Körperöffnungen sitzen Nervenempfänger, die Druck-, Temperatur- und Schmerzempfindungen signalisieren. Sie sind jedoch nicht überall gleich dicht verteilt. Wenn ihr unsere Körper bewußt berührt, könnt ihr die Unterschiede erfühlen.

Meine Artgenossinnen reagieren während der Rosse oft am Widerrist überaus empfindsam ...

(Ich erlebe immer wieder, daß Pferde sich in gewitzte Ausbruchsspezialisten verwandeln können. Kaum ein Türriegel ist vor solchen geschickten Suchern nach Freiheit oder Futter sicher. Ohne Hände, ohne Dietrich wird ausgefeilt, was oft durch Zufall seinen Beginn genommen hat.)

Wohin der Weg uns führt – unsere Orientierungsfähigkeit

In vertrauter Umgebung sind wir immer hervorragend orientiert. Auf Ausritten wissen wir grundsätzlich besser als die Reiterinnen und Reiter, wo es nach Hause geht. Unser Heimkehrtrieb funktioniert schon deshalb ausgezeichnet, weil es zu Hause im allgemeinen am schönsten und am sichersten ist. Futter, Wasser, Freunde, Schutz und Ruhe – alles gewichtige Argumente, die für eine Rückkehr sprechen.

Unser Orientierungssinn funktioniert mithilfe des Sehens, Riechens und Hörens. Wir verfügen aber nicht nur über ein phantastisches Ortsgedächtnis, sondern auch über eine Art angeborenen Kompaß, der untrainiert allerdings kaum zutage tritt.

Unser Geschmacks- und der Tastsinn spielen bei der Orientierung eine untergeordnete Rolle.

> *(Als Kind habe ich einige Wochen lang einen Ponywallach namens Felix mehrfach bei uns im Gelände geritten. Dann wurde er verkauft. Jahre später kam er wieder zurück zu uns, und ich wollte mit ihm gleich ausreiten. Er kannte noch jeden Weg und vor allen Dingen jede Abkürzung, die er auch im Galopp gern wahrnahm, was einige Anforderungen an meine Sattelfestigkeit stellte.*
>
> *Ein junger Wallach wurde von uns in einen 15 Kilometer entfernten Ort verkauft. Wir fuhren ihn mit einem Pferde-Hänger hin. Dort kam er mit einem anderen Pferd auf eine Weide. Die Umgebung kannte er nicht. Am nächsten Tag stand er plötzlich bei uns vor der Tür. Er hatte heimgefunden. Sein neuer Besitzer erhöhte den Weidezaun und holte das Pferd zurück. Allerdings nur für ein paar Stunden. Das Pferd lief wieder zu uns. Der Besitzer erhöhte den Weidezaun …*
> *Aber erst als er sich mit anderen Pferdebesitzern im Dorf arrangierte, die zwei ihrer Pferde mit auf die Weide stellten, konnte sich unser Wallach entschließen zu bleiben.)*

Schmerz und Kummer

Der Schmerzsinn ist eine Schutzfunktion, denn sonst könnten wir uns verletzen, ohne es zu merken. Wie stark wir Schmerz empfinden, hängt auch von der Situation ab. Oft wird Schmerz unter Anspannung schlimmer und erfährt erst in der Entspannung Linderung. In

extremen Streßsituationen, z.B. auf der Flucht, ist der Schmerz wie weggeblasen und kommt erst nach einiger Zeit, in Sicherheit, wieder. Schmerzerfahrungen in bestimmten Situationen bleiben uns im Gedächtnis haften.

Wir können unendliche Schmerzen empfinden, ohne daß ihr es bemerkt – sind wir doch gezwungen, stumm zu leiden. Ein Schmerzlaut ist uns nicht gegeben, wir können nicht einfach »Aua« sagen. Trotzdem könnt ihr unsere Qualen erkennen, wenn euch Änderungen in unserem Verhalten bewußt werden.

Gerät unser Allgemeinbefinden aus dem Lot, kann sich das in folgenden Anzeichen äußern: Schwitzen, Muskelzittern, beschleunigter Puls, schnelleres Atmen, ohne daß wir uns vorher angestrengt haben, Appetitlosigkeit. Veränderungen in unserer Körperhaltung, etwa nicht auftreten können oder den Schweif einklemmen, Unruhe oder Apathie können ebenso Alarmzeichen sein wie das Sichabsondern von der Herde. In schlimmsten Fällen kann Schmerz bis zur Todesangst und Raserei führen. Von diesem Zustand ist dann unser gesamter Körper gezeichnet.

Stöhnen rührt meist von Anspannung oder Anstrengung her. Beides kann natürlich von Schmerzen begleitet sein.

Meinen arabischen Artgenossen steht Schmerz deutlicher im Gesicht geschrieben als Ponies. Ponies verfügen über ein echtes Pokerface, was nicht heißt, daß sie schmerzunempfindlicher sind.

Bei schlimmen Schmerzattacken ruft bitte sofort den Tierarzt. Bis er eintrifft, versucht das betroffene Pferd durch Reden und Streicheln abzulenken, zu beruhigen. Die Nähe vertrauter Menschen gibt Geborgenheit. Einsamkeit vermittelt Ausgestoßensein und Angst. Ein aufgeregtes Rudel Menschen wirkt allerdings störend.

(Entsetzliche Schmerzanfälle können dazu führen, daß ein Pferd nicht mehr »Herr seiner Sinne« bleibt. Seine Tobsuchtsanfälle sind dann auch für den behandelnden Menschen nicht ungefährlich. Schmerz- und Panikattacken können ein Pferd »die Wände hochgehen« lassen. Es kann blindlings um sich schlagen und sich und andere in zu engen Boxen verletzen.)

Macht keine Experimente, wenn es um unsere Gesundheit geht. Das kann einem Todesurteil gleichkommen. Nicht jedes alte Hausmittel ist angebracht, und Laien werden kaum richtige Diagnosen stellen, zumal wir nur selten deutlich machen können, woher der Schmerz denn überhaupt rührt.

(Manchmal ist es notwendig, einem schmerzgepeinigten Pferd eine Nasenbremse aufzusetzen, weil es nicht stillhalten kann, aber eine rettende Injektion benötigt. Der Nasenschmerz soll zuerst vom hauptsächlichen Schmerz ablenken. Durch das Anbringen der Bremse an der Nase werden aber auch beruhigende Hormone ausschüttet. Allerdings sollte dieses Hilfsmittel wirklich nur ausnahmsweise und dann von Fachleuten angelegt werden. Bei falscher Anwendung kann der Nasenknorpel gequetscht werden. Bleibt die Nasenbremse zu lange aufgesetzt, kann das Pferd auch zu sehr beruhigt werden – was heißt: bis zum Umfallen. Außerdem können Pferde nur durch die Nase atmen und so gut wie gar nicht durch das Maul.)

Wir Pferde können nicht nur körperlich Schmerz empfinden, sondern auch tief in unserem Inneren. Ein Grund kann der Verlust eines Freundes sein. Wir sind in der Lage, tiefe Freundschaften zu schließen. Trennt ihr Menschen solche Verbindungen, werden beide Partner geraume Zeit (je nach Temperament) aufgeregt nach dem anderen suchen und Ausschau halten, schließlich vielleicht in eine Art Apathie verfallen, freßunlustig werden oder sich anders abreagieren. Seelische Wunden heilen schlecht.

Bei domestizierten Tieren wie uns tritt so ein Verhalten sicher stärker zum Vorschein als bei unseren wildlebenden Verwandten. Wildpferde können sich längere Unaufmerksamkeit und Desinteresse an der Umgebung aus überlebenstechnischen Gründen nicht leisten.

Allerdings dürfen viele Hauspferde gar nicht erst einen Freund haben, müssen alleine leben. Das ist absolute Tierquälerei und Streß rund um die Uhr, weil unser Sicherheitsbedürfnis nicht befrie-

digt wird. Unter Umständen raubt uns das die nötigen Tiefschlaf-
phasen.

Noch sehr viele andere Gründe (sie reichen für ein eigenes Kapitel) können uns Kummer bereiten und Ursachen zahlreicher Verhaltensabweichungen und -störungen sein.

Die innere Uhr – Pferde sind Gewohnheitstiere

Wir Pferde besitzen so etwas wie eine innere Uhr, das könnt ihr sicherlich leicht nachvollziehen. Unsere Aktivitäten sind an bestimmte
Plätze gebunden. Wir bewegen uns in einem uns vertrauten Aktions-
radius. Haben wir die Möglichkeit dazu, fressen wir immer zur selben Zeit am selben Ort, suchen zu gewissen Zeiten unsere Dösplätze
auf und schlafen an gewohnten Stellen.

Auch die Wildpferde teilen ihre Umgebung auf. Je reichhaltiger
ihre »Tafel« gedeckt ist, desto kleiner ist natürlich das Gebiet, das sie
durchstreifen. Herrscht schlechtes Wetter, bleiben sie dichter an ihren Schlafplätzen.

Einige freilebende Vorfahren und nahe Verwandte von mir waren
oder sind durch Klima und Vegetation gezwungen, große Wanderungen zu unternehmen. Ein jahreszeitlich bedingter Wandertrieb kann
sich auch bei uns domestizierten Pferden durch vermehrte innere Unruhe bemerkbar zu machen, und zwar im Frühjahr und Herbst. Weidezäune werden dann zu geringfügigen, leicht überwindbaren Hindernissen.

Wenn wir durch unser Areal ziehen, legen wir sogenannte Wechsel
an, die wir im Gänsemarsch beschreiten. Auf jeder Weide könnt ihr
diese schmalen, leicht geschlängelten Trampelpfade erkennen. Das
hat zwei Vorteile: So zertreten wir nicht soviel von der Grasnarbe,
und wir haben in der Gruppe einen besseren Überblick nach hinten
als in gerader Linie. Außerdem sind unsere Vorfahren doch »Busch-
schlüpfer« gewesen, und im Wald geht es selten geradeaus, da muß
man sich im wahrsten Sinne des Wortes durchschlängeln, um vor-

wärts zu kommen. Das hat uns sicherlich bis heute geprägt. Wir benutzen immer dieselben Wechsel. Ihr weicht auch nur selten von euren gewohnten Routen ab.

(Ich habe mehrfach erlebt, wie Pferde, die einige Zeit bei uns gelebt haben und dann verkauft wurden, Jahre später wieder bei uns einzogen. Sie reagierten regelrecht irritiert, wenn ihre alte Box besetzt war oder sie in einen anderen Stall kamen. Manche Gelegenheit wurde genutzt, um an den alten Platz zu gelangen. Ein zurückgekehrtes Pferd, das seinen alten Stall beim besten Willen nicht mehr vorfinden konnte, weil wir ihn abgerissen und anders wieder aufgebaut hatten, suchte die Eingangstür immerzu an der ursprünglichen Stelle. Gewohnheiten sitzen tief.

Die innere Uhr der Pferde tickt in vielerlei Hinsicht. Meine Lehrpferde wissen stets genau, wann eine Reitstunde sich ihrem Ende nähert, sie lassen sich bei Überziehung oft nur noch unter Protest weitertreiben.)

In vielen Reitschulen ist ein Ruhetag pro Woche (genauer gesagt, ein Stehtag) üblich. Doch komplette Boxen-Ruhetage wirbeln den Rhythmus der Schulpferde durcheinander und tun ihnen nicht gut. Statt dessen sollten mehr Abwechslung und Motivation in unser tägliches (!) Training kommen. Schließlich bietet auch der gleichmäßige Tagesablauf in der Natur Abwechslungen. Eintönigkeit jeder Art fördert Verhaltensstörungen. Pferde 23 oder gar 24 Stunden lang ununterbrochen in einen Käfig einzusperren (vornehmer ausgedrückt, in eine Box), kommt Tierquälerei gleich.

Die ersten Entwicklungsschritte eines Pferdes
– aus der Erinnerung von Hotte Hurtig

Ich beschreibe euch jetzt einmal, wie aus unserer Sicht alles anfängt. Dabei gehe ich von mir aus, denn meine Entwicklung ist relativ normal verlaufen. Das soll nicht heißen, daß ich ein langweiliger Durchschnittstyp bin, sondern nur, daß mein Heranwachsen frei von negativen Einflüssen war.

Ich bin nach elf Monaten *(normal 336 +/-15 Tage)* in der Zeit, die ihr Wonnemonat nennt, geboren worden. Meine Vorderbeine hatte ich nach vorne ausgestreckt und den Kopf draufgelegt, um schlank und schnell ins öffentliche Leben hineinrutschen zu können. Nach zehn *(normal sind 5 bis 15)* Minuten wurde es hell um mich herum. Ich lag auf einer Weide und tat meine ersten Atemzüge. Ich hatte es geschafft – aber genau das war ich auch!

Dabei war das erst der Anfang. Als nächstes mußte ich die restlichen Eihäute loswerden. Bis dahin hatten sie mir Geborgenheit und Sicherheit gegeben, jetzt waren sie nur noch lästig und hinderlich. Mit einigen Stramplern konnte ich mich befreien.

Meine Augen waren offen, allerdings fehlte mir noch jeder Überblick. Das war mir in dem Moment egal, auch das ich mit meinen Ohren noch nichts Rechtes anfangen konnte – irgendwie zeigten sie erst wie angeklebt nach hinten und kurz darauf verwirrt in verschiedene Richtungen.

Mich interessierte nämlich nur eines. Nahrung – ich hatte Hunger! Irgendwoher wußte ich, daß ich nur ganz in der Nähe zu suchen brauchte.

> *(Einige Leute meinen, sie müßten ein Neugeborenes trockenreiben, auch um den Kreislauf anzuregen. Doch von dem Moment an, wo ein Fohlen einige Male Luft geholt hat, funktioniert seine Thermoregulation hervorragend. Menschliche Hilfe ist selten nötig. Meistens bloß dann, wenn im Vorfeld schon*

menschliche Fehler gemacht worden sind. Jegliche Einmischung stört nur die Prägephase, der geruchlichen, akustischen und optischen gegenseitigen Auf- und Annahme von Mutter und Fohlen. Fehlprägungen des Fohlens auf andere Objekte können vorkommen und Störungen im späteren Sozialverhalten hervorrufen.)

Meine Mutter hat mich nach und nach mit allen Sinnen aufgenommen. Wenn ich nicht in Ruhe auf sie geprägt worden wäre und sie auf mich, hätte ich wohl so manches Problem bekommen.

Zuerst hat sie mich ausführlich berochen. Den *(naso-nasalen und den naso-genitalen)* Kontakt brauchte sie, um mich von jetzt ab am Geruch zu erkennen. Dann hat sie mich ein bißchen abgeleckt, sozusagen als Geschmacksprobe, weniger zum Abtrocknen oder zur Kreislaufanregung.

Wir haben uns sogar, als ich noch gar nicht stehen konnte, angewiehert. Ich wußte gleich, daß ich ihr antworten mußte, schließlich sollte sie meine Stimme von anderen Fohlen unterscheiden können. Ihre Stimme hatte damals einen besonderen Klang, der mir gutgetan und Sicherheit gegeben hat. Es war spannend, meine eigene Stimme das erste Mal auszuprobieren.

Am ersten Tag habe ich meine Mutter nur am Geruch und an der Stimme erkannt, und am Geschmack natürlich. Bis ich sie auch an ihrer Farbe und ihren Bewegungen von den anderen Stuten unterscheiden konnte, hat es länger gedauert.

Meine Mutter hat kein anderes Pferd an mich herangelassen, erst als die Prägephase *(nach einer Stunde bis drei Tagen)* abgeschlossen war. Jetzt hatte ich verstanden, daß ich ihr auf Schritt und Tritt nachfolgen mußte, immer in Höhe des hinteren Drittels ihres Körpers. Sie besaß bis dahin die Ranghoheit. Als ich anschließend die anderen aus unserer Herde kennenlernen durfte, blieb Mama zwar geduldig, aber wachsam. Ich durfte mit jedem Pferd zuerst Nasen-Kontakt aufnehmen. So wurde ich in die Gruppe integriert.

(Ich weiß von einer blinden Stute mit Fohlen. War das Fohlen ihr nahe, erkannte sie es natürlich am Geruch. Wenn es sich weiter entfernte, wußte sie stets um dessen Aufenthalt, weil ihre Besitzer dem Füllen ein Glöckchen umgehängt hatten. So konnte die Mutter einigermaßen in Ruhe zu fressen, weil der Kontakt nicht völlig unterbrochen war. Allerdings stellt sich die Frage, ob man mit blinden Pferden züchten darf.)

Aber zuvor – wo war ich vorhin stehengeblieben? Stehengeblieben ist gut, das konnte ich doch noch gar nicht. – Ach ja, ich hatte Hunger! Ich mußte auf die Beine kommen, denn auch wenn es mir keiner gesagt hatte, war mir klar, daß die Zeiten, in denen ich liegend ernährt wurde, vorbei waren. Nesthocken ist nicht bei Pferden! Ich streckte, nunmehr auf dem Bauch liegend, entschlossen die vorderen, wackligen langen »Stelzen« nach vorne, setzte sie auf, versuchte den Hintern hochzubringen und fiel um. Das passierte mir etliche Male, der Hunger wurde von diesen Anstrengungen immer größer. Ich versuchte sogar wie ein Rind aufzustehen, d.h. mit den Hinterbeinen zuerst. Das funktionierte auch nicht. Aber ich habe nicht aufgegeben. Ich wollte unbedingt auf die Beine kommen. Und dann, mit einem Mal – es hatte wohl eine halbe Stunde gedauert – konnte ich stehen!

(Gesunde Fohlen stehen nach ca. 15–45 Minuten einigermaßen gleichgewichtig. Es kann aber auch einmal länger dauern, bis zu zwei Stunden. Stutfohlen sind im Schnitt etwas schneller als Hengstfohlen.)

Also ging ich los, versuchte es jedenfalls – und fiel zum xten Male hin. Das Aufrappeln schaffte ich nun schon schneller, aber bis ich endlich mehrere Schritte hintereinander zustande bekam und das Schwanken nachließ, verging wieder geraume Zeit. Ich versuchte auf meine Mutter zuzustaksen. Sie wieherte mir leise zu, und schwups war ich ganz dicht bei ihr. Inzwischen konnte ich mich schon ein wenig orientieren und meine Augen und Ohren kontrollieren *(ca. 30–45 Minuten nach der Geburt werden diese gerichtet eingesetzt)*. Aber wo es was zu Trinken gab, wußte ich noch nicht. Bei Mama natürlich, bloß: wo genau?

Sie schubste mich, auch um noch mehr von meinem Geruch aufzunehmen. Inzwischen war ich trocken – bis hinter die Ohren. Ich suchte weiter mit meinem kleinen Maul, stupsend und drängend.

(Die Eutersuche, die Druck- und Stoßbewegungen, die Saug- und Schluckreflexe sind angeboren, ebenso die damit verbundene Suche nach dunklen Winkeln und die Saughaltung. Viele Fohlen werden heute zu groß gezüchtet und suchen dann in ihrer natürlichen Trinkhaltung das Euter zu weit oben, in der Flankengegend – das kann Probleme geben. Die Pferdezüchter, die ihre Stuten von viel zu großen Hengsten decken lassen, meinen, daß riesige Fohlen mehr Geld bringen. Die Stuten müssen

WÜRMER

Wurmparasiten im Darm können schwächen, Verdauungsstörungen, Abmagerungen und sogar nervöse Störungen hervorrufen. Ich habe ein angebliches Problempferd erlebt, daß nach erfolgreicher Entwurmung seine Überängstlichkeit, Hektik und Unberechenbarkeit ablegte. Kotuntersuchungen sind einfach, Wurmkuren ebenfalls. Am besten ist es, regelmäßig Kotproben aller Pferde vom Tierarzt prüfen zu lassen. Vierteljährliches Kontrollieren reicht bei erwachsenen Pferden aus. Fohlen und Jährlinge sollten am häufigsten untersucht werden. Vor der Umstellung von Weide auf Stall und umgekehrt sollte entwurmt werden, insgesamt drei- bis viermal jährlich. Es empfiehlt sich, Wurmpräparate jährlich zu wechseln, um eine Gewöhnung der Parasiten an ein Mittel zu vermeiden.

Mutterstuten sollten keine hohe Wurmlast aufweisen. Vorsicht: Einige Wurmmittel sind für tragende Stuten nicht geeignet.

Wurmeier gelangen über den Kot nach außen, Larven können sich entwickeln. Sie verteilen sich in der Nähe der Kotplätze und werden beim Grasen aufgenommen – ein Teufelskreis. Die Larven überleben außerhalb des Wirstieres in der Regel nicht länger als ein Vierteljahr. Intensive Sonnenbestrahlung und Trockenheit und mindestens wöchentliches Absammeln des Kotes auf der Weide vermindern ihre Wanderung. Ein Breitschleppen der Kotplätze verseucht dagegen ganzen Flächen. Eine einjährig ungenutzte Weide ist relativ befreit von Wurmeiern und Larven. Eine Mischbeweidung Pferde/Kühe hat sich ebenfalls als strategisch günstig erwiesen, um die Wurmplage zu verringern.

Starker Wurmbefall kann zum Tode führen!

sich infolgedessen während und oft schon vor der Geburt quälen.)

Zwischen Mutters Vorderbeinen fand ich nichts. Doch ich konnte das Ersehnte schon förmlich riechen und arbeitete mich deshalb weiter nach hinten. Dann endlich! Das Euter – voller Milch. Ich war am Ziel! Und ohne genaue Bedienungsanleitung. Ich spitzte die Lippen, faltete die Zunge *(die körperliche und geistige Reife zum Saugen ist erst vorhanden, wenn das Fohlen eine rinnenförmige Saugzunge zeigt)* und umfaßte, mehr oder weniger durch Zufall, eine Zitze. Ich zog daran – nichts. Aber als ich es ungeschickt mit Saugen versuchte, erwischte ich ein paar köstliche Tropfen Milch. Ich probierte es begeistert gleich noch einmal.

(Die erste Milch, die Kolostral- oder Biestmilch, enthält für das junge Fohlen zugleich auch Schutzstoffe gegen Infektionen und besitzt eine leicht abführende Wirkung zur Lösung des Darmpechs. Das Kolostrum ist zwar 24 Stunden lang vorhanden, nimmt aber währenddessen rapide ab, deshalb sollte das Fohlen es in seinen ersten zwei Lebensstunden erhalten. Das erste Saugen erfolgt normalerweise 30 bis 120 Minuten nach der Geburt. Der Lernvorgang der Eutersuche ist nach einem halben bis spätestens zwei Tagen abgeschlossen. Anfangs saugen Fohlen immer mit schräggelegtem Kopf und eher waagerechtem Hals nahe und längsgestellt zur Stute.)

Es klappte, ich hatte den Bogen heraus und fühlte mich ungeheuer erwachsen. Ich kam mir vor wie ein Held. Ein müder Held allerdings – ich brauchte unbedingt eine kleine Pause. Da mußte ich tatsächlich feststellen, daß Hinlegen anfangs fast so schwer ist wie Aufstehen. Bald danach überwältigte mich der erste Schlaf meines Lebens. In der ersten Woche nach meiner Geburt, habe ich den größten Teil des Tages verschlafen, das gebe ich zu, aber es stürmt einfach ziemlich viel auf einen ein. Meist habe ich eine halbe bis eine ganze Stunde geruht oder geschlafen, anschließend etwas getrunken, um dann gestärkt ein bißchen nahe um Mama herumzulaufen und zu schauen.

(Innerhalb der ersten Tage saugen die Fohlen, wenn sie wach sind, alle fünf bis zehn Minuten, jeweils für mehrere Minuten und abwechselnd an beiden Euterzitzen.)

Ich konnte sogar schon buckeln. Wir können uns bereits am ersten Tag in allen Gangarten bewegen, auch wenn wir anfangs fast einen Knoten in die Beine kriegen. Wenn ich mich ausgetobt hatte, habe ich mich zufrieden zum Kräftesammeln wieder aufs Ohr gelegt.

(Dies ist ein typisches Verhalten von Fohlen. Ungefähr drei Viertel ihrer Ruhezeiten verbringen sie im Liegen, seitlich oder in der Bauchlage. Sie ruhen anfangs nicht im Stehen, es sei denn, sie sind krank. Die Döshaltung wird in der Regel erst ab der dritten oder vierten Woche eingenommen.)

Selbstverständlich konnte ich auch von Anfang an harnen und äppeln. Irgendwo mußte ich ja hin mit der ganzen Milch. Der allererste Mist, den ich produziert habe, war allerdings noch ein bißchen was anderes. Ich mußte, nachdem ich die ersten Male getrunken hatte, nämlich mein Darmpech loswerden. Das war nicht einfach, immer wieder habe ich angestrengt gepreßt. Als ich endlich alles rausgedrückt hatte, war mein Hinterteil ganz verklebt.

(Das Darmpech oder Mekonium ist eine pastenartige dunkle Kotmasse, die in den ersten Stunden nach der Geburt abgehen muß. Ansonsten ist der Tierarzt zu rufen. Hengstfohlen haben aus anatomischen Gründen mehr Last, ihr Darmpech loszuwerden, als Stutfohlen.)

Eine Woche darauf bekam ich meinen ersten ziemlich heftigen Durchfall, den ich aber unbeschadet überstanden habe. Nach ein paar Tagen ist er abgeklungen. Er rührte von der Milch meiner Mutter, weil sie da das erste Mal nach meiner Geburt wieder rossig gewesen ist, also bereit für eine neue Bedeckung. *(Fohlenrosse, ca. fünfter bis zwölfter Tag nach der Geburt.)*

Solange ich noch auf Muttermilch angewiesen war, hatte ich in der Herde denselben Rang wie meine Mutter. In der ersten Woche bin ich Mama gar nicht von der Pelle gerückt, habe mich höchstens einige Meter weggetraut. Sie ist ohne mich auch nirgends hingegangen. Wollte ich schlafen, hat sie immer in meiner Nähe gegrast und auf mich aufgepaßt. Sind wir gegangen, bin ich ihr gefolgt. Wenn mir trotzdem etwas nicht ganz geheuer war, habe ich vorsichtshalber ziemlich heftig »Mäulchen« gemacht, also ein Unterlegenheitsgesicht aufgesetzt. Diese Mimik hatte ich vom ersten Tag an drauf. Es ist manchmal vernünftiger, Unterlegenheit zu zeigen, wenn man so klein und unerfahren ist. Zuviel Übermut tut nicht gut, wenn man die ganzen Spielregeln und die Gefahren des Lebens noch nicht kennt. Es ist dann besser, erst einmal zu beobachten, wie Muttern auf eine bestimmte Situation reagiert und wie die anderen sich verhalten. Dann kann man weitersehen. In dieser sensiblen Phase kennen wir (noch) keine Angst. Erst mit der Zeit werden wir Unbekanntem gegenüber mißtrauischer.

Nach drei oder vier Wochen habe ich mich schon weiter von meiner Mutter weggetraut, ich wußte inzwischen ja, daß sie im Notfall zur Stelle war. Mit zwei bis drei Monaten waren Unternehmungen im Alleingang oder mit meinen Kumpels schon selbstverständlich für mich.

Was mir in die Quere kam, habe ich untersucht – berochen, beleckt und geschmeckt, manchmal beknabbert, hochgehoben, rumgezerrt, mit der Nase geschubst und den Vorderhufen getreten. Auf allem Möglichen habe ich herumgescharrt. Dauernd gab es etwas zu flehmen (auch das beherrschte ich vom ersten Tag an), so viele interessante, neue Gerüche sind mir untergekommen. In den allerersten Wochen habe ich sogar manchmal ein bißchen von dem frischen Kot meiner Mutter probiert.

(Ein typisches und nicht krankhaftes Verhalten, das dem Aufbau der Darmflora dient. Allerdings kann sich ein Fohlen beim Kotfressen mit Wurmparasiten infizieren. Das ist nicht ungefährlich. Siehe Tip!)

Ich habe eifrig gespielt. Auch wir erwachsenen Tiere leben uns in dieser Hinsicht gerne aus. Wie arm dran sind doch Pferde, die in falscher Haltung keine Möglichkeit dazu bekommen! Kein Wunder, wenn solche Artgenossen eine Klatsche kriegen!

Zuerst habe ich mich mit mir selbst vergnügt *(Solitärspiele)*, bin herumgehüpft und gerannt. Erschrecken und weglaufen war ein tolles Spiel. So habe ich meine Muskeln weiter aufgebaut, etwas für Herz, Kreislauf, Lunge und somit Kondition getan, meine Gangarten trainiert und verbessert. Ich habe gelernt, Entfernungen abzuschätzen, habe Bewegungsmuster ausgefeilt und sehr schnell begriffen, was ein Individualabstand ist *(einzuhaltender Abstand zu einem anderen Pferd)*. Wenn ich einen solchen unerwünscht unterschritten hatte, wurde ich nachdrücklich darauf aufmerksam gemacht ... Ich habe mich dann liebend gerne wieder zu Mama getrollt.

Am meisten Spaß haben die Spiele mit den Gleichaltrigen auf unserer Weide gemacht. Ich bin heute noch froh, daß ich mit ihnen aufwachsen durfte. Mir hätte sonst etwas Entscheidendes *(Sozialspiele)* gefehlt. Wir Hengstfohlen sind vielleicht herumgetobt! Die Stutfohlen durften auch mitmachen, aber irgendwie sind Stuten anders als Hengste. Ihre Spiele waren meistens sanfter als unsere. Wir haben entschieden mehr gerauft und sind öfter ›aufgeritten‹, auch auf unsere Mütter. Wenn ich mit einem spielen wollte, bin ich einfach auf ihn zugehopst, habe ihn vielleicht noch mit übermütig blitzenden Augen umkreist, und schon wußte er Bescheid. Manchmal habe ich auch geschubst oder gekniffen. Wenn ich Fellkraulen wollte, brauchte ich bloß mein Putzgesicht aufsetzen, das mit der vorgeschobenen Oberlippe. Und wenn ich meinen Zagel *(kleiner Schweif)* kerzengerade hochgestellt habe, dann wußten alle, jetzt wird gerannt. In diesen Laufspielen sind wir um die Wette gerast oder haben uns gejagt und dem Vordermann in die Hinterhand gebissen. Die Rollen wurden dabei immer wieder getauscht. Wenn wir Kampfspiele versuchten, wollten wir zwar wie erwachsene Hengste tun, uns aber nie gegenseitig verletzen. Wir haben alles nicht so ernst genommen. Natürlich durften wir immer nur spielen, wenn alles in Ordnung war. Gab es Aufregung in der Gruppe, hat meine Mutter mich stets sofort zu sich gerufen. Mit Mama habe ich zwischendurch auch gespielt, vor allem, als ich noch nicht mit den anderen losgezogen bin.

(Wir Menschen können den Pferden keine Artgenossen ersetzen, auch keine Spielpartner. Möchten wir mit ihnen spielen, müssen wir auch Regeln erstellen und einhalten. Falsche Mensch-Pferd-Spiele sind Ursache vieler Unarten. Ein an »Frauchen« niedlich herumknibbelndes Fohlen kann auch einmal zum erwachsenen Beißer werden. Und das Kleine, das so hübsch hochgehen kann, wenn man es an den Vorderbeinen anhebt, steigt einem vielleicht später »aufs Dach«.)

In unserer Herde gab es einen Wallach, der mich unheimlich mochte. Er hat auch auf mich aufgepaßt und sich mit mir beschäftigt. Wallache übernehmen häufig Onkelrollen. Heute bin ich selbst hin und wieder gerne Onkel. Ich durfte einiges von ihm abgucken. Er war sehr mutig und unerschrocken. Er kannte alles: Trecker, Beregnungsanlagen, mit Plastikplane bedeckte Strohmieten und andere Ungeheuer. Nichts konnte ihn erschüttern. Mama hat schon eher einmal aufgeregt geschnaubt als er. Mehr und mehr hat sie mich im Laufe der Zeit aber meine Erfahrungen selber machen und verarbeiten lassen und meine Selbständigkeit gefördert.

Wie für die Erwachsenen war auch für mich der Komfort immer wichtig. Vom ersten Tag an habe ich versucht, mich zu kratzen und mit meinem Minischweif Fliegen wegzuwedeln. Ich habe mich auch gerne an Mama gescheuert. Das bedeutete gleich doppeltes Wohlgefühl. Das Wälzen war mir von Anfang an kein Problem, das Überrollen mußte ich dagegen erst üben. Doch ich war schnell perfekt darin.

Habe ich mit sechs Wochen noch zweimal pro Stunde »Mamas Milchbar« angesteuert, so verringerte sich das nach und nach. Mit sechs Monaten nuckelte ich nur noch einmal pro Stunde. Saugen ernährt und beruhigt. Hatte ich einen Schreck bekommen, habe ich mich zum Trinken unter Mama verkrochen, das hat mir immer geholfen. Packte einen Spielgefährten der Durst, hat das auch gleich ansteckend auf mich gewirkt. Wenn ich meine Mama mal nicht gleich entdecken konnte und sie vermißte, wollte ich, wenn ich sie endlich gefunden hatte, gar nicht mehr aufhören zu saufen.

Nachdem ich zunächst mit Gräsern nur herumgespielt hatte – anfänglich waren sie auch viel zu weit von meinem Maul entfernt –, fing ich irgendwann an, sie tatsächlich zu fressen. Wasser zu trinken empfand ich erst als sehr schwierig. Bei den ersten Versuchen habe ich hineingebissen. (*Je mehr feste Nahrung und Wasser ein Fohlen zu sich nimmt, desto mehr schränkt es das Saugen ein.*)

Mama produzierte mit der Zeit immer weniger Milch. Als ich acht Monate alt war, wollte sie mir überhaupt keine mehr geben. Ich hatte sowieso nur noch alle zwei Stunden gesaugt. Mutter war damals wieder trächtig. Und ich ein bißchen erwachsener geworden.

Ich durfte noch in der Herde bleiben und wurde nicht abrupt von meiner Mutter getrennt. Die meisten, die ich kenne, werden mit sechs Monaten, manchmal schon früher, einfach von einem auf den anderen Tag weggebracht, ohne Chance, sich behutsam auf ein Leben ohne Mutter vorbereiten zu können.

Anschließend habe ich mit Gleichaltrigen, alles Hengste, zusammengelebt; auch das war eine schöne Zeit.

Als ich drei Jahre alt wurde, beschlossen meine Menschen, mich anzureiten. Vorher haben sie mich kastrieren – *legen* – lassen.

Ich wußte gar nicht, wie mir geschah. Erst die Narkose, später die unangenehmen Schwellungen und die Schmerzen. Ich denke, der einzige Vorteil ist, daß ich ein freieres Leben führe als die meist isoliert gehaltenen Hauspferdehengste. Viele fristen ihr Dasein als »Samen

KASTRATION

Mit der Verknöcherung der Wachstumsfugen wird das Längenwachstum abgeschlossen. Sie schließen sich nicht alle gleichzeitig, sondern in den unteren Gliedmaßen der Pferde bereits im Alter von sechs Monaten. Deshalb wirken die jungen Fohlen auch so staksig. Eine frühe Kastration verzögert Fugenverknöcherungen und läßt die Pferde größer werden. Meistens werden Kastrationen im Alter von einem Jahr vorgenommen. Später beginnt sich der markante Geschlechtstyp auszuprägen, und die Hengstmanieren kommen auf. Letzteres kann für manche Pferdebesitzer problematisch werden. Hengstaufzucht erfordert mehr Sorgfalt als die von Wallachen. Durch Kastration werden die sekundären Geschlechtsmerkmale nur unvollständig bis gar nicht entwickelt. Man muß den Mittelweg wählen, abwägen, was man möchte und was man kann. Eine solche Operation sollte in der fliegenarmen Zeit stattfinden, um Wundinfektionen zu vermeiden.

sklaven«, vor allem im Zuge der künstlichen Befruchtung. In der Hengsthaltung muß sich noch einiges ändern! Hengste sind nicht komplizierter als wir anderen, wenn ihre Bedürfnisse ge- und beachtet werden.

Jetzt wißt ihr bereits mehr über mich und uns, als wir über euch wohl je erfahren werden. Bitte nutzt dieses Wissen, um uns ein pferdewürdiges Dasein zu gewährleisten.

Ich verlange doch nicht zuviel – oder?

Der Selbsterhaltungstrieb – *Hotte über Tun und Lassen*

Ruhen

Beim Abschalten verfügen wir über drei Stufen: Wenn wir müde sind, können wir im Stehen dösen, im Liegen schlummern oder tiefschlafen.

Beim *Dösen* halten wir unseren Hals beinahe waagerecht, den Kopf etwas vor der Senkrechten. Die Gesichtszüge sind entspannt, die Augen halb geschlossen, die Ohren seitwärts gedreht, die Nüstern verengt, und die Unterlippe hängt schlaff herunter.

Die Vorderbeine sind gleichmäßig belastet und passiv festgestellt, so daß sie unser Gewicht beinahe ohne aktive Muskelanspannung tragen können. Wir können unsere Hinterbeine fixieren, indem wir ... bitte erklär du das, Brigitte! – *(Indem ihr mit Hilfe der Kniescheibenbänder die Kniescheibe hinter dem Rollkamm des Oberschenkelknochens verhakt.)* – Danke! Hier ist eine gewisse aktive Muskelarbeit gefordert, deshalb entlasten wir beim Dösen die Hinterbeine abwechselnd, indem wir eines bei gesenkter Kruppe anwinkeln und den jeweiligen Huf nur noch mit der Spitze aufsetzen; wir *schildern*.

Den überwiegenden Teil unserer Ausruhphasen verbringen wir mit Dösen, vollständig regenerieren können wir dabei allerdings nicht. Wenn es sein muß, sind wir sofort hellwach.

Wenn uns beim Dösen, wie so oft, irgendwelche Insekten ärgern, wedeln wir ohne aufzuschrecken mit den Ohren und dem Schweif und lassen Haut und Muskeln zucken. Bei Neugeborenen hapert's noch mit der Döshaltung, sie müssen das Schildern erst lernen.

Beim *Schlummern* in der Bauchlage schalten wir etwas mehr ab, sind aber immer noch ruckzuck aktionsbereit: Stört uns etwas, springen wir ohne Verzögerung auf.

Bevor wir uns ablegen (mit den Vorderbeinen zuerst), scharren wir, um den Boden zu überprüfen.

Wenn wir so ruhen, Hinter- und Vorderbeine unter dem Bauch eingeknickt, tragen wir den Kopf oft frei. Wird er uns zu schwer, stützen wir ihn mit dem Maul auf dem Boden ab. Unsere Augen sind beim Schlummern ganz geschlossen, ansonsten ist unser Gesichtsausdruck der gleiche wie beim Dösen. Manchmal schlagen wir unbewußt mit dem Schweif.

Wenn wir schnaufend auf der Seite liegen und *tiefschlafen*, vielleicht gerade träumen, nehmen wir nichts mehr wahr. Flach am Boden liegend, meist ein Vorderbein und beide Hinterbeine gemütlich ausgestreckt, das andere Vorderbein angewinkelt, erwachen wir aus diesem angenehmen Zustand bloß allmählich. Wir zucken im Tiefschlaf unwillkürlich ab und zu mit den Gliedmaßen oder den Ohren, wenn wir Traumphasen durchleben. Manchmal schnarchen wir auch laut. Unsere Atmung wird im Tiefschlaf langsamer und mitunter unregelmäßig. Beim Aufstehen – mit den Vorderbeinen zuerst, um gleich Überblick zu bekommen – gähnen wir deshalb auch meistens ausgiebig. Das wohlige Dehnen und Recken danach macht uns wieder fit.

Wieviel Schlaf wir benötigen? Wir schlafen zwar mehrmals am Tag, aber dafür als Fluchttiere nur kurz. Unsere Gesamtruhezeit, also Dösen, Schlummern und Tiefschlafen zusammengerechnet, beträgt täglich ungefähr fünf bis acht Stunden. Was den Tiefschlaf betrifft, begnügen wir uns oftmals mit einem pro Tag, und das selten länger als eine Stunde.

(Ausnahmen bestätigen die Regel: Unser ausgewachsener, voll durchtrainierter Warmblutwallach Pik As hält mindestens drei Stunden Tiefschlaf pro Tag.)

Fohlen und Jährlinge und auch die Zwei- und Dreijährigen schlafen insgesamt noch wesentlich länger als wir Erwachsenen.

Am liebsten überlassen wir uns dem Tiefschlaf in der Zeit von Mitternacht bis Sonnenaufgang.

Bei großer Hitze sind auch wir träger und müder. Das Wetter kann uns im allgemeinen sehr beeinflussen, ihr kennt das ja selbst. Apropos: Wenn wir müde sind, wollen wir auch unsere Ruhe haben und keinen Rummel um uns herum!

Unser starkes Sicherheitsbedürfnis sorgt dafür, daß wenigstens ein

Pferd in der Herde mit der Nase im Wind stehend auf die Schlafenden aufpassen muß. Es darf sich erst ablegen, wenn ein anderes es abgelöst hat.

Artgenossen, die sich nicht ablegen mögen, sind krank, verletzt oder sonstwie in ihrem Wohlbefinden gestört.

(Einzelpferde wagen oft nicht tiefzuschlafen. Verhaltensstörungen und Leistungsabfall sind dann vorprogrammiert.)

Der Schlafplatz muß ebenfalls unseren Sicherheitsbedürfnissen angepaßt sein. Ein trockener Untergrund mit kurzem Gras wird von uns bevorzugt angenommen, am liebsten auf einer Anhöhe – wegen des Überblicks. Wenn dann noch ein leichter Wind weht, der uns Witterung zutragen kann, ist in dieser Hinsicht alles in Ordnung.

(Weidehütten erfüllen meistens nicht die Anforderungen für den Tiefschlaf und werden deshalb eher als Schattenspender und Insektenschutz beim Dösen angenommen.)

Während der Ruhezeiten rücken wir dichter zusammen und verringern unseren Individualabstand.

(Dieser Zwischenraum ist je nach Pferdetypus unterschiedlich. Er beträgt außerhalb der Ruhezeiten normalerweise einige Meter. Innerhalb dieser Zeiten kann sich diese Distanz in einer intakten Gruppe auf Zentimeter zu verringern.)

Wenn wir gemeinsam dösen, stehen wir gerne in entgegengesetzten Richtungen dicht nebeneinander, um uns gegenseitig mit dem Schweif die Fliegen abwehren zu können. Den Kopf unter den Schweif des anderen zu halten, ist eine Maßnahme gegen diese Plagegeister. Freunde entspannen zusammen, Füllen stehen unter dem Schweif ihrer Mütter oder liegen zu ihren Hufen.

(Einige unserer Pferde stellen sich manchmal auch im Kreis auf, immer Kopf unter Schweif, um der Insekten Herr zu werden.)

Bewegen

Wie ich bereits erwähnte, sind wir Pferde Gewohnheitstiere und suchen für bestimmte Maßnahmen bestimmte Orte zu bestimmten Zeiten auf. Ich beschreibe jetzt ausschließlich das Bewegungsverhalten in der Natur, die Zivilisation lassen wir mal außen vor, denn sie bringt so viele Einschränkungen, daß ich ständig wenn und aber sagen müßte ... Auf die Kompromisse komme ich später.

Wenn das Futterangebot stimmt, sind wir ziemlich ortstreu. Unsere tägliche Aktionsstrecke umfaßt dann etwa zehn Kilometer pro Tag. In trockenen Gebieten reichen diese Weiten nicht aus, denn Fressen und Sichbewegen stehen für uns in direktem Zusammenhang.

(Einige freilebende Wildequiden unternehmen wegen Futter-oder Wasserknappheit jahreszeitliche Wanderungen bis zu mehreren 100 Kilometern Länge.)

Wenn wir auf unseren hufschlagbreiten Wechseln hintereinander im Gänsemarsch wandern, geht die Leitstute vorneweg, die anderen in Rangordnung hinterher, der Leithengst parallel dazu oder als Schlußlicht. Er hält die Herde zusammen und behütet sie, die Leitstute führt. Alle können sich hören, sehen und riechen.

Wenn sich während einer solchen Wanderung andere Gruppen anschließen, behält jede Familie ihre eigene Formation. Wenn Flucht angesagt ist, löst sich natürlich die ganze Ordnung auf.

Unsere Hengste verfügen nicht über ein streng abgegrenztes Territorium, denn bei aller Standorttreue bringen es klimatische und ernährungsbedingte Umstände mit sich, daß wir wandern, gerade wenn Wasserstellen mit anderen Herden geteilt werden müssen.

Wir bewegen uns auch, um zu spielen oder um uns zu wälzen oder wenn es etwas zu entdecken gilt und die Neugier befriedigt werden muß. Auch Rangordnungskämpfe bedeuten Bewegung, ebenso Paarungsrituale.

Unsere Jungtiere weisen natürlich einen höheren Bewegungsdrang auf als die »älteren Semester«. Eins aber ist klar: Wir alle möchten uns den überwiegenden Teil des Tages bewegen *dürfen*. Und das ist in einer engen Box schlecht möglich.

(Zahlreiche Verhaltensstörungen beruhen auf unbefriedigtem Bewegungsbedürfnis.)

Koten und Harnen

Das Absetzen von Kot und Harn dient nicht nur der Abgabe von unverdaulichen Abfallstoffen, sondern auch dem Aufbau eines Kommunikationssystems. Unsere Roßäpfel lassen sich nämlich unter anderem zur Reviermarkierung verwenden. In den Ausscheidungen der Stuten sind Hinweise enthalten, die Aufschluß über ihre Paarungsbereitschaft geben.

Zum Äppeln bevorzugen wir erwachsenen Pferde die Schnittstellen unserer Wechsel oder deren Nähe. Unsere Fohlen nehmen das allerdings noch nicht so genau. Hengste setzen auf den Mist der anderen genußvoll noch eigenen drauf, man(n) will schließlich die Oberhand gewinnen. Stuten schauen sich beim Äppeln lieber den Mist der anderen an, so wird ein Kotplatz natürlich größer. Dafür sind die Hengsthaufen höher. So unterschiedlich können halt die Geschlechter sein.

(Beim Misten wölben Hengst und Stute leicht den Rücken und lüften den Schweif. Der urinierende Hengst spreizt seine leicht nach rückwärts gestellten Hinterbeine und hebt den Schweif etwas an. Die wasserlassende Stute stellt die Hinterbeine auseinander, krümmt den Rücken, hebt den Schweif und »blitzt« nach dem Geschäft mit der Scham.)

Wenn ein Leit- und ein Junghengst gemeinsam einen fremden Haufen untersuchen, darf der jüngere Hengst diesen zwar auch auftürmen, aber dann kann er gehen, und der Chef ›krönt‹ das Werk zum Abschluß. So ein Hengst kann sich seine Äpfel sehr gut einteilen, um alle Stellen zeremoniell markieren zu können, einschließlich seiner eigenen Box.

(An den Auscheidungsstellen auf den Weiden entstehen sogenannte »Geilstellen«, die von den Pferden schon allein wegen des Geruches nicht abgeweidet werden. Außerdem sind diese Stellen auch besonders mit Wurmparasiten verseucht.)

Was wir gar nicht mögen, ist auf harten Boden zu strahlen, wegen der Spritzer. *(Daher stammt der Begriff »stallen«, also das Urinieren im Stall auf Stroh.)* Es ist im wahrsten Sinne des Wortes hart für uns, wenn wir den ganzen Tag auf so einem Untergrund verbringen müssen.

(Mist machen und Wasserlassen können ansteckend wirken,

gerade in Reitgruppen ist das häufig zu beobachten – bei den Pferden.

Die Pferdeäpfel sollten voll geformt sein, feucht und glänzend und von grünbrauner bis goldbrauner Farbe. Breiige Pferdeäpfel können auf Nervosität, Angst, Krankheit oder zu plötzliche Futterumstellung auf Grünes hindeuten.)

Haut- und Fellpflege

Unseren Komfort lassen wir uns nicht nehmen. Denn sonst fühlen wir uns nicht wohl. Ich meine hier unsere Hautkosmetik, auch die gemeinschaftliche.

Wälzen ist (solange wir noch fit auf den Beinen sind) so ziemlich das Größte. Auch wenn ihr uns vielleicht gerade geputzt habt. Am liebsten wälzen wir uns auf einer großen sandigen, trockenen Stelle. Durch Rumpfschütteln, von vorne nach hinten, fliegt der Sand dann wieder ab. Am schönsten ist Kullern da, wo sich gerade ein anderer gekugelt hat, also wieder etwas, das ansteckend wirken kann.

Besonders wohltuend ist das Wälzen, wenn wir geschwitzt oder gebadet haben. Wir baden eigentlich ganz gerne. Im Wasser wälzen geht auch *(sogar mit Reiter)*. Anschließend gilt es sich wieder zu schütteln oder im Sand zu räkeln, um eine »Anti-Insekten-Packung« herzustellen. Schließlich sind wir ewig und drei Tage damit befaßt, die surrenden Piesacker durch Kopf- oder Rumpfrütteln, Muskelzittern, Beinestampfen, Schweifschlagen oder Maulschubsen abzuwehren.

Bevor wir uns ablegen, scharren wir und drehen uns gerne im Kreis. Zeigt unser Kopf beim Niederlegen nach rechts, wollen wir uns auf die linke Seite legen, deutet er nach links, dann gilt die rechte Körperhälfte. Im Stall, in frischer Einstreu, kann Wälzen ebenfalls angenehm sein, allerdings müssen die Ställe geräumig sein.

Auch das *Schubbern* zur Fell- und Hautreinigung gehört zu unserem Komfortverhalten. Sich irgendwo gegenzulehnen und daran entlang zu scheuern, kann sehr viel Spaß machen. Wir setzen dann meist ein zufriedenes Putzgesicht auf. Gerade wenn Haarwechsel angesagt ist, schubbern wir viel.

(Ansonsten kann verstärktes Scheuern auch Endo- oder Ektoparasiten, Hautreizungen oder Verhaltensstörungen anzeigen.)

Nehmt uns beim Laufen im Freien das Halfter ab, sonst können wir beim Scheuern darin hängenbleiben. Besonders wenn es viel zu groß ist. Fohlen können sich mit den Hufen im Halfter ihrer grasenden Mutter verheddern.

Mit einem Hinterhuf hinterm Ohr kratzen oder mit den Zähnen die Hinterbeine beknabbern, wenn es juckt? Kein Problem! Wir sind gelenkig und können auch unter Verrenkungen locker etliche Zentner im Gleichgewicht gehalten.

Eng eingepfercht stehen zu müssen ist schrecklich für uns. Erst recht dann, wenn wir nahezu ununterbrochen eingedeckt und bandagiert werden, nach dem Motto »Bloß nicht schmutzig machen«. Menschliche Sauberkeitsfanatiker sind uns ein Greuel.

(Eine nützliche Ausnahme in bezug auf dauerndes Deckentragen sind Ekzemdecken, die betroffenen Pferden Schutz und dadurch Linderung verschaffen.)

Wir wollen täglich ins Freie, wobei uns weder Regen noch Sonne stören. Im Gegenteil: Sonnenbäder beleben und fördern die Fruchtbarkeit. Auch im Schnee spielen macht uns viel Spaß. Und nebenbei: Grasflecken haben noch keinen umgebracht. Kommt bloß nicht auf die Idee, uns dauernd zu waschen – womöglich mit Shampoo! Shampoo zerstört den natürlichen Schutzmantel, unser Hautfett macht das Fell wetterfester.

Wenn wir nach dem Reiten vorsichtig die Beine abgespritzt bekommen, finden wir das meist angenehm. Bei großer Hitze genießen wir auch eine Dusche, wenn wir an einen Wasserschlauch gewöhnt sind. Ein Ritt in einen See kann ebenfalls der Erfrischung dienen und zudem in vielerlei Hinsicht ein Training unterstützen *(Abwechslung, Gewöhnung, Muskelaufbau, Spaß ...).*

Zuviel Hygiene macht uns für vieles anfälliger.

(Tägliches Putzen ist sinnvoll, schon um den Körper gründlich zu überprüfen, auch auf Verletzungen und Schmerzreaktionen. Hufe kontrollieren und auskratzen ist auch nach dem Reiten Pflicht. Das Putzen sollte nicht in der Box stattfinden, wegen der Staubaufwirbelung.)

Am meisten Freude macht uns die gemeinsame Fellpflege. Sich gegenseitig von vorne nach hinten zu putzen dient nicht nur der Kosmetik, sondern ist zugleich auch ein Freundschaftsdienst.

Ist zusätzliche Hufpflege nötig, berät der Hufschmied. Denn man kann manches auch übertreiben. Zuviel Fett bringt z.B. oft das Gegenteil von dem, was erreicht werden soll. Unter Umständen kann nicht mehr genug natürliche Feuchtigkeit in den Huf eindringen; Sand kann auf einer Fettschicht wie Schmirgelpapier wirken.

Wenn Zuchtstuten oder Gesellschafter ganzjährig auf der Weide laufen, ist es nicht notwendig, soviel zu striegeln. Doch verklebtes Fell, besonders im Winterpelz, sollte gereinigt werden, damit die Haare sich aufstellen und wärmende Luftpolster bilden können. Tägliche Kontrolle und regelmäßige Hufpflege bleiben natürlich genauso wichtig wie bei Reitpferden (auch wegen der Gewöhnung, gerade bei Fohlen. Für ein Pferd, das noch nie die Beine geben mußte, kann das erste Hufausschneiden sonst ein Schock werden).

HUFE müssen alle 4–6 Wochen kontrolliert werden. Auch der Beschlag sollte in diesen Zeitabständen erneuert werden. Der leichte Rennpferde-Beschlag ist noch häufiger dran. Wann immer möglich, sollte »Barfußlaufen« angesagt sein, um den Hufmechanismus nicht zu beeinträchtigen und schweren Verletzungen durch Tritte vorzubeugen.

MISTFLECKEN auf dem Fell von Schimmeln bekommt man auch recht gut mit Holzkohle heraus. Einfach die trockenen Flecken damit einreiben und dann normal putzen. Vorsicht: Der Schimmel muß trocken sein, sonst schmiert es.

Fressen und Saufen

Einen Großteil unserer Zeit verbringen wir in der Regel damit, uns langsam fortzubewegen und – mit gelegentlichen Pausen – nach Freßbarem zu suchen. Von 24 Stunden widmen wir unter normalen Umständen ca. zwölf bis sechzehn dem Fressen!

Wir ernähren uns hauptsächlich von Gräsern und Kräutern. Mitunter naschen wir auch Blätter, junge Triebe verschiedener Laubhölzer, Sumpf-, Schilfgräser, trockene Brennesseln, Früchte, junge Rinde und was sonst noch gerade von Mutter Natur für uns Schmackhaftes geboten wird. In der trockenen Jahreszeit knabbern wir auch mal ganz gerne an Rohrkolben herum.

Morgens bevorzugen wir Süßes, gegen Abend eher Saures; das ist verdauungsfördernd und diätetisch zugleich. Bei Bedarf wählen wir sogar Heilpflanzen für uns aus.

Ist der Tisch der Natur nicht allzu reichhaltig gedeckt, weiden wir bis zu 17 Stunden täglich. Tragende Stuten verlängern im letzten Drittel ihrer Trächtigkeit die Freßzeiten, um genügend Nährstoffe für den Nachwuchs aufnehmen zu können.

Vor dem Winter legen insbesondere Ponies gerne eine Fettschicht an, um für die futterknappen Monate eine Reserve zu haben.

Wenn wir grasen, schreiten wir langsam mit gesenktem Kopf *(sorgt für besseren Speichelfluß zur Futterdurchfeuchtung; die Speichelproduktion pro Tag und Pferd beträgt ca. 30 l)* vorwärts, fassen die Gräser mit den Lippen und rupfen oder beißen sie ruckartig mit den Schneidezähnen ab. Wir fressen manierlich, langsam und kauen alles ordentlich durch. Was nicht schmeckt, wird aussortiert.

Fremdkörper verschlucken wir fast nie. Das ist auch gut so, denn wir können uns bei Bedarf leider nicht übergeben.

(Vor jedem Schlucken wird der Atmungsweg verschlossen, damit keine Nahrungsteilchen in die Luftröhre gelangen. Die Schlundröhre, ca. 1,5 m lang, endet am Magen an einem starken Schließmuskel, der sich bei normaler Magentätigkeit rhythmisch öffnet und zusammenzieht. Er macht ein Erbrechen unmöglich. Auch ist der Weg vom Magen bis zum Maul zu lang, um die Nahrung wieder nach oben zu bringen).

In der freien Wildbahn kennen wir Futterneid nur bei allergrößter

Futterknappheit. Wir fressen tags wie nachts. Der Freßtrieb ist uns angeboren. Die Bezeichnung »verfressen« tut uns also unrecht.

Oft sind zivilisierte Fütterungstechniken, -maßnahmen und -zeiten für uns völlig unnatürlich und schädlich.

Wenn unser Freßtrieb unbefriedigt bleibt und wir uns deshalb auch noch langweilen müssen, sind Verhaltensstörungen vorprogrammiert.

Wir sind Langzeitfresser. Wir besitzen einen – im Verhältnis zu unserer Größe – kleinen Magen und sind verdauungstechnisch gar nicht in der Lage, Riesenmengen auf einmal aufzunehmen, um anschließend länger nichts zu fressen. Daher ist die langsame und kontinuierliche Nahrungsaufnahme für uns wichtig.

Wenn wir durstig sind, saufen wir normalerweile Wasser aus Flüssen und Seen.

Wir sind Saugtrinker und pressen zum Trinken Ober- und Unterlippe so fest zusammen, daß nur eine kleine Öffnung frei bleibt. Den Kopf halten wir dabei mit dem abwärts gedehnten Hals möglichst auf einer Linie. Am liebsten saufen wir (wie alle Einhufer) klares Süßwasser. Kaltes Wasser trinken wir langsam; werdende Mütter sind dabei besonders vorsichtig. Fohlen müssen es erst durch Versuch und Irrtum lernen, wie erwachsene Pferde zu trinken.

Meine Verwandten in freier Wildbahn ziehen meist einmal pro Tag zur Tränke. Das geht in der Hauspferdehaltung natürlich nicht, weil wir beim Training schwitzen und auch mehr trockenes Futter als in der Natur zu uns nehmen. Wir müssen häufiger getränkt werden oder ständig Wasser zur Verfügung haben.

Einmal Saufen dauert bei uns einige Minuten. Es wirkt anstekkend, weil wir in der Natur nicht unbedingt zu jeder beliebigen Zeit Wasser parat haben. Pro Tag benötigen wir 30 bis 50 Liter Wasser. Bei großer Hitze und Belastung kann sich unser Wasserbedarf allerdings verdoppeln bis verdreifachen.

Im Herdenverband trinkt der Leithengst meistens zuerst. Unter seiner Bewachung darf anschließend die ganze Herde enger zusammenrücken und nebeneinander saufen.

Das Sexualverhalten – *Hotte Hurtig klärt auf*

Die »sexuelle Freiheit« hat für uns Hauspferde deutliche Grenzen. Hengsten und Stuten wird kaum noch ein gemeinsames Leben zugestanden. In der Natur verbringen Hengst und Stute zu Zeiten der Paarung mehrere Stunden pro Tag gemeinsam. In der Zivilisation wird ihnen oft nur Minuten zugestanden. Viele Hengste müssen »an der Hand« des Menschen eine Stute bespringen, natürliche Verhaltensweisen werden so nur noch vereinzelt zugelassen. Mitunter werden Stuten sogar gefesselt, damit sie sich nicht gegen einen ihnen unbekannten Hengst wehren können. Hengste animiert man, ihren Samen in starre Konstruktionen, in »Phantomstuten« zu ergießen. Von künstlicher Besamung bei Pferden halte ich nichts, das brauche ich wohl nicht besonders zu betonen. Sogenannte Probierhengste werden als »Schnüffler« eingesetzt. Erkennen sie eine Stute als hochrossig, werden sie durch einen »Champion« ersetzt und können zusehen, wo sie mit ihrer Erregung bleiben. Einige aufschlußreiche Blicke in die wahre Natur sind da angebracht – bevor alles geklont wird.

Unsere Junghengste werden mit ungefähr 12–22 Monaten geschlechtsreif, das hängt allerdings auch von Ernährung und Rasse ab. Zwar versuchen diese Jährlinge schon einmal, sich mit einer Stute zu verpaaren, bleiben aber erfolglos. Frühestens unsere Zweijährigen können, wenn sie überhaupt Gelegenheit dazu bekommen, Nachwuchs zeugen. In der Natur würden sie erst mit vier oder fünf Jahren an eine »Familienneugründung« denken dürfen, nämlich dann, wenn sie einigermaßen physisch und psychisch ausgereift sind.

Bei uns Hauspferden gelten auch in diesem Punkt andere Regeln als in der freien Wildbahn. Durch Haltung und Ernährung kann alles schon einmal früher passieren. Wenn Hengste aber zu früh decken *müssen*, werden sie später manchmal dessen überdrüssig. Und Probierhengste – ein frustrierender Job – sollte man nicht nur probieren, sondern auch öfter mal zum Zuge kommen lassen, sie können sonst aggressiv werden.

Junge Stuten rossen das erste Mal im Alter von ein bis zwei Jahren, und dann meist sehr heftig. Sie nehmen allerdings nur äußerst selten, abgesehen von wenigen frühreifen Pferden, vor der Vollendung ihres zweiten Lebensjahres auf. Die Rosse erfolgt anfänglich unregelmäßig, auch witterungsbedingt, später während der Paarungssaison im Abstand von etwa 21 Tagen. Hengste sind dagegen ganzjährig paarungsbereit. Äußerlich erkennbar wird eine Rosse ein bis zwei Tage vor dem Eisprung. Danach kann sie noch ein bis zwei Tage andauern. Diese Zyklusaktivität ist eigentlich jahreszeitlich bedingt und bei unseren freilaufenden Herden in Mitteleuropa auf Frühjahr und Sommer beschränkt. Wärmende Sonnenstrahlen fördern die Fruchtbarkeit. Die in solch einer Zeit gezeugten Fohlen werden ins beste Nahrungsangebot hineingeboren. Ihre Mütter finden dann normalerweise genügend Futter und können ausreichend Milch produzieren.

Züchter verändern häufig durch Stallhaltung und gleichbleibende Fütterung dieses System. Die Geburt eines Fohlens wird oft so geplant, daß es schon im Januar geboren wird. Für die Fohlen von Nachteil – ihre Sozialkontakte und Bewegungsmöglichkeiten sind eingeschränkt, da sie dann noch nicht mit anderen auf die Weide kommen. Für diese Art von Züchtern ein Vorteil beim Verkauf, weil am Anfang des Jahres geborene Fohlen größer und kräftiger erscheinen als später geborene Gleichjährige und deshalb der Kundschaft auf Fohlenauktionen eher ins Auge springen. Stuten, die jahreszeitlich gesehen zu früh gebären sollen, übertragen häufig, besonders wenn es extrem kalt ist.

Ist die rossige Stute mit dem Hengst vertraut und ist er begattungsbereit, steht dem Deckakt eigentlich nichts mehr im Wege. Der Hengst weiß genau, wann der richtige Moment gekommen ist, er erhält diese und andere Botschaften durch den veränderten Geruch der Ausscheidungen seiner Auserwählten. Abgesehen davon wehrt die Stute während der Vorrosse zu starke Intimitäten energisch ab. Im weiteren Verlauf wird sie um einiges zugänglicher. Dann vermögen beide ausgesprochen zärtlich miteinander umzugehen. Die nötige intime Vertrautheit entsteht durch das Paarungsvorspiel, das mit einem vorsichtigen gegenseitigen Nüsternblasen beginnt. Finden beide aneinander Gefallen, darf sich der Hengst weiter nach hinten wagen und die Flanken und Sprunggelenke der Stute ausgiebig beschnuppern und beknabbern. Hat die Stute bis dahin noch nicht zugetreten, traut er sich, ihre Genitalien genauer zu untersuchen. Immer wieder flehmend und bereits ausschachtend, bemüht er sich, Eindruck zu machen. Mit imponierend gewölbtem Hals und elastischen, tänzelnden Gängen bringt er sich in Positur. Auch Erregungswälzen und aufgeregte Laute kennzeichnen deutlich seinen Zustand.

Besonders viel Mühe gibt sich ein Althengst oft mit Jungstuten. Zwischen ihm und einer vertrauten Altstute kann ein Vorspiel dagegen recht kurz währen oder ganz entfallen. Hengste können sich im Umgang mit Stuten überhaupt sehr unterschiedlich benehmen. Vorsichtige und sanfte Liebhaber finden sich genauso wie stürmische und etwas rücksichtslose Kerle.

Eine rossige Stute stellt sich mit gespreizten Beinen und gesenkter Kruppe auf, reckt den Hals vor und winkelt den Kopf an. Den Schweif gelüftet und zur Seite gelegt, läßt sie deutlich ihre Scham »blitzen«, um ihre Paarungsbereitschaft sichtbar zu machen. Dabei werden häufig kleine Mengen Harn und Brunstschleim abgesetzt. Das »Blitzen« oder »Blinken« gilt als besonderes erotisierendes Signal.

(Beim Deckakt selbst kann sich der Ausdruck einer rossigen Stute ändern. Ist der Hengst kleiner als die Stute oder handelt es sich um eine alte, erfahrene Mutterstute, zeigt sie mitunter ein abgelenktes Ohrenspiel. Wendet sie sich dem Hengst mit angelegten Ohren oder, noch deutlicher, mit entblößtem Gebiß zu, kann das auf Schmerzen durch zu schweres Gewicht, zu ungestümes Eindringen oder eingeklemmte Schweifhaare hindeuten.)

Ein unerfahrener Hengst würde sich gleich hinter eine solche Stute stellen. Überhaupt stellen unsere jungen Männer sich während ihrer ersten Deckakte etwas ungeschickt an. Ein erfahrener Hengst geht vorsichtiger mit der Individualdistanz um.

Darf schließlich aufgeritten werden, stützt der Hengst sich mit dem Brustkorb auf die Kruppe der Stute und umklammert sie vor den Hüften mit den Vorderbeinen. Dabei setzt er seinen Kopf in ihrer Widerrist- oder Schultergegend auf oder verbeißt sich. Mitunter wird auch erst aufgeritten, ohne auszuschachten.

Das Ganze dauert ungefähr zehn Sekunden, selten länger als eine Minute, von der Einführung bis zur Absamung. Wir Pferde sind Fluchttiere, da muß es schnell gehen.

Ein typisches Merkmal für den erfolgenden Samenausstoß ist das rhythmische fünf- bis zehnmalige Nicken des Schweifes während der Begattung. Der Hengst trägt dabei einen regelrecht wollüstigen Ausdruck im Gesicht.

Nach erfolgter Paarung weiden Hengst und Stute gerne noch nebeneinander. Das Ganze wird während einer Hochrosse mehrmals wiederholt.

Junghengste zeigen sich nach ihren ersten Bedeckungen häufig besonders erschöpft, haben kaum noch die Energie zum Absteigen, auch wenn ihre Stute fast schon ›Knickbeine‹ bekommt.

Altstuten, die bereit sind, suchen ihren Hengst auch schon einmal von selbst auf. Sie kommen ihm dann einfach in Paarungshaltung rückwärts entgegen. Vermag da einer zu widerstehen? Allerdings! Hengste können durchaus Abneigungen gegen bestimmte Fellfarben oder Düfte zeigen. Mitunter mögen sie den Milchgeruch laktierender Stuten nicht. Manche lehnen auch sehr alte Stuten ab.

(Vor einigen Jahren wurde unsere damals über zwanzigjährige Warmblutstute Zarefa rossig. Als wir unseren Trakehnerhengst Diplomat in die Herde ließen, präsentierte sie sich ihm sofort. Er dagegen ließ sie links liegen und schäkerte mit anderen Stuten, die im übrigen nicht rossig waren. Zarefa schaute sich das nicht lange mit an und ging dazwischen, um ihn erneut ›anzubaggern‹. Diplomat flehmte einmal kurz und verschwand. Nachdem sämtliche Flirtversuche von seiten Zarefas fehlgeschlagen waren, erbarmten wir uns und holten die anderen Pferde in den Stall. Diplomat und Zarefa verblieben ungestört. Der »Herr des Geschehens« zog es vor, in ein kleines Wäldchen zu verschwinden. Zarefa stöberte ihn natürlich auf, und nachdem sie ihn massiv rückwärts drängelnd immer wieder aufforderte, überwand er sich endlich dazu, sie zu decken. Einmal und nie wieder. Wiederholungsversuche in den darauffolgenden Tagen blieben ergebnislos. Der einzige vollzogene Deckakt allerdings nicht. Elf Monate später wurde Zeus geboren. Diplomat hat sehr viele Nachkommen gezeugt, vor und nach Zeus, und verhält sich Stuten gegenüber im allgemeinen als

wahrer und sehr zärtlicher Gentleman, solange sie ihm nicht zu alt erscheinen.)

Umgekehrt mögen Stuten auch nicht jeden Hengst. Eure moderne Hauspferdehaltung bringt geradezu eine mangelnde Vertrautheit zwischen Hengsten und Stuten mit. Jungstuten versuchen sich mitunter dem Hengst zu entziehen, wenn sie noch keine Deckerfahrung haben.

(Wenn ein Pferd die Signale des anderen hinsichtlich Ausdrucks- und Sozialverhalten während der Paarungszeit nicht recht zu deuten vermag, können Probleme auftreten. Das ist bei Zuchtpferden, die nicht in einer Herde aufgewachsen sind, häufig der Fall.

Die Fesselungen einer rossigen Stute (leider durchaus üblich) und die gleichfalls häufig verlangte Trennung von ihrem Saugfohlen zwecks gefahrloser Verpaarung können zum erfolglosen Deckakt führen. Eine Stute mit Fohlen bei Fuß muß dieses während der Bedeckung neben oder vor sich sehen können und darf nicht in Angst und Schrecken versetzt werden. Sonst kann trotz erfolgreicher Belegung eine Abstoßung die Folge sein. Solche Maßnahmen bringen Züchter oft um den Deckerfolg. In der Naturherde liegt die Erfolgsquote bei 95%, ansonsten weit darunter.)

In den Naturherden wird eine Paarung zwischen Leithengst und Stute normalerweise von anderen Hengsten nicht gestört, schon eher einmal von eifersüchtigen Altstuten. Ein ›Oberhengst‹ hält seine rossigen Damen natürlich tunlichst von Rivalen fern. In einer festen Gruppe lassen sich die erwachsenen Stuten aber ohnehin nur von ihm bedecken. Saugfohlen stehen meist »Mäulchen machend« vorn dicht neben ihrer Mutter, wenn sie gedeckt wird.

Während einer ›Familienneugründung‹ sind Hengste sehr aktiv und ständig bemüht, ihre Damen dicht zusammenzuhalten. Etwas abseits weidende Tiere werden sofort zurückgeholt. Diese Aktionen lassen nach, wenn eine Gruppe schließlich festgefügt ist und der Hengst sich seiner Stuten sicher sein darf. Lediglich in der Nähe fremder Familienverbände wird er die Herde vermehrt zusammentreiben, ebenso bei Gefahr, denn dann muß er alle vor sich herscheuchen, um sie aus der Gefahrenzone herauszubekommen.

Stuten tragen in der Regel 336 Tage (+/- 15 Tage). Ein großer Teil fohlt schließlich in den frühen und ruhigen Morgenstunden. Wenn sie sich nicht völlig sicher fühlen, können sie eine Geburt stundenlang hinauszögern. Normalerweise bleiben gebärende Stuten in ihrer Herde oder wenigstens in der Nähe.

(Wenn fohlende Stuten sich in einer Hauspferdeherde gänzlich absondern, stimmt das Sozialklima nicht. Auch sehr kranke Pferde kehren sich oft ab.)

Bei uns Hauspferden finden Geburten meistens nachts statt, weil die Stuten dann ungestörter sind und sich sicherer fühlen als tagsüber. Ausnahmen kommen vor, wenn sie sich geborgen fühlen. Lärm und nervöse Menschen können Geburtsvorgänge zum Stillstand bringen. Übertrieben vorsichtiges Anschleichen und Flüstern irritieren allerdings genauso. Schließlich pirschen sich normalerweise nur Feinde an! Die gewohnten festen Schritte vertrauter Menschen dagegen gehören für uns Hauspferde zu unserem Alltag.

Zu den weiteren Details des Geburtsvorgangs gebe ich nun besser ab an Brigitte ...

Die Geburt

Das freudige Ereignis einer nahenden Geburt birgt sichtbare Anzeichen: Im letzten Drittel der Trächtigkeit geht die Stute in die Breite, das Ungeborene wächst in der Zeit sehr rasch und läßt auch bald Bewegungen fühlen und erkennen.

Vier bis sechs Wochen vor der Niederkunft nimmt der Umfang des Euters deutlich zu.

Ein bis zwei Tage vor der Geburt lockern und senken sich die breiten Beckenbänder, die Flanken fallen ein, der Bauch sinkt regelrecht ab, die Scham beginnt anzuschwellen und weicher zu werden. ›Harztropfen‹ erscheinen an den beiden Strichkanälen des Euters, als kleine, trockene bräunlichgelbe Propfen erkennbar. Übt die Stute im Liegen zuviel Druck auf ihr Euter aus, können die Harztropfen schon einige Tage früher hervortreten oder abfallen, und die Milch kann zu tropfen beginnen.

Die Geburt selbst kann man in drei Abschnitte unterteilen: Eröffnung, Austreibung und Nachgeburt.

Im ersten Stadium schaut sich die Stute ständig um und kommt nur wenig zur Ruhe. Sie geht im Kreis, legt sich hin, steht wieder auf, greift sich vielleicht hastig einige Bissen Futter, um sich dann erneut niederzulegen. Wieder stehend, tritt sie mit den Hinterbeinen gegen den Bauch, scharrt mit den Vorderbeinen und setzt oft ein wenig Harn und Kot ab. Sie beginnt an Hals und Schulter zu schwitzen.

In dieser Zeit werden die Geburtswege so lange geweitet, bis die Fruchtblase spontan platzt und das Fruchtwasser sturzbachartig abgeht.

Die Stute kann von Wehenschmerzen förmlich zu Boden gerissen werden. Die Austreibungsphase selbst dauert meistens fünf bis fünfzehn Minuten. Die Stute legt sich auf die Seite, stöhnend vor Anstrengung. Die Wehenqual steht ihr ins Gesicht geschrieben. Durch Strampeln versucht sie sich Erleichterung zu verschaffen.

Das Fohlen erscheint im Normalfall mit den Vorderbeinen und dem Kopf zuerst, um sich den Weg leichter bahnen zu können.

Viele Stuten erheben sich schon wenige Minuten nach der Geburt. Haben sie zu viel Kraft verloren, gönnen sie sich vielleicht eine halbe Stunde. Beim Aufstehen reißt die Nabelschnur dicht unter dem Fohlenbauch an einer dafür vorgesehenen Stelle durch.

Je natürlicher Pferde gehalten werden, desto unkomplizierter verlaufen die Geburten. Zu fette und während der Trächtigkeit in ihrer Bewegung eingeschränkte Stuten müssen sich während der Geburt meistens sehr quälen. Die schnellsten Geburten, die ich gesehen habe, durchlebten immer unsere recht frei lebenden ersten Shetlandponies. Einmal, als ich etwa acht Jahre alt war, schaute ich gerade zum Küchenfenster hinaus und beobachtete die davor grasenden Ponies. Ich wußte, daß eine Geburt bevorstand. Auf einmal legte sich die angehende Mutter, die eben noch völlig gelassen geweidet hatte, hin und fohlte innerhalb von drei Minuten, stand dann wieder auf und ließ die Nabelschnur reißen. Bis ich meine Kinnlade wieder oben hatte, war das Fohlen schon dabei, sich zurechtzufinden.

Die Nachgeburt muß anschließend abgehen. Dies geschieht gewöhnlich in einem Zeitraum von dreißig Minuten bis zu zwei Stunden unter heftigen Nachwehen, die wieder zum Hinlegen zwingen können. Normalerweise frißt eine Stute ihre Nachgeburt nicht auf. Aber einmal habe ich es schon erlebt.

Die Prägephase nach der Geburt gehört Mutter und Kind allein. Der Mutterinstinkt ist den Stuten angeboren, Erfahrung und Sozialkontakt stärken ihn aber noch. Wenn das Fohlen sich aus den »Eihüllen« schält und sich bald auf wackligen, staksigen Beinen auf die Suche nach der Milchquelle macht, hilft die Mutter ihm nicht direkt. Der Lebenswille muß einfach da sein. Allerdings stellen erfahrene Mütter sich gerne einladend hin, weil sie den Milchdruck rasch loswerden möchten.

Es stellt sich die Frage, ob das erste Saugen als Schlüsselreiz den Mutterinstinkt erst vollständig auslöst. Kommt in der Freiheit ein Fohlen tot zur Welt, erlischt jeglicher Mutterinstinkt, damit die Mutter ohne Umstände wieder ihrer Herde zu folgen vermag – zu ihrer eigenen Sicherheit. Hat ein Fohlen bereits gesaugt und stirbt dann, vielleicht erst nach einigen Wochen, bleibt die Mutter manchmal tagelang bei ihrem toten Fohlen.

Der Milchfluß kann auch durch Massieren des Euters angeregt werden.

Mutterstuten ohne Herdenerfahrung haben manchmal Probleme, mit ihrem Fohlen umzugehen, und treten danach. Oder sie sind kitzlig und wollen nicht saugen lassen. Stuten sollte man deshalb regelmäßig am Euter putzen, um sie dort an Berührungen zu gewöhnen. Heutzutage treten Verhaltensabweichungen immer öfter auf.

Je älter ein Fohlen wird, desto lockerer wird seine Verbindung zur Mutter. Hat diese gleich wieder aufgenommen, entwöhnt sie ihren Nachwuchs meist im Alter von acht bis zehn Monaten. Ist sie nicht wieder trächtig, läßt sie es mitunter noch Monate saugen.

Wir haben schon Zweijährige saugen sehen, meistens Fohlen, die mit ihrer Mutter alleine gelebt haben.

Wenn eine Mutterstute mit ihrem Kleinen unter kargen Bedingungen lebt und erneut trächtig wird, kann es vorkommen, daß sie das Ungeborene verliert *(Abort)* und dadurch dann das bei Fuß Laufende besser durchbringen kann.

Viele Züchter meinen, wenn eine kranke Stute unreitbar wird, könnte sie immerhin noch zur Zucht taugen. Diese Einstellung ist mitunter fragwürdig, da etliche krankhafte Veranlagungen vererbbar sind, wie etwa Überbeißen, Gliedmaßenstellungsfehler, Veranlagung zu chronischem Husten, zur Dämpfigkeit, zum Kehlkopfpfeifen und zu Melanomen, auch Schimmelknoten genannt. – Ich hoffe, daß reicht zur Abschreckung.

Gegen die Fohlenlähme kann man ein Fohlen unmittelbar nach der Geburt impfen oder aber die Stute sechs und zwei Wochen vor der Geburt, so daß ein Ungeborenes den Schutz bereits über seine Mutter erfährt. Ich bevorzuge letzteres, um den Fohlen eine Störung in der Prägephase zu ersparen. Viele Pferde haben zeitlebens Angst vor dem Tierarzt. Vielleicht durch das Spritzen in der sensiblen Phase.

Art- und Selbsterhaltung – noch mehr über Triebe
– *von Hotte Hurtig*

Sozialverhalten

Organisation

Uns Pferde gibt es heutzutage in unterschiedlichen Typen, in allen Größen und vielen Farben. Aber egal, welcher der Hunderte von Rassen wir angehören, in die ihr uns unterteilt habt: Wir beharren darauf, daß wir gleichbehandelt und daß unsere artgemäßen Bedürfnisse erfüllt werden. Und ob es euch paßt oder nicht: Selbst ein Pferd, das wie von Menschenhand modelliert wirkt, weil es Modetrends befriedigen soll, will immer noch dasselbe wie der struppige Stoppelhopser von nebenan. Ob »Rasenmäher« oder »Superkracher«, wir Pferde sind in erster Linie Herdentiere, also sehr soziale, in Verbänden lebende Wesen – wenn ihr uns laßt.

(Mangelnder Sozialkontakt ist Ursache für viele Verhaltensstörungen. Einzelhaltung ist unnatürlich und tierschutzwidrig.)

Eine freilebende, naturgewachsene Herde besteht aus mehreren Familiengruppen. Unter einer Familie verstehen wir in der Regel eine solide, wertvolle Verbindung aus Leithengst, einer oder mehreren Altstuten und jüngerem Nachwuchs. Der Hengst als Leittier und Beschützer findet Unterstützung durch eine erfahrene Altstute, die Leitstute.

Die heutigen Hauspferde-Zuchtherden sind, wie sollte es anders sein, von euch Menschen hinsichtlich Alter und Geschlecht nicht gerade naturnah zusammengestellt. Wirtschaftliche Kalkulationen, Platzverhältnisse, schlichtes Unwissen, Eitelkeiten und Bequemlichkeiten können maßgeblich sein.

Hengste sind in diesen Herden gar nicht oder nur einzeln und dann meist nur zeitweilig zugelassen. Oft müssen Hengste, völlig zu Unrecht isoliert gehalten, allein vor sich hin vegetieren.

(Unsere Hengste, die leider nicht alle durchgehend in Stuten-herden leben dürfen, vertragen sich mit bestimmten Wallachen. Einige unserer Ponyhengste, die zusammen aufgewachsen sind, können gemeinsam in ihren Gattern gehalten werden, selbst in Stutennähe. Unsere Großhengste stehen auch, ohne Aufsehen zu erregen, mit in den Boxenställen, eingerahmt von Walla-chen, aber in Sicht-, Riech- und Hörkontakt mit den Stuten.)

In solchen Züchterfamilien finden sich Freundschaftscliquen – gerne farblich aufeinander abgestimmt – und Mutterfamilien, bestehend aus Altstuten mit Saugfohlen und Töchtern. Gleichaltrige Pferde können sich anziehen, ›Seniorenclubs‹ gründen, in denen sich auch die alten güsten, also unfruchtbaren Stuten aufhalten, oder Jung-gruppen, die gemeinsam ihren Spielen nachgehen. Wir Wallache in den Hauspferdeherden werden als ziemlich neutral angesehen und finden bei Sympathie überall Anschluß.

(Naturherden umfassen in der Regel Pferde einer Rasse, daher sehen sich diese meist ähnlich. In Hauspferdeherden kann es für einzelne extrem herausstechende Pferde, beispielsweise ei-nen Schimmel in einer dunklen Herde, Probleme geben. Mitun-ter wird er niemals integriert, ständig verbissen und gejagt und muß dann wieder herausgenommen werden.)

Da Nachkommen in den Naturherden freiwillig bis gezwungener-maßen abwandern, vergrößern sich solche Herden nicht unendlich, sondern lassen neue entstehen.

Frei lebende Junghengste lösen sich im Alter von zwei bis vier Jah-ren von ihrer Familie bzw. werden, wenn sie sich zu sehr für die Alt-stuten zu interessieren beginnen, vom Leithengst aus der Herde ver-bannt. Diese den Kinderhufen mehr oder weniger entwachsenen Halbwüchsigen finden sich zu recht dauerhaften kleineren Single-Verbänden *(Hengstgruppen)* zusammen.

Die in der Freiheit lebenden jungen Stuten wandern mitunter als Überzählige ebenfalls aus ihrem Familienverband ab bzw. werden entführt, wenn fremde Hengste sich unter anderem durch die starke, lange erste Rosse dieser Schönen angesprochen fühlen. Ein Althengst bewacht die Jungstuten nicht so scharf wie seine Altstuten.

Ein fremder Familienhengst bringt so eine Jungstute nach geglückter Entführung in seine Familie ein. Ein Junggeselle dagegen gründet mit ihr erst einmal eine.

(Während der ersten Rosse nehmen die Jungstuten nicht auf, während der zweiten sind sie oft schon in einer neuen Herde. Durch solche Aktionen wird die Inzestrate niedrig gehalten. Eine diesbezügliche Sperre gibt es bei Pferden ansonsten nicht.)

Ist ein Leithengst länger krank, verletzt oder geht er seinem Ende entgegen, wird ihn ein Junggeselle ersetzen oder ein anderer Hengst mit nur wenigen Stuten übernimmt einige Stuten und vielleicht auch die ganze Herde, je nach deren Größe. Einen zu großen »Harem« kann und will er nicht bewältigen. Eine Familie besteht normalerweise aus zwei bis höchstens zwanzig Pferden.

Ein Zusammenschluß kann aber auch ohne Hengst bestehen; Stuten sind durchaus in der Lage, eine Zeitlang die komplette Führung zu übernehmen.

Rangordnung

In allen Gruppen benötigen wir eine feste Rangordnung, damit es nicht dauernd zum Kampf kommt. Wir brauchen unsere Zeit und Konzentration schließlich für wichtigere Dinge. Ich denke da beispielsweise an Futter- und Wassersuche. Und natürlich an Wachsamkeit im allgemeinen. Eine stabile Ordnung dient also unserer eigenen Sicherheit und unserem Wohlbefinden.

In einer Hengstfamilie ist natürlich der Hengst der Ranghöchste, gefolgt von der Leitstute, der sich die übrigen Stuten dem Rang nach anschließen.

(Auf einer unserer Weiden, wo wir im Sommer mehrmals täglich das Trinkwasser für die Pferde von Hand pumpen müssen, stehen die Pferde währenddessen in einer Schlange an. In Rangfolge. Das ist immer wieder interessant, da man Veränderungen genau beobachten kann.)

Saugfohlen dürfen nahezu dieselbe Stellung wie ihre Mütter innehaben. Wie weit man nach oben kommt, hängt u.a. von Größe, Gewicht, Geschlecht und Alter ab, jedoch nicht zuletzt von Temperament, Wendigkeit, Kampferprobtheit, Selbstvertrauen und Charakter.

(Ein Hengst in einer Hauspferdeherde steht höher als die Wallache.)

Nachkommen von ranghohen Müttern bekommen soviel Selbstbewußtsein mit auf den Weg, daß auch sie als Erwachsene meist ranghoch werden. Rangniedrige Erwachsene hatten oft auch schon rangniedere Mütter.

(Ein Zusammenhang zwischen Rangordnung und Lernfähigkeit bzw. Reiteignung besteht nicht generell. Wohl aber kann vernünftige Ausbildung das Selbstbewußtsein eines Pferdes stärken und es so in der Rangordnung nach oben rutschen lassen. Ich habe sehr häufig Gruppenausritte im Sattel junger Pferde geleitet. Normalerweise ritt ich vorneweg, in der Leitstutenposition, oder hinten, in der Position des Leithengstes. Von sich aus hätten diese jungen Pferde diese Plätze nicht eingenommen. So aber ließen sie alle innerhalb weniger Monate mehr Selbstbewußtsein innerhalb ihrer Gruppen erkennen und stiegen in der Rangordnung rascher auf als unter normalen Umständen.)

Rangauseinandersetzungen

So eine Rangordnung bildet sich nicht von selbst, sondern durch vorangehende Kämpfe: direkte Kämpfe, Drohungen, passive Unterwerfungen und Mischformen. Überwiegend drohen wir, echte Kämpfe sind seltener. Solche Handlungen sind angeboren, aber wir lernen durch Erfahrung im Laufe der Zeit noch dazu.

Im Arsenal haben wir Drohen, Angehen, Drängeln, angedrohtes Beißen und Schlagen, echtes Beißen und Schlagen, Treiben und den direkten Kampf.

Rangordnungskämpfe können bisweilen Tage dauern, je nach Karrierewillen.

Haben wir erst einmal eine Ordnung hergestellt, finden keine ernsten Auseinandersetzungen mehr statt. Allerdings nur, wenn eine

Gruppe in ihrer Form bestehen bleiben darf. Ein Neuer bringt alles wieder durcheinander. Er muß sich gegenüber jedem einzelnen Herdenmitglied behaupten. Je höher er in seiner alten Herde eingestuft war, desto härter werden die Auseinandersetzungen in der neuen ausfallen. Natürlich rücken auch Jüngere mit der Zeit nach und wollen andere Verhältnisse schaffen. Sichtbar tragende Stuten verbreiten mehr Respekt als in Zeiten der Nichtträchtigkeit.

Nun zur Kampftechnik – Angegiftete mögen sich seitlich abwenden: Wenn wir unsere Ohren stark nach hinten gerichtet anlegen, die Nüstern schmal zusammenfalten und die Maulwinkel nach unten abfallen lassen, bedeutet das schon eine Drohung an sich. Wenn wir zu dieser Mimik dann noch den Schädel in Richtung eines anderen werfen, gilt das als *Drohschwingen*. Es ist nicht immer gleich notwendig, sich dabei vom Platz zu bewegen.

Durch Maulaufreißen und Zähnezeigen können wir eine derartige Handlung in eine *Beißdrohung* verwandeln. Zur Not wird so eine Attacke mit einigen Ausfallschritten in Richtung des Gegners verbunden. Reicht diese Drohform nicht aus, kann eben auch zugebissen werden.

Wenn wir uns in beliebiger Gangart, Kopf und Hals fast in der Horizontalen, und mit Drohmimik auf ein Pferd zu bewegen, von nahem wie von weitem, ist das ein *Angehen*.

Wollen wir ein Pferd nicht vorbeilassen oder es wegdrängen, setzen wir auch einmal unsere breiten Schultern ein: Wir schieben es ab.

(Dieses Verhalten, Bodycheck genannt, wird von Galopp- und Polosportlern gefördert.)

Drehen wir einem anderen Pferd das Hinterteil zu, können wir eine *Schlagdrohung* markieren, indem wir ein Hinterbein anwinkeln. Wahlweise auch in Kombination mit Rückwärtsrichten oder Seitwärtssteppen. Die Drohung steht uns auch dann im Gesicht geschrieben, während wir zusätzlich noch mit dem Schweif peitschen oder ihn einklemmen. Wer diese Drohgebärde nicht ernst nimmt, den trifft schließlich der Schlag. Ein Hinterbein oder beide werden schwungvoll nach hinten in Richtung Gegner geschleudert, und das nicht immer nur einmal.

Ein energisches Aufstampfen mit dem Vorderbein kann sehr imponierend wirken – und auch so gemeint sein. Kommt allerdings Drohmimik hinzu, dann ist wirklich Aggressivität im Spiel. Gerade sich wiederholende und wechselseitige *Vorhandschläge* können schließlich dazu führen, daß wir uns aufrichten und mit den Vorderhufen nach dem Gegenüber haschen.

Kämpfende Stuten bevorzugen *Keilereien mit der Hinterhand* und drängeln sich rückwärts entgegen, wobei sie oftmals recht schrill quietschen.

Zwiste unter Hengsten werden zum einen als *Hals-Beißkämpfe* im Stehen ausgetragen. Jeder versucht seinen Hals über den des anderen zu bekommen und ihn niederzuringen. Bisse nach der Vorhand des Widersachers gehören dazu.

Oder aber die Angelegenheiten werden im *Steig-Schlagkampf* geklärt. Man richtet sich auf der Hinterhand auf und attackiert mit Vorhandschlägen und Bissen den gegnerischen Hals, Kehle und Ohren. Da sich kein Pferd ewig auf zwei Beinen halten kann, werden zwischendrin Laufkämpfe eingefügt. Beim Rennen versucht der Hintere dem schließlich auskeilenden Vordermann in die Flanken zu beißen oder in die Hinterhand und was er sonst noch so erwischen kann.

Ein Kampf wird eingestellt, wenn einer letztlich aufgibt und flieht. Der Verlierer darf seine *Unterwerfung* durch *Ausweichen* oder *Meiden* anzeigen. Beim Ausweichen entfernt er sich im Schritt, Trab oder Galopp mit eingekniffenem Schweif und seitwärts gerichteten Ohren. Der Sieger folgt ihm gern ein kurzes Stück. Beim Meiden beläßt der Verlierer immer einen gewissen Abstand zwischen sich und dem Erfolgreichen, der es nicht mehr nötig hat, weiter ernsthaft zu drohen *(soziale Hemmung)*.

Zusammengestauchte reagieren sich gerne in Kettenreaktion an Rangniederen ab.

Hengste haben eine besondere Drohform im Repertoire, die sie meistens den Stuten gegenüber auspacken, wenn sie sie zusammentreiben zum Richtungswechsel oder um sie zu dominieren. Im Schritt, bei Bedarf aber auch schneller, sind sie dann mit leicht angehobenem Schweif, stark angelegten Ohren, Kopf und Hals unter der Waagerechten in Aktion. Sie bewegen dabei ihren Hals schlängelnd hin und her – sie *treiben*. Wie ein Ganter, gewissermaßen.

Stuten treiben selten und wenn, dann nicht so deutlich. In der Prägephase ihrer Fohlen verscheuchen sie so mitunter Unerwünschte.

(Kämpfe können Verletzungen zufügen, Hufe und Zähne stellen gefährliche Waffen dar. Tödliche Ausgänge sind allerdings fast ausschließlich auf zu wenig Raum bzw. Fluchtmöglichkeiten zurückzuführen.)

Freunde und andere

Wir haben die schöne Fähigkeit, ganz spontan Freundschaften schließen zu können. Freunde sind sich oft sehr ähnlich in Temperament, Charakter oder Aussehen.

Wir können uns aber noch aus anderen Gründen zusammenfinden. Unsere Freundschaften dürfen sogar unabhängig vom Rang sein. Werden Freunde dauerhaft auseinandergerissen, leiden sie.

Unsere erste Freundin ist immer unsere Mutter. Später wählen wir am liebsten gleichaltrige Fohlen als Freunde; Jungs Jungs und Mädchen Mädchen. Auch später tun wir uns gern mit in etwa Gleichaltrigen zusammen.

(Wenn von der besonderen Freundschaft eines Pferdes, etwa zu einer Katze oder einer Ziege, zu hören ist, handelt es sich fast immer um Notgesellschaften von Einzelpferden. Es reicht nicht aus, einem Pferd ein anderes Tier als Gesellschafter zuzuteilen, es braucht Artgenossen.)

Freunde sind fast ständig zusammen, betreiben hingebungsvoll gegenseitige Fellpflege, spielen zusammen und wedeln sich gegenseitig Fliegen weg. In der Rosse möchten auch Hengst und Stute mit Beknabbern ihre Intimität unterstreichen.

Diese soziale, untereinander verbindende Körperpflege ist für uns sehr wichtig, für den Körper und für die Seele. Körperstellen, die wir schwer selbst erreichen können oder nur, indem wir uns irgendwo alleine scheuern, werden von dem anderen mit den Zähnen geputzt. Das vermittelt gleichzeitig ein schönes Gefühl von Nähe und Geborgenheit.

(In ungleichartig zusammengestellten Beständen findet oft zuwenig soziale Fellpflege statt – so eine Zusammenstellung gehört überprüft. Außenseiter kümmern.
Meistens bestehen Zweierfreundschaften. In unserer Herde finden wir allerdings auch Trios und Quartette.)

Genauso wie gute Freundschaften entstehen können, sind natürlich auch dauerhafte Feindschaften zwischen uns Pferden möglich.

(Wir konnten ein einziges Mal ein Pferd nicht in unsere ansonsten farblich schon recht gemischte Großpferdeherde eingliedern. Dieses Pferd, ein Wallach, war isabellfarben und hatte blaue Augen. Alle hatten ihn ständig auf dem Kieker, er bekam kein Bein an die Erde. Erst in einer Zweiergemeinschaft mit einem Schimmel, extra gehalten, durfte er Frieden und Sympathie finden.

Echte Freunde finden sich oft nach jahrelanger Trennung gleich wieder mit Begeisterung zusammen. Wer allerdings auf rührselige Wiedersehensszenen zwischen Stute und ihrem getrennt aufgewachsenen, inzwischen erwachsenen Nachwuchs hofft, sieht sich oft getäuscht.

Wenn bis jetzt auch ständig betont worden ist, das gleich und gleich sich gern gesellt, muß ich aber hinzufügen, daß auch Gegensätze sich anziehen können. Unser uralter Hermann beispielsweise steht auf junge fuchsfarbene, kleine zierliche Pferde. Der große und schwarze Pik As zieht auch gemeinsam mit dem kleinen und weißen Nabravo umher. Goldoni, ein fuchsiger Macho-Wallach, hält sich bevorzugt an schwarze Stuten, und der Schimmel Juri hat sich in eine dreifach gescheckte Stute verliebt. Alles wieder Ausnahmen, die die Regel bestätigen.)

Ausdrucksverhalten

Laute

Die Stimme besitzt für uns nicht den Stellenwert, den die sichtbaren Verständigungsmittel haben. Optische Signale setzen wir ständig ein, unsere Laute eher dann, wenn der Blick versperrt oder begrenzt ist.

Wir beherrschen recht unterschiedliche Tonlagen. Unser tiefes Begrüßungs- oder Kontaktmurmeln kann man bis zu 25 Meter weit hören, unseren hellen Erkennungsruf, der auch zum Kontakten dient, sogar bis zu einer Entfernung von einem Kilometer. Wir wiehern fast immer, wenn wir einen fremden Artgenossen entdecken.

Wir können auch erregt schreien oder fordernd brüllen, besitzen aber keinen Laut, um Schmerz zu äußern.

Stuten zeigen Erregung oder Unwillen oft durch Quietschen an, besonders als schrille Zurechtweisung einem Hengst gegenüber. Wenn sie miteinander rangeln, kann sich das sehr kriegerisch anhören. Hengste geben bei Bedarf ebenfalls kämpferische Schreie von sich.

Wir zeigen größte Erregung oder Schreck mit lautem, warnendem Schnauben an und stehen dann mit Blick zur Gefahrenquelle zugleich auch in den Startlöchern.

(Laut Blendinger dient Schnauben auch der Echolot-Ortung.)

Wenn wir dagegen beispielsweise am langen Zügel während eines Rittes hell vor uns hinprusten, zeigen wir unser Wohlgefühl, unser Gelöstsein. Mitunter, wenn ihr noch grübelt, was dieses oder jenes Schnauben denn nun wieder ausdrücken soll, versuchen wir lediglich, unseren Nasentrakt zu reinigen ...

Wenn wir stöhnen, deutet dies meist auf große Anstrengung hin.

Unsere Neugeborenen rufen, noch bevor sie stehen, fragend nach ihrer Mama. Schon nach einigen Stunden verfügen unsere Kleinen über eine ziemlich große Anzahl von Lauten. Bei ihnen spielt die Stimme auch noch eine viel größere Rolle als bei uns Älteren. Sie können herzzerreißend nach ihrer Mutter schreien. Sie antwortet sofort, solange ihr Füllen noch klein ist; später wird sie sparsamer mit den Rückrufen, um die Eigenständigkeit des Heranwachsenden zu fördern.

Angstschreie können in der Not aber auch von erwachsenen Pferden ausgestoßen werden.

Mit zunehmendem Alter wird unsere Stimmlage, wie bei euch, nach und nach dunkler.

(Pferde verfügen im Tonfall über ähnliche Möglichkeiten wie wir, deshalb ist die eigene Stimme im Umgang mit ihnen so wichtig. Anhand des Tones und der Klangschärfe können sie gut zwischen Lob und Tadel, Beruhigung, Aufregung usw. unterscheiden. Sie mögen es nicht, angeschrien zu werden.)

Erwachsene Stuten klingen anders als erwachsene Hengste. Hengste wiehern herrischer und klirrender. Wenn ein Hengst einer Stute zugeführt wird, läßt er, außer dem Begrüßungswiehern, gerne tiefe, gluckkernde, in grunzendes Schnorcheln übergehende Geräusche hören.

Zwischen unseren Rassen kann es auch Stimmunterschiede geben. Kaltblüter wiehern oft nicht sehr tief, dabei ließe ihre Statur eher auf eine andere Stimmlage schließen. Shetties wiederum wiehern höher als Großpferde.

Eine Stimmfärbung wird häufig vererbt, so daß beispielsweise Mutter und Tochter zum Verwechseln ähnlich klingen.

Ich weiß, daß es für euch schwierig ist, unsere einzelnen Laute zu unterscheiden. Es kann hilfreich sein, die Körpersprache miteinzubeziehen. Wir wiehern zum Beispiel immer in Richtung des Angerufenen, spitzen dabei die Ohren, weiten die Nüstern und richten – wenn wir unsere volle Bewegungsfreiheit haben – den Hals dabei gerne auf.

Je lauter wir wiehern, desto waagerechter tragen wir den Kopf; dann kriegen wir die Töne besser heraus. Bei leisen Tönen brauchen wir kaum die Maulspalte zu öffnen, erst wenn wir die Lautstärke steigern und den Laut andauern lassen möchten, ziehen wir die Lippen im zahnlosen Bereich unseres Maulinneren *(Diastema)* hoch.

Beim kräftigen Wiehern öffnen wir das Maul so weit, daß sich unsere Maulwinkel zum Halbkreis runden. Unsere Zunge bleibt dabei leicht aufgewölbt liegen.

Wenn wir ohne Aggressionen wiehern, zeigen wir lediglich die unteren Vorderzähne. Unsere oberen Schneidezähne bleiben dabei meist von unserer langen, beweglichen Oberlippe bedeckt.

Beim Imponierwiehern *(vor allem von Hengsten oder frisch oder spät gelegten Wallachen, selten Stuten)* lassen wir das Schneidezahngebiß von den Lippen bedeckt, verlängern unsere Maulspalte nach hinten und ziehen den hinteren Teil der Oberlippe nach oben. Dabei entblößen wir oft die Eckzähne, weil das dank gewisser Vorfahren immer noch beeindruckt (obwohl diese Zähne sich im Laufe der Jahrtausende zurückgebildet haben). Wir benötigen sie eigentlich nicht mehr. Bei heutigen Kämpfen wird überwiegend mit den Schneidezähnen zugebissen. Bei den Hengsten sind diese besonderen Eckzähne noch recht deutlich vorhanden, bei den Stuten geringfügiger oder überhaupt nicht. Bei einigen unserer Ahnen waren sie dagegen geradezu »hauermäßig« ausgeprägt.

Während beim Kontaktwiehern unser Kopf mehr oder weniger vorgeschoben ist, ziehen wir ihn beim Imponierwiehern mit gewölbtem Hals an.

Wir verfügen also über eine ganze Palette von Tönen, wenn sie auch längst nicht so wichtig sind wie die optischen Sprachsignale. Zwar können wir nicht wie ihr die Stirn runzeln, aber dafür besitzen wir eine Vielfalt an anderen Ausdrucksmöglichkeiten: grobe, weithin sichtbare – die Körperhaltungen; feinere – durch die Ohren und die Maul-Nüstern-Partie; und schließlich noch kaum sichtbare – durch die unterschiedliche Anspannung unserer Gesichtsmuskulatur.

Die Körperhaltungen sind besonders wichtig, um über größere Entfernungen klare Informationen zu geben und massivere Absichten zu betonen. Andere sichtbare Signale eignen sich eher für den ›Nahverkehr‹.

Das Ohrenspiel

Unsere Ohren sind nicht nur zum Hören da. Wir verständigen uns zudem mit den Ohren und drücken damit unsere Stimmung aus. So wirken sie in vieler Hinsicht wie hochsensible Radarantennen und als Frühwarnsystem.

Wir Equiden verständigen uns alle gleichermaßen »ohrig« miteinander. Das ist für euch gar nicht so schwer zu deuten:

Unsere neutrale Ohrenstellung ist anspannungslos aufgerichtet, Ohrmuscheln nach vorn außen geneigt. Unsere Lauscher stehen allerdings selten still:
• Spitzen wir sie stirnwärts, sind wir neugierig und aufmerksam.
• Zur Seite gedreht, zeigen sie entweder an, daß wir unsere Aufmerksamkeit seitlich richten, oder aber daß wir drauf und dran sind, müde und teilnahmslos zu werden. Bei Resignation und nach

verlorenen Auseinandersetzungen lassen wir die Ohren manchmal bis zur Waagerechten abkippen. *(Auch wenn der Wille des Pferdes unter einem Reiter gebrochen wird.)*

- Verwirrung zeigen gleichzeitig in verschiedene Richtungen weisende Ohren an.
- Richten wir sie rückwärts, horchen wir nach hinten oder zeigen Unterwerfung oder Angst. Legen wir sie ganz dicht nach hinten an den Hals, so daß sie kaum noch zu sehen sind, drohen wir oder empfinden Wut oder Angst bis Panik; im schlimmsten Fall können wir nicht mehr richtig hören.

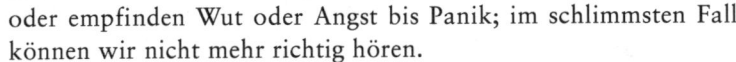

- Bei Bauchschmerzen drehen wir die Ohrmuscheln oft in Richtung des Schmerzes und horchen nach innen.
- Mit steil aufgerichteten, zuckenden, nervös flatternden Ohren signalisieren wir Fluchtabsichten.

Macht aber nicht den Fehler und beobachtet nur unsere Ohren, um etwas über unsere Stimmung zu erfahren! Bezieht immer unsere gesamte Mimik und Körperhaltung mit ein, um Mißverständnisse zu vermeiden!

(Hängende Ohren, seitlich abgeklappt und beim Gehen wakkelnd, können auf Beruhigungsmittel hindeuten; steil aufgerichtete Ohren, ohne Spiel, auf anregende Mittel.)

Augenblicke

Für die Verständigung untereinander spielen unsere Augen keine große Rolle. Wir benötigen sie hauptsächlich zum Sehen.

Natürlich unterstreichen unsere Augen auch unsere Verfassung. Wir öffnen und schließen sie verschieden weit oder blinzeln. Wir blicken mal sanft, mal böse oder auch mütterlich, ängstlich, müde, interessiert oder lebhaft.

Unter Schmerzen schauen wir mehr nach innen. Bei chronischen Schmerzzuständen sinken unsere Augäpfel ein.

»Das Pferdeauge ist der Spiegel seiner Seele – das Pferd der Spiegel seines Besitzers.« Ein schönes altes Sprichwort.

Es wäre aber voreilig, aus unserem Blick zu schnell Rückschlüsse zu ziehen über unser Temperament oder unseren Charakter. Versucht uns immer als Ganzes zu sehen, wenn ihr mehr über uns erfahren wollt! Ich möchte euch in diesem Zusammenhang noch einen Satz ans Herz legen: Betrachtet uns nicht nur mit den Augen, sondern auch mit dem Herzen und dem Verstand.

» Mauliges «

Das Ausdrucksvermögen unserer Maul-Nüstern-Partie ist ungefähr genauso groß wie das unserer Ohren. Wir können damit eine freudvolle Miene (beim Putzen und beim Spielen) unterstreichen, aber auch zeigen, daß wir erschöpft oder schmerzgeplagt sind. Das Spiel von Maul und Nüstern spielt natürlich beim Flehmen eine große Rolle wie auch bei unseren Begrüßungs-, Orientierungs-, Droh- und Unterlegenheitsgebärden.

Hotte Hurtigs Körpersprachen-Quiz

Da man beim Beurteilen unseres Zustands und unserer Stimmung immer alle unsere Körpersignale berücksichtigen muß, möchte ich jetzt erforschen, wie aufmerksam ihr uns bis heute beobachtet habt. Ich habe zwölf Beispiele zur Körpersprache ausgewählt. Einige sind bereits bekannt, andere habe ich noch nicht beschrieben (die Antworten könnt ihr rückwärts lesen):

1. Ich schiebe meine Oberlippe wie einen Rüssel vor, lasse die oberen Schneidezähne bedeckt, entblöße die unteren und gehe schräg von vorne auf ein Pferd zu, das ich mag.
   Was bedeutet dieser Gesichtsausdruck?

   !gitsulztuP

Richtig. Der »Rüssel« ist das charakteristische Merkmal für das Putzgesicht.

Ich hoffe, daß mein erwählter Partner ebenfalls in Fellkraullaune ist. Beim Putzen selbst verengen sich dann unsere Augenlider zu schmalen Spalten, und wir beknabbern uns gegenseitig von vorne nach hinten.

Wenn wir uns allein schubbern oder uns kullern, setzen wir dasselbe Genußgesicht auf, nur lassen wir dann die unteren Schneidezähne meist bedeckt. Wenn ihr uns wienert und striegelt, zeigen wir euch mitunter mit dieser Mimik unser Wohlgefallen. Das heißt dann: »Weiter so!«

Unsere Ohren lassen keine typische Putzstellung erkennen.

(Es wird immer wieder gefragt, ob es einem Pferd gestattet werden darf, sich auch am Menschen zu schubbern. Natürlich – aber der Mensch muß es erlauben und soll nicht ungefragt als Kratzbaum benutzt werden. Ein Pferd muß lernen, den Individualabstand seines Zweibeiners zu akzeptieren – und der wie-

derum muß das Scheuern beenden können, wenn er (nicht mehr) möchte. Ansonsten darf diese Form der Zuneigung angenommen und auch zurückgegeben werden.)

2. Meine Ohren bewegen sich nach allen Seiten, bleiben auch in verschiedenen Richtungen gleichzeitig stehen. Mein Blick wirkt unruhig, meine Nüstern spielen. Soll ich mich jetzt fürchten oder aggressiv werden? Was ist los mit mir? Ein Tip – bei Fohlen findet ihr diesen Gesichtsausdruck häufiger als bei uns Erwachsenen.

!trriwreV

Richtig. Hier sind die in verschiedenen Richtungen kurz verharrenden Ohren das Erkennungsmerkmal für Verwirrung.

Ich bin ein wenig durcheinander, deswegen kann meine Mimik auch schnell wechseln, bis ich mich endgültig entschieden habe, was ich zu tun gedenke. Jedenfalls könnt ihr diesen Ausdruck häufig als Zeichen unseres Erkundungs- und Neugierverhaltens entdecken. Ich will an dieser Stelle kurz darauf eingehen. Wir sind nämlich sehr aufgeweckt und neugierig. Das haben wir mit den Ziegen gemeinsam.

Vor allem unsere Fohlen zeigen ihre Neugier ganz unbekümmert. Deshalb wirken auch gerade sie oft stutzig oder verwirrt. Was immer ihr Interesse weckt, wird beäugt und berochen und mit dem Maul untersucht. Zunge und Zähne kommen zum Einsatz, und wenn ihnen dabei etwas fremdartig oder schlecht Schmeckendes ins Maul gerät, testen sie es genauer mit mahlenden Kaubewegungen und leicht geöffneter Maulspalte. Ihr Gesichtsausdruck kann dabei mehr oder weniger verinnerlicht wirken, je nach Geschmack oder Gefühl. Was ihnen nicht paßt, lassen sie wieder aus dem Maul fallen.

Weil ihnen ständig etwas Neues vor die Nase kommt, flehmen sie häufig. Die Fohlen tasten und scharren auch besonders viel. Sie wollen eben alles »begreifen« und sind in der Regel ziemlich clever.

Aber auch wir Erwachsenen sind noch neugierig und wünschen uns eine abwechslungsreiche Umgebung, in der es immer wieder etwas zu entdecken gibt. *(Langeweile ist die Ursache vieler Verhaltensstörungen.)*

Für die Nahuntersuchungen schalten wir den Geruchs-, Geschmacks- und Tastsinn vor, bei Ferndiagnosen ist durch Sehen und Hören mehr zu erfahren.

Je nachdem, ob eine Angelegenheit fremd oder bekannt ist, gehen wir zögernd oder zielstrebig darauf zu, mit gesenktem Kopf, gespitzten Ohren, geweiteten Nüstern und offenen, wachen Augen. Je spannender es wird, desto mehr spannen wir auch unseren Körper an.

3. Erstes Stadium: Ich lege jetzt die Ohren stark an, ziehe die äußeren Nasenflügel nach hinten, so daß meine Nasenöffnung schmaloval wird und geradezu Falten schlägt und lasse die geschlossenen Maulwinkel nach unten abknicken.

Zweites Stadium: Ich bleibe im wesentlichen so, aber reiße mein Maul so weit auf, daß bei halbrunden Maulwinkeln mein ganzes Schneidezahngebiß sichtbar wird.
Was bedeutet das?

!nehordlekniwluaM
!gnuhordßieB

Richtig! Vorsicht war angesagt! Das Stimmungsbarometer war bei Null angelangt, und die Haltung der Ohren und das Nasenspiel beinhaltete bereits eine massive Drohung. Dazu die hängenden Maulwinkel beziehungsweise das Zähnezeigen – drei Warnsignale in einem Gesicht.

(Wird so eine Angriffslust von anderen Stimmungen überlagert, können die Ohren durchaus neugierig gespitzt sein, aber die Maul-Nüstern-Partie zeigt weiterhin an, was noch Sache ist, also immer schön genau hinsehen.)

Beachtet auch immer unsere Körperhaltung. Die Drohmimik beginnt gewöhnlich im Stand oder Schritt. Sie kann durch Anheben eines Vorder- oder Hinterbeines verstärkt werden und durch einen peitschenden Schweif, bevor ein beabsichtigter Schlag oder die angezeigte Beißdrohung mit einer Blitzoffensive wahrgemacht wird. Das geschieht oft im Trab oder Galopp. Wenn wir eingeengt sind, beispielsweise im Stall, kann unsere warnende Körperhaltung schon einmal wegfallen, die Mimik aber bleibt.

4. Das Pferd – ich bin es nicht! – schaukelt minutenlang im Stand von einem Vorderbein auf das andere. Sein Gesichtsausdruck wirkt abwesend. Womit beschäftigt es sich?

!nebe W

Richtig. Dieses Pferd ist verhaltensgestört und sucht eine Ausgleichsbefriedigung. Es »webt« als Ausdruck seiner Not und in dem Versuch, seiner Umwelt zu entfliehen.

5. Ich schüttele mein vorgestrecktes Haupt mit locker gehaltenen Ohren und lose hängender, schlabbernder Unterlippe, zugleich sind die unteren Schneidezähne sichtbar. Dann schüttele ich meinen gesamten Körper von vorne nach hinten. Außerdem stampfe ich mit den Beinen, trete gegen meinen Körper, stupse mich selbst mit geschlossenem Maul und schlage mit dem Schweif. Zusätzlich zucke ich noch mit meinen Hautmuskeln. Wogegen kämpfe ich an?

!negeilF

Richtig. Ich wehre Insekten ab. Eine andere Maßnahme gegen die Plagegeister wäre, den Kopf unter den Schweif eines Freundes zu stecken und sich gegenseitig die Fliegen wegzuwedeln. Ein Grund mehr, nicht allein zu leben. Einigkeit macht stark. Oder geteiltes Leid ist halbes Leid.

Wenn im Stall, wo sich eigentlich nicht so viele Fliegen aufhalten, auf einem Pferd Scharen von Fliegen wimmeln, während die anderen kaum befallen sind, dann ist Obacht geboten. Diesem Pferd geht es nicht gut, es ist schwach oder krank. (Siehe auch Tip am Ende des Kapitels.)

6. Ich lasse meinen Schädel und meine Ohren hängen. Meine Augen wirken matt und eingesunken, und drohen zuzufallen. Meine Nüstern blähen sich gewaltig. Was bin ich?

!tfpöhcsrE

Richtig. Ich bin fix und fertig, einfach überanstrengt.

7. Vom erschöpften bis zum Schmerzgesicht ist es kein weiter Weg. Wenn ein Pferd vor Schmerzen die Zähne zusammenbeißt, tritt durch die Anspannung die Kaumuskulatur plastischer hervor und die Unterlippe verzieht sich nach unten. Bei jeder Schmerzwelle verengen sich seine Nüstern. Sein Ohrenspiel kann fast völlig entfallen. Die Augen erscheinen zunehmend glanzloser und sinken mit der Dauer der Beschwerden immer stärker ein. Je mehr das Pferd den Blick nach innen kehrt, desto stärker verliert es das Interesse an der Umwelt. Bei starken Schmerzen lockt auch kein Futter mehr, das Pferd wird höchstens den Kopf davon abwenden.
Eine Stute in den Wehen verkrampft sehr stark die Lippen, wobei die Unterlippe, flach gegen das Gebiß gedrückt, sich fast unter die Oberlippe zieht. Mitunter weist die Gebärende eine Art Flehmgesicht auf.

8. Das Fohlen hebt ruckartig sein Köpfchen, zieht die Hinterbeine ein und klemmt den Minischweif zwischen die Hinterbacken. In seiner Hals- und Kopfhaltung wirkt es auf einmal regelrecht starr und es beginnt wie auf Kaugummi zu kauen. Das kleine Mäulchen führt schnelle Bewegungen aus, ohne die für das Fressen typischen seitlichen Verschiebungen. Die kleinen Schneidezähne sind zu sehen und die Zunge, die aufgewölbt vom Gaumen weggezogen wird, verursacht ein saugendes Geräusch. Die Nüstern sind ängstlich geweitet und die Öhrchen deuten rückzugsheischend nach hinten und leicht seitwärts. Was zeigt das Kleine an?

!tiekgifrüwretnU

Richtig. Es macht »Mäulchen« und demonstriert seine Unterwürfigkeit, da ihm gerade gedroht wurde.

Manche Füllen machen sich dabei noch kleiner und unscheinbarer, indem sie mit allen vier Beinen einknicken. Fohlen weisen, je nach Reifegrad, dieses Verhalten bis zu einem Alter von ungefähr zwei bis drei Jahren auf, wenn sie sich unterlegen fühlen.

Wir Erwachsenen drücken Unterlegenheit nur noch mit Hintern und Schweif einziehen und mit seitlich abgeklappten und den Öffnungen nach unten weisenden Ohren aus (hierbei das wichtigste Merkmal).

9. Meine Augen sind extrem weit aufgerissen, der Gesichtsausdruck angespannt. Die Nüstern blähen sich weit, weil ich heftig atme, und die Ohren zeigen nicht zur Ursache hin, sondern seitlich nach hinten. Was habe ich ...?

!tsgnA

Richtig. Mir steckte die Angst in den Knochen. Todesangst zum Glück noch nicht. Denn dann hört man nichts mehr bewußt, es rauscht alles an einem vorbei und man sucht nur noch voller Panik nach einem Ausweg.

10. Wenn ein Neuankömmling in eine Gruppe kommt, setzt ein Begrüßungsreigen ein, in der Reihenfolge der Rangordnung. Wie sieht eine einzelne Begrüßung im Harmoniefall aus?

Man gehe mit gespitzten Ohren und wachen Augen aufeinander zu und fröne intensiv dem naso-nasalen Kontakt. Bei vorhandener Sympathie schnuppere man sich weiter nach hinten durch, über die Schulter zur Flanke und schließlich zu den Geschlechtsorganen des anderen. Wenn auch der Geruch das Interessanteste ist, behalte man doch die Augen auf, für den Fall, daß das Gegenüber einem Sinneswechsel erliegt. Bei gegenseitigem »Sich-riechen-können« bietet sich ein Besiegeln der Sympathie durch Mähnenkraulen an.

Damit wäre das Kennenlernen ein für allemal abgeschlossen. Die Zeremonie endet allerdings oft früher und dann recht abrupt, weil einer durch Imponiergehabe oder Drohen den anderen in die Unterlegenheit zu drängen versucht.

Eine Begrüßungsmimik im eigentlichen Sinne gibt es bei uns nicht, weil das Ausdrucksverhalten je nach Lage der Situation nun mal blitzschnell wechseln kann.

Bekannte Pferde begrüßen wir lässig, freundlich oder mürrisch. So wie ihr es oft bei einem Hallo belaßt – anstatt Händeschütteln, Umarmen oder Kopfnicken.

11.Ich würde ja gerne, aber ich kriege es einfach nicht mehr so perfekt hin. Also beschreibe ich aus der Erinnerung und weil ich ab und zu so etwas zu sehen kriege: Der Hengst wölbt den »Kragen« auf – das macht ja größer –, indem er den Kopf gewaltig an den Hals herannimmt. Die Ohren auf das Publikum gerichtet, die Nüstern weiter geöffnet, den Schweif elegant angehoben, dann geht's los. Was?

ebahegrienopmI

Richtig. Ein Hengst läßt so richtig den Casanova heraus, im stolzen Trab, den Boden kaum berührend. Tänzelnd und schwebend in der Passage und effektvoll in der Piaffe. Da braucht's keinen Reiter, der das ausbilden muß, so etwas beherrscht »Hengst« von selbst. Es bedarf nur einer Motivation in Gestalt einer schönen Stute.

(Auch Stuten mögen es, sich aufzuspielen, doch meist können nur ranghohe Tiere an die Ausstrahlung und die Allüren der Hengste heranreichen. Deshalb sind Hengste für die Hohe Schule auch besser geeignet.)

Ein Kopfschlenkern kann zur Präsentation gehören oder aber aufkommenden Unwillen anzeigen.

Ist der stürmische Hengst in seinem Imponierdrang nicht mehr zu bremsen, kann er gewaltig zulegen und die Beine fast horizontal in die Luft »stechen«.

12.So, nun ich noch einmal. Das kann ich jetzt ohne Probleme demonstrieren: Zuerst öffne ich mein Maul nur ein bißchen, gerade so, daß mein Schneidezahngebiß sichtbar wird, und atme ein. Dann reiße ich die Schnauze sperrangelweit auf und ziehe die Oberlippe weit über das Zahnfleisch zurück, bis sich die Nüstern zusammendrücken. Ich verschiebe den Unterkiefer ein-, zweimal oder öfter, schließe mein Maul wieder und atme aus. Die Augen halte ich dabei gern die meiste Zeit geschlossen. Na, habe ich euch angesteckt. Womit? Mit ...

!nenhäG

Richtig. Auch wir können vor Langeweile oder Müdigkeit gähnen. Und es wirkt tatsächlich auch bei uns ansteckend. Oder liegt es daran, daß wir uns beim gemeinsamen Gähnen in der Regel dann auch alle gerade in derselben Situation befinden? Nach dem Schlafen rekken und dehnen wir uns gerne und gähnen. Das wirkt durch das tiefe Ein- und Ausatmen belebend. Es drückt meist also eine gewisse Erschlaffung aus – und die kann durchaus auch beim Reiten eintreten.

Unser weiteres Ausdrucksverhalten erläutere ich jetzt wieder wie gewohnt. Aber ich denke, die Abwechslung eben hat nicht geschadet. Ich finde es gut, verschiedene Lernmöglichkeiten anzubieten. Deshalb solltet ihr das Lesen auch immer wieder unterbrechen, um uns zu beobachten – als Lernhilfe, zur Erfrischung und Motivation.

Abgesehen davon weiß ich, daß ich mich bereits einige Male wiederholt habe. Aber zum einen dient das dem Vertiefen des Lernstoffs, zum anderen will ich nichts aus dem Zusammenhang reißen.

HAUSMITTEL GEGEN INSEKTEN

Da einige Fertigpräparate gegen Insekten Nervenschädigungen und andere Nebenwirkungen hervorrufen können, hier einige Hausmittel gegen Insekten, die leider nur bedingt helfen. Aber auch Hausmittel sind unter Umständen mit Vorsicht zu genießen. Öle sollten nicht in die Augen oder an die Schleimhäute gelangen und können unverdünnt teilweise zu allergischen Reaktionen führen.

Täglich eine Knoblauchzehe ins Futter gegeben, soll vor Zekken schützen und ein wenig vor Insekten. Wenn Pferde Zwiebeln fressen – allerdings tun das die wenigsten –, schrecken viele Insekten eine Weile vor ihnen zurück. Trinkbarer Obstessig, mit dem Schwamm oder einer Sprühflasche aufgetragen, hilft kurzzeitig gegen Insekten. Aufgekochter Obstessig mit Walnußblättern kann abgekühlt (äußerlich) gegen Insekten angewendet werden, verfärbt aber leider die Schimmel.

Frische Stiche kann man zur Linderung mit einer halbierten Zwiebel einreiben. Eine Fliegennetz-Mütze empfinden viele Pferde als angenehm. Sie sollte allerdings nur beim Reiten Einsatz finden bzw. in anderen beaufsichtigten Situationen. Sonst besteht die Gefahr, daß die Pferde damit irgendwo hängen bleiben.

Einige Insektenmittel stinken so sehr, daß ein einzeln damit behandeltes Pferd möglicherweise von anderen gemieden wird.

Die schwirrenden Quälgeister sind in den Sommermonaten tagsüber ein Problem, dem die Pferde mitunter dann nur in gut durchlüfteten, schattigen Unterständen etwas entgehen können. Die besonders nervtötenden Kriebelmücken haben eine Stunde vor und nach Sonnenuntergang ihre »Hauptbetriebszeit«. Besonders anfällige Pferde sind dann im Stall besser untergebracht. Die Spinnen in den Ställen sollten als nützliche Fliegenfänger dort belassen werden. Aus demselben Grund sollte den Schwalben das Nisten im Stall nicht verwehrt werden. Fledermäuse sind ebenfalls erwünschte Insektenvertilger.

Die Körperhaltung als Ausdruckssignal
– erklärt von Hotte H.

Wenn sich die Silhouette eines Kameraden verändert, registrieren wir das genau. Alles hat eine Bedeutung. Das verschiedenartige Anheben, das Einklemmen oder Peitschen des Schweifes ebenso wie das Wölben, Dehnen oder Senken des Halses können eine ganz bestimmte Handlungsbereitschaft ausdrücken. Die Kopfhaltung und -bewegung gibt, auch von weitem gesehen, Aufschluß über die Orientierungsrichtung oder Stimmung.

Es hängt von der jeweiligen Situation ab, inwieweit eine Silhouette oder eine Umrißverschiebung uns reagieren läßt.

Das Blitzen einer rossigen Stute ist schon von weitem erkennbar – ein erotisierendes Signal für den Hengst.

Auch die Haltung eines antreibenden Hengstes ist so charakteristisch, daß sie selbst aus der Ferne nicht mißverstanden werden kann.

Hengste lassen sich sehr viel Zeit bei der Untersuchung von Harn- und Kotstellen. Sie halten ihre weit geöffneten Nüstern möglichst direkt über die Duftquelle. Die Ohrmuschelöffnungen sind meist zur Sicherung seitlich gestellt. Diese Haltung unterscheidet sich von der beim Grasen – es fehlen die rupfenden Bewegungen. Dafür kommt oft bald das Flehmen in typischer Haltung hinzu, auch das weckt stets das Interesse von weiter entfernt stehenden männlichen Pferden. Flehmen ist unabhängig von Geschlecht und Alter. Allerdings flehmen Stuten weniger ausgeprägt und nicht so häufig wie Hengste.

(Kot- und Urinkontrollen werden wegen der darin enthaltenen Pheromone [Sozialhormone = tierische Lockstoffe] vorgenommen. Pferdeäpfel werden deshalb auch die ›Post der Pferde‹ genannt. Fohlen flehmen zwar auch, es mangelt ihnen aber noch an Pheromonen. Ein Postgeheimnis gibt es nicht.)

Einen gut erkennbaren Umriß bietet auch die sogenannte Habacht-stellung. Orten wir vertraute Geräusche, genügt ein leichtes Drehen der Ohrmuschelöffnungen in diese Richtung; unseren Geruchs- und unseren Gesichtssinn brauchen wir dann noch nicht unnötig anstrengen. Wird es aber interessant oder etwa gar beunruhigend, heben wir Kopf und Hals ruckartig und horchen in Richtung des Geräusches. Wir stehen still wie ein Denkmal, spitzen die Ohren und weiten die Nüstern, um Witterung aufzunehmen.

Andere können an dieser Habachtstellung ablesen, wo sich der Auslöser unserer Aufmerksamkeit befindet, weil wir ihn ja über die Nasenspitze hinweg anvisieren.

Die Haltung des Schweifes

In entspannter Ruhe lassen wir den Schweif locker hängen. Setzen wir uns in Gang, heben wir ihn etwas an. Bei Erregung heben wir den Schweif an, im Schritt tragen wir ihn tiefer als im Trab oder Galopp.

Ein eingeklemmter Schweif deutet auf Unterlegenheit, Unsicherheit oder Angst hin. Auch ein krankes Pferd läßt den Schweif einfach herabhängen, klemmt ihn ein oder bewegt ihn unruhig oder schmerzerfüllt. *(Entscheidend ist auch hier immer der Gesamteindruck).*

Rossige Stuten lupfen den Schweif hoch und seitlich.

Schweifschlagen kann Unwillen ausdrücken und natürlich der Fliegenabwehr dienen.

(Laut Desmond Morris deutet es auf üble Erfahrungen mit einer Tierschockpeitsche hin, wenn ein Pferd plötzlich die Schweifrübe versteift, den Schweif blitzschnell kreiseln läßt und ihn nach einem Anheben gegen die Hinterhand schlägt.

Manche Pferdehändler versuchen ihre Pferde feuriger zu präsentieren, indem sie ihnen Pfeffer in den After reiben. Die Pferde tragen dann ihren Schweif höher als gewöhnlich.

Einige Gespannpferde fangen die Fahrleine mit dem Schweif, klemmen sie darunter ein und nehmen dem Kutscher so die Führung. Man nennt solche Pferde Leinenfänger.)

Kopf hoch

Im Schritt nicken wir leicht mit dem Kopf. Wird uns dies beim Reiten durch zu starre Zügelführung untersagt, versuchen wir uns vielleicht mit Kopfschlagen zu wehren. Kollegen, die dauerndes Kopfschlagen oder unnatürliches Kopfnicken zeigen, stecken in Konfliktsituationen, die bis zur Verhaltensstörung führen können, oder sie empfinden Schmerzen oder Juckreiz. Ansonsten schütteln wir unser Haupt zur Fliegenabwehr und nach dem Wälzen. Dabei halten wir den Kopf vorgereckt und wackeln sehr rasch damit hin und her.

Die angewinkelte Kopfhaltung, verbunden mit einem langsamen Kopfschlenkern, ist häufig beim Imponiergehabe zu finden und kann von Angabe bis hin zur Übersprungshandlung oder Wut künden.

Kurzzeitiges Kopf-Hals-Hochschlagen kann Abneigung, Rückzug oder auch baldiges Steigen bedeuten.

Kopfschwingen begleitet oftmals eine drohende Geste.

Stoßen wir dagegen jemanden leicht mit dem Kopf an, möchten wir nur auf uns aufmerksam machen.

Das Hochhalten des Schädels kann auch dem Sichern *(Weitsicht)* und dem Wittern dienen.

Wenden wir in der Begegnung mit einem anderen Pferd das Haupt seitlich ab, ist das oft eine reine Vorsichtsmaßnahme. Der Hengst beispielsweise, der eine quietschende rossige Stute beschnuppern möchte, wird darauf achten, sein Gesicht zu schützen. Aber auch ungeschickt oder grob herumfuchtelnde Menschen können dazu führen, daß wir dazu bereit sind, rasch auf der Hinterhand kehrt zu machen.

(Gerade arabische Pferde knicken mit dem Kopf extrem nach hinten-unten ab, wenn sie mit zu fester Hand geritten werden. Araber tragen sonst aufgrund ihrer Kopfform ihr Haupt lieber höher als Vertreter anderer Pferderassen. Diese sensiblen Tiere zeigen besonders deutlich, wieviel Feingefühl zum Reiten gehört. Pferde darf man nicht in eine starre Ausbildungsschablone stecken.)

Beinhart

Mit dem hohen, energischen Schlag eines Vorderbeines sprechen wir eine Warnung aus oder wollen so beim Imponieren angeben.

Je erregter wir sind, desto höher heben wir die Beine. Wenn wir müde, erschöpft oder gelangweilt sind, beginnen wir zu schlurfen. Unregelmäßigkeiten im Gang können viele Ursachen haben: zu lange Hufe, Schmerz, Verschleiß und unter dem Reiter auch Zügellahmheit durch ständig zu groben Gebrauch der Zügel.

Wenn wir jemandem unser Hinterteil zudrehen (mit oder ohne Anheben eines Hinterbeines), bedeutet das zuerst einmal, daß wir in Verteidigungshaltung gehen. Wird diese Warnung ignoriert, schlagen wir mitunter auch zu.

Scharren kann mehrere Ursachen und Aussagen haben. Wir können mit der Kratzerei Erregung, Verlegenheit, drohen und imponieren unterstreichen und energisch Aufmerksamkeit fordern. Scharren gehört außerdem zum Erkundungs-, zum Komfort- und zum Freßverhalten. Zusätzlich scharren und stampfen wir auch im Verlauf einer Kolik und zur Insektenabwehr. Dauerscharren schließlich gehört in den Bereich der Verhaltensstörungen.

Da wir gerade beim Scharren sind: Dieses Bewegungsmuster ist ein schönes Beispiel dafür, warum es so wichtig ist, uns immer ganzheitlich zu beobachten. Nur so könnt ihr dahinterkommen, was gerade los ist und was wir wollen. Hier zeigt sich, daß die gleiche Bewegung nicht immer auch die gleiche Ursache hat. Stellt euch vor, da verwechselt einer das Kratzen im Verlauf einer Kolik mit Bettelscharren. Übel! Oder jemand stempelt mich, nur weil ich eine Fliege am Bein abschüttele, gleich als Schläger ab. Dumm! Aber alles schon vorgekommen.

Ich kann euch ansehen, ob ihr eine Hand hebt, um mich zu streicheln oder zu schlagen, zu locken oder abzuwehren, aus Reflex oder als Signal. Ich habe unterscheiden gelernt. Und da sich unser Lernverhalten gar nicht so gravierend von dem euren unterscheidet, wie ihr im nächsten Kapitel feststellen werdet, könnt ihr das auch.

(Wir Menschen sind es, die etwas von den Pferden wollen – nicht umgekehrt. Also müssen wir ihr Ausdrucksrepertoire verstehen lernen. Da wir es wagen, unsere Intelligenz über die der Tiere zu stellen, dürfte uns das ja so schwer nicht fallen ...

Natürlich ist es einfacher, den Pferden die Schuld zu geben, wenn die Verständigung Mensch-Pferd nicht funktioniert. Einer muß schließlich der Sündenbock sein, die Umstände, der Reitlehrer, andere Reiter oder eben das Pferd. Oder?)

Habt ihr euch übrigens schon mal überlegt, daß ihr auf uns nicht gerade attraktiv wirkt? Eher zunächst beunruhigend: Angelegte Ohren, häufig gebleckte Zähne, kein Fell ...

Und nun gebe ich erst mal ab zu Brigitte!*

---

* Die in diesem Kapitel reichlich vom großen Erfahrungsschatz von Dr. Michael Schäfer profitierte (vgl. Schäfer, Michael: Die Sprache des Pferdes. Stuttgart 1993). Ebenso wichtig war der ihrer Dozentin Dr. Margit H. Zeitler-Feicht.

Das Lernvermögen der Pferde

Vom Lob zum Begriff

Pferde lernen, um sich an veränderte Umweltbedingungen anzupassen. Das Pferd hat sich zwar hinsichtlich seiner Sinne und Bedürfnisse in den letzten Jahrtausenden nicht grundlegend verändert, wohl aber seine Umgebung und die Erwartungshaltung des Menschen.

Wenn wir Menschen verstehen, wie Pferde lernen, wie sie etwas begreifen, dann können wir mit ihnen kommunizieren; dazu ist es notwendig, ihr Verhalten zu beobachten.

Das Pferd verfügt über eine arteigene Intelligenz – die des Flucht- und Beutetieres. Daher macht es keinen Sinn, die Intelligenz des Pferdes mit der des Menschen zu vergleichen. Aus seiner Sicht heraus braucht das Pferd ein hervorragendes Gedächtnis, vor allem in Bezug auf leidvolle Erfahrungen. Denn wenn ein Beutetier sich in der Natur einen Fehler leistet, ist es vielleicht tot. Der Jäger muß einem Fehler nicht gleich mit dem Leben bezahlen, sondern meist nur noch einmal geschickter jagen (vgl. hierzu: Desmond Morris).

Eine einzige schlimme Begebenheit kann sich einem Pferd deshalb nahezu unauslöschlich einprägen. Möglicherweise wird es noch lange Zeit später in einer ähnlichen Situation überaus heftig reagieren. Viele strafen solch ein Pferd und nennen es dumm, doch hat es aus seiner Sicht – der des gefährdeten Beutetieres – lediglich eine kluge Vorsichtsmaßnahme getroffen. Furcht ist nicht mit mangelnder Klugheit gleichzusetzen!

Es gibt zahlreiche wissenschaftliche Definitionen über das Lernen. Im Allgemeinen versteht man Lernen als den Erwerb von Informationen durch Wiederholung und entsprechende Belohnung oder Bestrafung. Man geht davon aus, daß Lernen während des gesamten Lebens möglich ist und Erlerntes auch wieder vergessen werden kann (vgl. hierzu: Hermann Bubna-Littitz, ATM-Skripte).

Pferde lernen auf verschiedene Weisen zugleich: durch Lob (operante Konditionierung), über Reizreaktionen (klassische Konditionierung), durch Gewöhnung und auch durch Nachahmung. Sie lernen auch unbewußt (latent), durch anleitende Körperberührung (kinästhetisch) und als Fohlen durch Prägung.

Operante Konditionierung
(auch Lernen am Erfolg, instrumentelle Konditionierung und Lernen durch Versuch und Irrtum / Trial and Error Learning genannt)

Operante Konditionierung bedeutet für mich, im Umgang mit dem Pferd Fehler zu ignorieren und Richtigmachen zu belohnen.

Die deutlich positive Bekräftigung ist wichtig! Wenn lediglich Druck entfällt, handelt es sich nicht um operante Konditionierung im eigentlichen Sinne. Obwohl das Pferd auch dann noch lernen kann. Wenn ein aggressives Pferd einen ihm Angst machenden Menschen durch Drohgebärden vertreiben kann, wird es sich merken, daß es sich so der unangenehmen Konfrontation entziehen kann. Es wird das Ganze bei Bedarf wiederholen. Aber wir wollen dem Pferd keine Angst verursachen und das Lernen unter anderen Aspekten betrachten.

Wenn ein Pferd eine Übung nach meinen Wünschen ausführt und dafür eine Belohnung erhält, bleibt das in seinem Gedächtnis haften. Die Belohnung motiviert. Das muß nicht immer in Form von Leckerli sein, aber dazu später.

Bekommt das Pferd für eine aus meiner Sicht falsche Ausführung keine Belohnung, wird es die Unterschiede schnell begreifen. Ich belohne bereits den richtigen Ansatz und erwarte nicht gleich Perfektion. So darf ich davon ausgehen, daß das Pferd jedes Mal gerne wieder versuchen wird, gut mitzumachen.

Strafen bremsen jeden Lerneifer, und ich möchte auch nicht, daß ein Pferd mir nur gehorcht, um unangenehme Reize zu vermeiden. Harte Strafen können zudem eine so starke Erregung auslösen, daß die ganze Situation mit einer andauernden, nahezu unauslöschlichen Meide-Reaktion belegt werden kann. Wer ein Pferd irgendwo hindurch prügelt, muß sich nicht wundern, wenn es das nächste Mal nicht einmal in die Nähe des Verbrechensschauplatzes zu bringen ist.

Ein Pferd kann natürlich auch ohne unser direktes Zutun bestraft werden und einen Lernprozeß durchlaufen. Beispielsweise lernt es bei der Berührung eines eingeschalteten Elektrodrahtes durch einen negativen Reiz hinzu und wird in Zukunft nicht mehr unbedarft an einen Draht gehen. Allerdings gibt es Pferde, die sich nach erfolgreichem Durchreißen eines Elektrozaunes herrliches Futter auf der anderen Seite einverleiben konnten und fortan einen elektrischen Schlag in Kauf nehmen mögen, um wieder in dieses »Schlaraffenland«zu gelangen.

Unser größter, alles ignorierender Ausbruchspezialist ist allerdings kein Pferd, sondern ein Muli. Jojo knackt Elektrozäune, rollt sich unter anderen hindurch, öffnet Tore und ist rund um unseren Immenhof allseits bekannt. Wenn er alle benachbarten Höfe abgeklappert hat, kommt er brav zurück – spätestens zu den üblichen Futterzeiten.

Positive Erfahrungen verstärken einen Lernerfolg. Ein Pferd kann nahezu süchtig nach Lob werden, und wir können unsere Begeisterung übertragen, das Pferd mitreißen.

Ein Lob sollte ein bis zwei Sekunden nach erfolgreich ausgeführter Übung erfolgen. Nicht eher – mittendrin wäre zu früh, da ist die absolvierte Übung noch nicht verarbeitet, eine kleine Gedächtnispause nötig. Kommt das Lob aber viel später, weiß das Pferd keinen Zusammenhang mehr herzustellen. Der zeitliche Rahmen muß also stimmen.

Wer mit seinem Pferd eine Prüfung gewinnt und es erst während der Siegerehrung lobt, liegt lernmäßig gesehen falsch, auch wenn sein Pferd die Freude spürt.

Strafe ist nur »sinnvoll«, wenn durch sie eine gefährliche Handlung noch im Ablauf unterbunden und eine Wiederholung verhindert wird. Ein Pferd kann nicht über Prügel dominiert werden! Strafen sind fast immer gänzlich unangebracht. Ein Pferd, das sich erschrickt, zu bestrafen ist verkehrt und verstärkt nur die Angst. Wir dürfen nicht vergessen: Pferde sind Fluchttiere, vom Körper und vom Verhalten her.

Wenn ein Pferd unter der Reiterin oder dem Reiter scheut und fliehen, sprich: durchgehen will, sollte man es natürlich zunächst beruhigen und versuchen, ihm die Angst zu nehmen. Etwas später ist es dann durchaus angebracht, einen schärferen Galopp einzulegen, um indirekt den Fluchttrieb zu befriedigen. So verschafft man dem Pferd im nachhinein einen Spannungsabbau.

Wir sollten uns immer wieder klar machen, welche Erwartungen und Bedürfnisse das Tier hat. Ständiger Triebstau, gleich welcher Art, kann zu Verhaltensabweichungen und -störungen führen. Darum müssen wir für logische, abgeschlossene Abläufe sorgen, ganzheitliches Lernen schaffen und nicht einzelne Sinne unterdrücken und Verwirrung stiften.

Nun fehlt noch ein Beispiel für den gezielten und berechtigten Einsatz einer Strafe. Ein gewagtes Thema, vor allem in der Theorie, denn zu leicht wird man mißverstanden. Ein Pferd, das einen Menschen beißen will, muß energisch zurückgewiesen werden, schon im Hinblick auf die Dominanzfrage. Meistens genügt ein lautes Wort oder eine Volumenvergrößerung, beispielsweise durch demonstratives Aufrichten und das Heben einer Hand. Doch kann auch einmal ein leichter Klaps mit der flachen Hand vonnöten sein. Spätestens jedenfalls, wenn das Pferd schon zugeschnappt hat, ist eine sofortige Reaktion angebracht. Ein Pferdebiß kann schwer verletzen, und rein kräftemäßig ist das Pferd dem Menschen nun einmal überlegen. Weglaufen und den großen Bruder holen, damit der das Pferd maßregelt, ist keine Lösung. Die Strafe muß direkt erfolgen. Und: Ich habe von einem Klaps gesprochen, nicht von Prügel! Für eine derart harte Bestrafung gibt es niemals einen Grund. »Flüsterer-Methoden«, bei denen Pferde gefesselt umgeworfen werden und so liegen bleiben müssen, bedeuten Tierquälerei und können ein Pferd seelisch zerbrechen.

Belohnung darf aber nicht mit Bestechung verwechselt werden. Wenn ein Pferd sich weigert, von A nach B geführt zu werden, und mit Futter gelockt wird, kann es meistens nicht widerstehen. Solange es stehenbleibt, darf es keinen Leckerbissen erhalten. Sonst erhält es

die Belohnung nämlich für die Weigerung ...! Ein Tier darf durchaus für den ersten winzigen Schritt belohnt werden, den es in die richtige Richtung tut – aber nicht für einen in die falsche! Fehlkonditionierungen können im nachhinein große Probleme bereiten.

Es ist immer wieder von Pferden zu hören, die absichtlich lahmen. Ein Pferd kann nicht kompliziert »um die Ecke denken« aber durch Konditionierung eine Menge abspeichern. Manches Pferd, das wirklich einmal krankheitsbedingt lahm gewesen ist und dadurch mehr Zuwendung von seinem Menschen erfahren hat, setzt das Lahmen nach seiner Gesundung als Mittel ein, um Aufmerksamkeit zu fordern und weiterhin mehr Streicheleinheiten zu erhalten. »Psychogene Lahmheit« ist der Fachausdruck dafür. Allerdings sind Selbstdiagnosen gefährlich. Eine Absprache mit dem Tierarzt ist da unumgänglich.

Was die operante Konditionierung angeht, ist für mich das Lob das wichtigste und erfolgreichste Erziehungsmittel überhaupt. Auch bei den therapeutischen Maßnahmen. Und im Reitunterricht. Nicht umsonst heißt dieses Kapitel »Vom Lob zum Begriff«.

Klassische Konditionierung

Im Zuge der klassischen Konditionierung ersetze ich im Verlauf eines Lernprozesses einen ursprünglich auslösenden Reiz durch einen anderen, neutralen Reiz.

Wenn ich ein mit mir noch unvertrautes Pferd führe (selbstverständlich abwechselnd von beiden Seiten) und ihm eine Gerte dicht und waagerecht vor die Augen halte, wird es stehenbleiben, um seine empfindlichen Augen zu schützen. Um ein bestimmtes Verhalten auszulösen, setze ich also einen Reiz und kombiniere ihn dann mit dem anfangs neutralen Wort »Halt«. Bald, nach einigen Wiederholungen, hält das Pferd auch auf das bloße Wort hin an. Es ist auf dieses Wort konditioniert.

Ich kann natürlich auch das Gertensignal immer mehr reduzieren, bis lediglich das Hochhalten des Fingers genügt, um das Pferd zu stoppen.

Ich konditioniere meine Pferde immer auf beides, Stimme und Zeichensprache, und beobachte, worauf welches Pferd am besten anspricht.

Natürlich belohne ich wieder jede auch nur im Ansatz richtige Reaktion. Vom Lob zum Begriff – derselbe Prozeß wie in der operanten Konditionierung. Die Übergänge zwischen allen Lern- bzw. Lehrmethoden sind ohnedies fließend.

Vor einer solchen Übung muß allerdings gewährleistet sein, daß der geplante neue Reiz nicht auch schon ohne Konditionierung einen Reflex auszulösen vermag.

Bei dem genannten Beispiel steht fest, daß das Pferd ohne vorhergehende Konditionierung nicht auf das Wort »Halt« hin stehengeblieben wäre. Die Eignung ist also gegeben.

Pferde konditionieren sich auch, ohne daß wir es bewußt provozieren. Schauen wir doch einmal in den Stall: Wenn die Futtereimer klappern oder die Futterwagen aufbereitet werden, fangen alle Pferde, selbst wenn sie erst kurz in dem Stall leben, an zu wiehern, zu scharren, zu schnauben. Sie sind auf das ehemals neutrale Geklapper konditioniert worden.

Das ist in diesem Fall durchaus wünschenswert: So werden die Organismen auf die angekündigte Futteraufnahme vorbereitet, weil die Geräusche Speichelfluß und Magensaftsekretion provozieren. Auch Pferden kann das Wasser im Maul zusammenlaufen! Bei dem Pferd meiner Mutter, dem über zwanzig Jahre alten Norton, ist das besonders auffällig. Ihm tropft und sabbert der Speichel aus dem Maul, wenn die Kraftfuttervergabe unmittelbar bevorsteht.

Das Thema Futter und klassische Konditionierung werde ich im Zusammenhang mit Belohnen noch einmal aufgreifen.

Pferde sind auf vieles konditionierbar. Sie erkennen ihren vertrauten Menschen am Klang seiner Schritte und können daran sogar seine Stimmung deuten.

Wir haben kürzlich unseren orangefarbenen VW-Bus, der zum Abfahren der Weiden diente, durch einen weißen Bus ersetzt. Die ersten zwei Tage haben unsere Pferde nicht auf dieses neue Auto reagiert. Am dritten Tag aber kamen sie angelaufen, sobald sie den Wagen hören oder sehen konnten.

Natürlich sind der Lernfähigkeit Grenzen gesetzt. Ich darf nur Reaktionen verlangen, die ein Pferd auch erbringen kann. Es heißt nicht ganz zu Unrecht: »Ein Pferd kann nicht Radfahren, weil es keinen Daumen zum Klingeln hat.«

Ich darf keine Bewegungsmuster abfordern, die im Verhaltensinventar dieser Tiere nicht vorgesehen sind. Und ich muß die Besonderheiten ihrer Sinneswahrnehmungen berücksichtigen.

Es ist darauf zu achten, was das Pferd gewissermaßen »im Angebot« hat. Pferde gehören ohnehin zu den vielseitigsten Tieren unserer Erde. Warum also noch mehr verlangen?

Auch mit den Bewegungsabläufen des Pferdes sollten wir uns vertraut machen. Wenn ich einem Pferd beispielsweise beibringen möchte, auf Kommando rückwärts zu richten, drücke ich abwechselnd jeweils eine Fingerspitze – mit kurzen Fingernägeln, natürlich! – in seine rechte und in seine linke Brustseite. Es tritt dann seiner Natur entsprechend in diagonaler Fußfolge zurück. Vorne rechts und hinten links, wenn ich rechts drücke – vom Pferd aus gesehen –, und umgekehrt.

Dieser punktuelle Druck wirkt wesentlich besser als das Pressen mit der ganzen Hand. Ich kombiniere das mit dem Wort »zurück« und passe meine Fußfolge dem Rückwärtsrichten an. Schließlich geht das Pferd auf andeutungsweisen Fingerzeig oder auf »Zurück« oder auch auf meine bloße Fußfolge hin rückwärts. Ohne Zwang.

Auf diese Art lassen sich problemlos weitere Übungen erarbeiten, beispielsweise ›Vorhandwendung‹, ›Seitwärtsverschiebungen‹ oder ›Kurzkehrt‹.

Gewöhnung (auch Habituation)

Ein Pferd, das jede Fliege auf seinem Rücken spürt, soll Sattelzeug und einen Menschen tragen, ohne mit der Wimper zu zucken?

Wir kennen das selbst. Wenn uns eine Fliege über den Arm krabbelt, merken und reagieren wir sofort. Unseren Pulloverärmel aber, der stärker reizen kann als eine Fliege, bemerken wir nicht mehr.

Merkwürdig? Nein – Gewöhnung!

Pferde sind Gewohnheitstiere und lernen auch durch Gewöhnung. Ein Prozeß, der beim Lehren umsichtige Ruhe, Zeit und Kenntnisse über Verhaltensweisen, Körpersprache, Mimik und Fluchtreflex voraussetzt.

Wir gewöhnen unsere Immenhofer Pferde an alles mögliche, etwa daran, daß keine Gefahr von oben droht, daß kein Säbelzahn-Tiger zu erwarten ist. Ich stelle mich deshalb beim Putzen junger Pferde immer wieder einmal erhöht hin, berühre sie von oben, lehne mich dabei auch immer wieder einmal über sie und bereite sie dadurch schon allmählich auf einen Reiter vor – von beiden Seiten.

Unsere Pferde werden auch auf tierärztliche Maßnahmen vorbereitet. Wir gewöhnen sie daran, mit einem Fuß im Wassereimer zu stehen, für den Fall, daß einmal Beine kühlen als Behandlungsmaßnahme angesagt sein sollte und kein See oder Bach in der Nähe ist.

Wir beginnen mit einem leeren Eimer. Gut trainierte Pferden können gleichzeitig mit jedem Bein in einem anderem Eimer stehen.

Man könnte sie dafür auch mit einem Schlauch abspritzen, die Eimer-Methode spart aber Wasser. Jedenfalls nach einiger Übung.

Wir gewöhnen die Pferde auch an Spraydosen, denn so manches unvorbereitete Pferd ist beim Einsprühen einer Verletzung schon die Wände hochgegangen. Anfangs benutzen wir einen Wasserzerstäuber, der nicht so zischt.

Falls es medizinisch wirklich einmal ernst wird, sind im Vorfeld schon etliche Ängste abgebaut worden. Abgesehen davon sind derlei Übungen eine interessante Abwechslung im normalen Trainingsalltag.

Bei aller Gewöhnung sorgen wir aber dafür, daß es unseren Pferden nicht langweilig wird. So führen und reiten wir sie über unterschiedlichsten Untergrund. Jedes Pferd sollte sich auch in unwegsamem Gelände sicher bewegen können – bergauf, bergab, in tiefem Sand genauso wie auf festem Boden.

Eine abwechslungsreiche Umgebung fördert das Lernen, Monotonie entmotiviert. Sturen Schultrott gibt es bei uns ebenso wenig wie den noch sehr verbreiteten Kasernenhofton.

Unsere Pferde machen so schnell keine Umwege um Kanaldeckel, Brücken oder ähnliche Besonderheiten, weil wir uns Brücken und eine Wippe gebaut haben, um auf wacklige Stege, Hängerrampen und dergleichen vorzubereiten. Anfangs werden die ungeübten Pferde über eine flach am Boden liegende Bretterplatte geführt. Erst wenn sie sich dabei sicher fühlen, üben wir die höheren Schwierigkeitsgrade; über mehrere Tage verteilt.

Wir verfügen auf unserem Reitplatz auch über eine Box eigens zum Rückwärtsrichten. Als schmaler Schlauch bereitet sie die Pferde auf die Enge eines Pferdeanhängers vor und läßt sie zudem verstehen, warum sie rückwärtsgehen sollen: Drei Seiten sind geschlossen, ein Umdrehen ist also nicht möglich. Sollte doch einmal wider Erwarten Panik aufkommen, läßt sich die Box am Kopfende öffnen und vorwärts verlassen.

So etwas ist leicht nachzubauen und durchaus empfehlenswert. Die Pferde sollten während erster Übungen darin über die Umrandung hinwegschauen können.

Wir gewöhnen die Pferde mit einem Klappersack, einem mit leeren

Dosen gefüllten Hafersack, behutsam an Geschepper und imitieren schon einmal eine lärmende Baustelle.

Knisternde Plastikplanen, vollgehängte Wäscheleinen und andere Flattereien können Pferde sehr beunruhigen. Deshalb gewöhnen wir unsere Vierbeiner unter anderem daran, über Plastikfolien hinwegzugehen. Anfangs streuen wir etwas Sand darüber, damit nicht gleich alles in Bewegung gerät. Wir lassen sie auch zwischen Planen hindurch und unter Planen hinwegschreiten und haben eigens dafür einen großen, hohen Metallkäfig konstruiert, den wir beliebig seitlich, vorn, hinten und oben mit Folien in allen Farben dekorieren können. Außerdem verwenden wir einen mobilen, selbstgebastelten Flattervorhang.

Genauso gewöhnen wir unsere Pferde an Reiter in Regenponchos, indem wir zuerst darin herumgehen, anschließend einen Poncho oder eine Plane über sie breiten und (im eigenen Interesse) erst später in voller Montur aufsitzen üben.

Wir zeigen unseren Pferden flatternde Fahnen, aufspringende Regenschirme und schwankende Sonnenschirme. Gegenstände, die im alltäglichen Leben überall auftauchen und Angst und Schrecken verbreiten können. Jedenfalls immer dann, wenn unsichere Reiter im Sattel sitzen.

Manche Gegenstände lassen sich in die Ausläufe der Pferde integrieren, zu einem, um sie zu gewöhnen, zum anderen, um ihrem neugierigen Wesen Abwechslung zu bieten.

Auch ein Pferdefußball kann eine Zeitlang ein interessantes Spielzeug sein. Abgesehen davon, spielen wir reitenderweise tatsächlich ab und zu Pferdefußball und Pferdekorbball.

Ich versuche meine Pferde auf alles Mögliche vorzubereiten, immer nach und nach. Gewöhnung darf nicht mit Ermüdung verwechselt werden. Wenn einem Pferd ständig ein fluchtauslösender Reiz angeboten wird, flieht es irgendwann vor Ermattung nicht mehr, nicht etwa, weil es sich daran gewöhnt hat.

Lebendigkeit und Spaß sollen im Vordergrund stehen, nicht Stumpfsinn und Frust. Jedem Pferd muß man das Recht auf seine eigene Persönlichkeit zugestehen.

Gerade im Bereich der Gewöhnung gibt es unendlich viele Möglichkeiten, lassen Sie Ihrer Phantasie einmal freien Lauf.

Ein unvorbelastetes, unvoreingenommenes Pferd an etwas Neues zu
gewöhnen ist nicht das Problem. Natürlich wird es vielleicht anfangs
unsicher reagieren, doch werden sich derartige Reaktionen in Laufe
häufiger Wiederholungen abschwächen und schließlich ausbleiben,
wenn vernünftig ausgebildet wird.

Ein Pferd, das schlechte Erfahrungen gemacht hat, braucht mehr
Geduld. Hier geht es um schrittweises Rückgewöhnen. Ein Pferd, das
begründete Angst vor dem Sattel zeigt, läßt sich möglicherweise eine
Satteldecke auflegen. Es duldet damit einen Reiz, der zwar mit dem
Angstthema zusammenhängt, aber nicht ausreicht, um das Angstver-
halten auszulösen. Für das gelassene Tragen der Satteldecke muß es
deshalb belohnt werden. Dann kann es sein, daß es bereits einen Tag
später auch einen nicht verschnallten Deckengurt vertrauensvoll annimmt. Wieder muß es belohnt werden. In jeder weiteren Übungsein-
heit darf einen Schritt weitergegangen werden, wenn der vorange-
gangene angstfrei abgeschlossen worden ist. Sowie Angst ins Spiel
kommt, müssen wir wieder eine Stufe zurückgehen.

Daß im Kapitel Verhaltensabweichungen und -störungen Bemerkungen über ›Widersetzlichkeiten beim Führen und Verladen‹ notwendig sind, zeigt, daß die eigentlich recht einfache Maßnahme der
Gewöhnung noch viel zu sehr vernachlässigt wird. Das beginnt bereits beim Führen eines Pferdes.

WAS ZUVIEL IST, IST ZUVIEL

Vermeiden Sie zu langes Üben ohne Unterbrechung.

Die maximale Konzentrationsdauer eines Pferdes beträgt rund
zwanzig Minuten!

Führen und sich führen lassen

Pferde müssen es erst lernen, vom Menschen geführt zu werden. Am leichtesten lernen sie es, wenn man es ihnen behutsam und schon früh beibringt. Am besten gewöhnt sich das Fohlen erst ans Halfter, dann an das Mitgehen am Strick, indem es die Mutter nachahmt. Mit Ziehen, Zerren, von vorne Anstarren und Anbrüllen geht gar nichts, erst recht nicht mit einem elektrischen ›Schweinetreiber‹.

Vorgehen, das Seil der nötigen Kopffreiheit wegen lang und lose halten, jeden richtigen Ansatz loben und immer dieselben Kommandos verwenden, das sind die richtigen Ansätze. Ein Helfer, der hinter dem Fohlen hergeht, kann von Nutzen sein.

Genauso einfühlsam sollten Sie dem Pferd beibringen, angebunden stehenzubleiben.

Es gibt drei Führzonen:
1. Der Mensch geht vor dem Pferd. Er verfügt so über große Dominanz, hält aber die Selbständigkeit des Pferdes gering. Dem Pferd wird wenig Mut und Verantwortung abverlangt. Allerdings besteht die Gefahr, daß es einem in die Hacken springt. Ein Fohlen hält sich anfangs immer im hinteren Drittel seiner Mutter, weil es sich dort sicher fühlt und Muttern entscheiden läßt, was Sache ist. – Die Leitstute geht voran!
2. Der Mensch geht neben dem Pferd. Er verringert so seine eigene Dominanz. Die Selbständigkeit des Pferdes kann damit größer werden als in Zone 1. Eigenmächtiges Handeln des Tieres wird eher möglich. Oftmals wird hierbei der Mensch geführt – zur nächsten Futterkiste oder dem gerade entdeckten Grasbüschel.
3. Der Mensch geht schräg hinter dem Pferd, behält seine Dominanz und fördert die Selbständigkeit des Tieres. Eigenverantwortliches Handeln des Pferdes und Mut können sich besser entwickeln als in den anderen beiden Zonen. Allerdings gerät der Führer in die Reichweite der nicht immer ungefährlichen Hinterbeine des Pferdes. – Auch der Leithengst geht oft hinter der Herde!

Es ist immer abzuwägen, welche der Führzonen angebracht ist. Das Vertrauens- und Dominanzverhältnis zwischen Pferd und Mensch spielt dabei eine gewichtige Rolle. Temperament, Bewegungsdrang und Grundgehorsam sind in Einklang zu bringen. Klare Kommandos, eindeutige, konsequente Zeichen- und klare Körpersprache sind unabdingbar. Führen sollte, wie alles andere auch, immer von links und rechts geübt werden. Ein Ziel sollte es auch sein, ein Pferd aus größerer Entfernung und ohne Führseil zu dirigieren.

Hänger fahren

Wenn ein Pferd nicht allmählich und möglichst früh an alltägliche Angelegenheiten wie das Hängerfahren gewöhnt wird, können Probleme auftreten.

Es kostet nicht viel Zeit, einem Pferd solche Dinge beizubringen, spart später aber eine Menge Ärger. Wer schon einmal drei Stunden vor einem Pferdetransporter gestanden hat, weil sein Pferd sich nicht führen, geschweige denn verladen ließ, weiß, was ich meine.

Pferde lassen sich an das Hängerfahren durchaus auch ohne Streß gewöhnen. Man sollte so ein Gefährt einfach einmal in den Auslauf stellen, geöffnet und mit benutzter Einstreu aus dem Stall. Das lernende Pferd sollte wenigstens einen erfahrenen, befreundeten Artgenossen zur Seite haben. Beide können zunächst gucken, schnuppern und vielleicht auch im Hänger fressen, ohne daß an einen Transport gedacht wird.

Das erste Mal im Hänger sollte das Pferd noch nicht angebunden werden und die Klappe unverschlossen bleiben.

Nach dem ersten Verriegeln muß nicht gleich gefahren werden. Einige Minuten Aufenthalt mit dem Ruhe übertragenden Artgenossen genügen. Streicheleinheiten sind angebracht. Die erste Fahrt, wiederum in Begleitung, sollte ebenfalls nur Minuten dauern.

Das Üben über einen längeren Zeitraum lohnt sich. Es ist wichtig, daß Pferde sich gut chauffieren lassen. Sollte einmal ein Klinikaufenthalt nötig sein, kann es im Notfall um Minuten gehen.

Wer keinen eigenen Hänger besitzt, leiht sich einen und sollte sich auf jeden Fall darüber informieren, wo im Notfall rasch gemietet werden kann. Sicher ist sicher.

KANN DAS NEUE PFERD DAS SCHON?

Setzen Sie bei neuen Pferden nicht einfach voraus, daß sie mit allem vertraut sind. Testen Sie immer alles erst aus und bauen Sie Schritt für Schritt auf dem Vorhandenen auf.

Zum Schluß noch einige Anmerkungen zum allgemeinen Training: Führen, Bodenarbeit und Longieren bilden eine Grundschule, die gründlich durchlaufen werden muß. Wenn Pferd und Mensch sie mit gutem Zeugnis abschließen, entstehen auch weiterhin keine Probleme, wenn zusätzlich noch Berührungsübungen und die Gewöhnung an das Sattelzeug mit auf dem Übungsplan standen.

Wer einen Schritt an den anderen reiht und Überforderung vermeidet, kommt schneller ans Ziel als diejenigen, die meinen, weniger Spektakuläres auslassen zu können. Es gibt immer eine von der Natur vorgegebene Reihenfolge, die einzuhalten ist.

Es nicht möglich, etwas besser zu erfinden als die Natur. Auch wenn manche das zu glauben scheinen, deren Sattelkammern, voll mit den absonderlichsten Hilfszügeln, abenteuerlichsten Gebissen, kniffligsten Sporen, eher mittelalterlichen Folterkerkern gleichen. Von Elektroschockgerten, präparierten Gamaschen und anderen brachialen Gewaltmitteln, die leider immer noch in allen Pferdesportdisziplinen mitunter Anwendung finden, und von Medikamentenmißbrauch einmal ganz abgesehen.

Es gilt die Augen offen zu halten und gegen Mißstände anzukämpfen. Allerdings mit Überlegung und Sachkenntnis. Wem es daran fehlt, tut gut daran, sich erst einmal mit Fachleuten zu beraten – und das nicht auf die lange Bank zu schieben.

Nachahmung (Imitation)

Ich setze auch viel darauf, daß Pferde durch *Imitation*, also durch *Nachahmung* lernen. Wenn ich erst das Vertrauen eines Tieres gewonnen habe und es meine Führung anerkennt und sich dadurch sicher fühlt, versuche ich auf spielerische Art und Weise sein Interesse zu wecken. Die natürliche Neugierde des Pferdes kommt mir dabei entgegen.

Ein Pferd imitiert schnell Haltung und Gangmaß. Das setzt bei mir als Trainerin Selbstdisziplin voraus. Jede Veränderung in Bezug auf Körpersprache, Atmung und Tonfall wird genau registriert. Meine Stimmung überträgt sich auf das Pferd.

Der Umgang mit dem Pferd bedeutet also, ein positives Beispiel zu geben. Wie soll man ein Tier kontrollieren, wenn man sich selbst nicht unter Kontrolle hat? Wer unerzogen ist, darf nicht erziehen. Also – immer mit gutem Beispiel vorangehen – im wahrsten Sinne des Wortes. Ich nutze für das Lernen durch Imitation meist die Leitstutenposition, gehe also vor dem Pferd. (Bei anderen Lehrmethoden bietet sich auch zwischendurch die Leithengstposition an, schräg hinter dem Pferd.)

Und ich lasse mir beim Training mit unerfahrenen Pferden auch von alten, gelassenen Tieren helfen. Sie zeigen den Jungen und Neulingen den Weg. Nebenbei haben dadurch selbst unsere ganz alten Pferde noch eine Aufgabe und werden nicht aufs Abstellgleis geschoben. Gewohnt, Aufgaben zu absolvieren, fallen sie nicht durch plötzliches Nichtstun in ein seelisches Tief. Insgesamt wird so allen viel Streß erspart, den Anfängern, den rüstigen Rentnern und mir. Hinzu kommt die Zeitersparnis, denn der Herdentrieb ist nicht zu unterschätzen. Es ist leicht, einen »alten Hasen« auf einer Brücke einem jungen Pferd vorangehen zu lassen. Ein bißchen gut zureden, gucken lassen, und der Nachwuchs wird folgen. Nach einigen Malen ist der Lernerfolg durch Nachahmung, Wiederholung, positive Bekräftigung und Gewöhnung gefestigt und das junge Pferd bereit, vorweg zu schreiten. Mit Gewalt wäre das nicht zu erreichen. Höchstens einmal – aber dann nie wieder.

Unbewußtes Lernen (Latentes Lernen)

Unbewußt zu lernen heißt, daß das Gehirn etwas ohne erkennbaren Grund registriert. Die Information schlummert verborgen, aber durchaus abrufbereit im Gehirnspeicher.

Auch wir Menschen lernen latent, so wie wir auch all die anderen Lernmöglichkeiten des Pferdes für uns geltend machen können. Beispielsweise speichern wir häufig unbewußt Werbung und werden schließlich aus der Erinnerung heraus beeinflußt, zu bestimmten Produkten zu greifen.

Beim Pferd ist das unbewußte Lernen nicht so leicht zu erkennen, zumal die verschiedenen Lernweisen ineinander übergehen.

Ich nutze das unbewußte Lernen unter anderem, indem ich ein unerfahrenes Pferd frei laufen lasse und kommentiere, was es vor hat. Jedes Pferd wird irgendwann antraben. Wenn ich das bemerke, sage ich »Terab«. Wenn es keine Lust mehr hat und in den Schritt fallen möchte, sage ich »Scheritt«. Das wiederhole ich so oft, bis aus dem Kommentieren ein Kommandieren werden kann. Das Pferd verknüpft irgendwann meine Worte mit seinen Gangarten. Natürlich bekräftige ich wieder positiv bei jedem kleinen Erfolg.

Alle Pferde begreifen so sehr schnell. Eine präzise Wortwahl ist unverzichtbar. Alle Worte müssen deutlich zu unterscheiden sein. Viele Reiter loben mit »Fein!« und tadeln mit »Nein!«. Wie soll das Pferd da ohne weiteres einen Unterschied heraushören?

Ein unerfahrenes Pferd, das sich bei mir frei bewegen darf, hat erst keinen Grund, auf meine Worte zu hören, denn ich lasse es ja tun, was es möchte. Und doch nimmt es meine begleitenden Aktionen auf.

Zusätzlich zu den akustischen Signalen arbeite ich mit Zeichensprache. So bestimmt bei mir die Höhe der Peitsche beim Longieren die Gangart. Pferde als Bewegungsseher reagieren sehr rasch darauf. Bei der Boden- und Longenarbeit passe ich anfangs bei Bedarf meine eigenen Schritte, Tritte und Sprünge der gewünschten Gangart an. Auch das wird gut registriert.

Viele Wege führen nach Rom. Ausprobieren, aber immer logisch und präzise bleiben!

Habe ich einmal Pferde mit Augenproblemen, intensiviere ich natürlich die akustischen Hilfen. Ansonsten ist mir die Gestik gleichermaßen wichtig. Reagiert mein Pferd auf Zeichensprache, kann ich doch gleichzeitig einen Reitschüler an der Longe mündlich korrigieren und mein Pferd zeichensprachlich dirigieren.

Bevor ich ein Pferd zum ersten Mal an die Longe nehme, darf es sich zwanglos in einem Longierzirkel aufhalten – zusammen mit einem zweiten Pferd, das sich darin auskennt. Wenn es gut vorbereitet und an das Im-Kreis-Laufen schon gewöhnt ist, wird das erste Longieren schließlich eine problemlose Angelegenheit.

Lernen durch Bewegungswahrnehmung
(Kinästhetisches Lernen)

Kinästhetisches Lernen greift die Fähigkeit der Steuerung von Körperbewegungen auf. Auch diese Lernweise setze ich bei meinen Reitschülern ein. Statt ihnen mit langen Worten die Zügelhaltung zu erklären, nehme ich ihre Hände in meine und drehe sie in die korrekte Position. Ich lasse fühlen, was ich meine. Das geht schneller und prägt sich gut ein, denn dabei hilft das Muskelgedächtnis.

Auch Pferde nehme ich »bei der Hand« und hebe beispielsweise ein Pferdebein in die Höhe, um ein Kunststück auszuarbeiten. Dies unterstütze ich mit deutlich positiver Bekräftigung und kombiniere mit dem Wort oder dem Signal, auf das das Pferd später reagieren soll.

Manche werden Verbeugungen und ähnliche Kunststücke als überflüssig abwerten. Aber ich habe die Erfahrung gemacht, das gerade Pferde, die »dichtmachten« und ihren Besitzern jegliches Mitmachen im normalen Arbeitsbereich verweigerten, durch solche Alltagsablenkungen und Aktivierungsspiele wieder Spaß am Lernen, am Begreifen bekamen. Unvoreingenommene Pferde machen sowieso mit Begeisterung mit, und klar ist: Je mehr ein Pferd kann, desto schneller lernt es noch dazu.

Ungewohnte, neue Bewegungen – nicht völlig unnatürliche! – in angstfreier Atmosphäre auszuführen, bedeutet zudem Gehirnaktivierung; eine altbekannte Tatsache. Durch derlei Gymnastizierung werden Körpergefühl, Koordination und Konzentration gefördert, die innere und äußere Balance harmonisiert und das Miteinander verbessert.

Prägung

In einer kurzen sensiblen Phase ihrer Fohlenzeit erfahren Pferde eine Prägung auf Gerüche, Laute und Objekte der belebten und unbelebten Umwelt (Objektprägung, Futterprägung, Prägung auf Artgenossen). Alles, worauf sie geprägt werden, erhält auf diese Weise eine bestimmte Bedeutung, die nahezu unumkehrbar ist. Diese Sofort-Merkphase sorgt dafür, daß ein Fohlen sich schnell zurechtfinden kann. Die Prägephase des Pferdes ist kürzer als die des »Nesthokkers« Mensch, weil es als »Nestflüchter« weniger Zeit hat, sich auf mögliche Umstände vorzubereiten.

Um Fehlprägungen zu vermeiden, sollten wir der Natur hier ihren freien Lauf lassen und uns nicht einmischen. Schwierigkeiten, die während und nach einer Fohlengeburt menschliches Eingreifen notwendig werden lassen, sind meist auch durch Menschen vorprogrammiert worden.

Nicht nur im Umgang mit Pferden, sondern grundsätzlich muß der Mensch wieder naturverbundener werden und lernen, bewußt mit der Natur im Einklang zu leben.

Versuche, Fohlen in der Prägephase für den menschlichen Bedarf zu trainieren, lehne ich ab.

Ergänzungen für besseres Lernen – aus der Praxis für die Praxis

Belohnung

Natürlich können Leckerbissen als Belohnung eingesetzt werden. Wenn man ein Pferd allerdings ständig damit vollstopft, sieht es das nicht mehr als Belohnung, sondern als Selbstverständlichkeit an und kann sehr provokant werden.

Ein Leckerli zur tatsächlichen Belohnung nach erfolgreich ausgeführter Übung oder eines nach der gesamten Arbeit – in Ordnung. Aber alles in Maßen! Ich rede schließlich nicht von der Befriedigung des Freßtriebes, sondern von echter Belohnung. Und die funktioniert auch mit Streicheln, Klopfen, Loben und mit der Stimme.

Abgesehen davon sind die fettesten Pferde nicht unbedingt die glücklichsten und schon gar nicht die gesündesten. Und Pferde sollten einen Menschen nicht nur wegen der Naschereien mögen, die er ihnen zusteckt.

Ich nutze Leckerli bewußt selbst, vor allem bei meinen sogenannten Problempferden, weil Kauen beruhigt. Doch zu viele Leckerli können die Konzentration während des Trainings auch negativ beeinflussen. Ich verknüpfe eine Futterbelohnung darum immer mit klassischer Konditionierung, konkret: mit dem Wort »prima«. Damit konditioniere ich Pferde auf dieses erst neutrale Wort, das sich auch nicht so leicht mit anderen verwechseln läßt. Das Wort tritt irgendwann an die Stelle des Leckerbissens, und zwar mit nahezu gleicher Wirkung: Pferde können sich dann auch ohne Leckerli über das »Prima« freuen.

Verständigungshilfen

Unsere Stimme, Belohnungen, optische Zeichen, Körpersprache, Führungshilfen, Berührungshilfen, Gewichts-, Schenkel- und Zügelhilfen sind maßgeblich für eine Zwiesprache mit dem Pferd. Das setzt allerdings voraus, daß alles verständlich, ruhig, freundlich, konsequent und präzise eingesetzt wird. Undeutliche Verständigungsversuche provozieren Verweigerungen oder Verallgemeinerungen.

Pferde reagieren sehr sensibel auf unsere Stimmungen. Einerseits übertragen sich schnell Aufregung, Angst und Nervosität. Andererseits gehen natürlich auch Ruhe, Gelassenheit, Freude und Zuversicht auf sie über. Gerade auch eine kontrollierte Atmung – tief und gleichmäßig – hilft, harmonischer zu reiten.

> Wenn wir zu den Pferden gehen, sollten wir dies immer mit einer positiven Einstellung tun. Auch wenn das nicht immer einfach ist, so schwer ist es nun auch wieder nicht! Schlechte Laune verschwindet, wenn man sich die Zeit nimmt, die Pferde in Ruhe auf der Weide oder im Auslauf zu beobachten, und dabei versucht, mit der Natur in Einklang zu kommen. Angst läßt sich wegsingen, und leises Summen oder Sprechen beruhigt Mensch und Pferd, schon weil man dabei die Luft nicht anhalten kann.

Die Beruhigungsstimme sollte im Klang etwa dem Begrüßungsgrummeln der Pferde angepaßt sein, ruhig und tief, das kommt bei Pferden gut an. Hohe und schrille Töne sind ebenso wenig angebracht wie zu laute. Lauten Menschen entgeht die leise Sprache ihrer Pferde.

Generell – und nicht nur in der »Pferdepädagogik« – beeinflußt das Verhalten der Lehrenden die Lernenden enorm. Gesichtsausdruck, Körpersprache und Betonung verraten die innerliche Einstellung der Lehrenden.

Pferde aus anderen Ländern werden in Deutschland immer beliebter. Entsprechend oft bekomme ich Importpferde mit Verhaltensabweichungen und -störungen in Therapie. Pferde, die abrupt aus ihrem gewohnten Umfeld gerissen worden sind, häufig einen strapaziösen Transport hinter sich haben und vertraute Artgenossen und Personen vermissen. Pferde, die die Welt und oft die menschlichen Worte nicht mehr verstehen. Wenn sie kein Deutsch kennen, wissen sie mit der deutschen akustischen Kommandogebung auch nichts anzufangen.

Ich rede mit solchen Pferden anfangs immer zweisprachig und konditioniere sie allmählich auf die deutschen Worte um. Das hilft diesen Pferden enorm. Es sind gar nicht so viele Vokabeln dafür zu lernen. Wer er ein ausländisches Pferd erwirbt, sollte sich am besten auch gleich ein entsprechendes Wörterbuch kaufen.

Lernfähigkeit

Die Lernfähigkeit der Pferde hängt nicht nur von den Erbanlagen ab, sondern auch und insbesondere von der jeweiligen individuellen Vorgeschichte – Menschen können viel verderben!

Selbstverständlich spielt das Alter ebenfalls eine Rolle. Jüngere Pferde lernen oft unglaublich rasch und gern. Ältere sind häufiger erstarrt in ihren Gewohnheiten und reservierter. Da ist zu bedenken, daß neu lernen immer leichter ist als umlernen.

Pferde müssen das trainingsgerechte Lernen erst lernen. Ich lasse ihnen Zeit dafür, bin aber immer wieder erstaunt, wie schnell sie begreifen, auf welche Impulse sie mit welchen Reaktionen antworten sollen. Man muß sich davor hüten, aus Begeisterung über solchen Lerneifer zuviel abzuverlangen. Die Verlockung ist gerade bei besonders intelligenten Pferde groß – doch weniger ist manchmal mehr.

Wiederholungen festigen einen Lernerfolg. Das bedeutet allerdings, daß auch Falsches sich durch Wiederholungen dem Pferd einprägen kann. Was das Pferd heute lernt, wiederholt es meist morgen unter gleichen Bedingungen.

Ohne Wiederholungen kann Erlerntes natürlich wieder vergessen werden. Doch wieder ist Vorsicht angesagt. Zu häufige Wiederholungen stumpfen ab. Experimente haben gezeigt, daß Pferde, die eine Lektion ein- bis zweimal wöchentlich üben mußten, sie schließlich besser beherrschten als ihre Kollegen, die im gleichen Zeitraum dasselbe täglich zu absolvieren hatten.

Wir reiten unsere Dreijährigen oder Vierjährigen gut vorbereitet und behutsam im Frühjahr an und schenken ihnen anschließend noch eine reitfreie Sommersaison auf der Weide. Wir dürfen aus Erfahrung sicher sein, daß diese Lernpausen gut angelegt sind und wir im Herbst an ausgeglichenen Pferden, die nichts vergessen haben, viel Freude haben werden.

Lernpausen sollten jedoch nicht Langeweile bedeuten. Auch Pausen wollen für die Pferde interessant gestaltet sein!

Verpacken Sie ein und dieselbe Übung immer wieder anders interessant und lassen Sie sie an verschiedenen Orten stattfinden, damit sie nicht langweilig wird. Lernen und lehren kann man überall, auch im Stall. Und es ist besser, dem »Schüler« verschiedene Wege anzubieten, um die Freiwilligkeit, das Selbstbewußtsein, die Selbständigkeit und das Mitdenken zu fördern. Das Reiten von Biegungen etwa läßt sich mit entsprechenden Bahnfiguren üben oder in Stangenlabyrinthen oder um Tonnen, Kegel oder Bäume herum. Eine Sinnsichtbarkeit der Übungen erleichtert das Lernen, und die reiterlichen Hilfen erscheinen dem Pferd noch verständlicher.

Die Pferde wissen anfangs nicht, daß Lernen schwer sein kann – das wird ihnen erst von den Menschen beigebracht. Warum?

Während einer Lerneinheit – ich verwende extra nicht den Ausdruck Lehrstunde – darf etwas nur so oft und so lange geübt werden, wie die Pferde in der Lage sind, die Zusammenhänge zu erfassen. Die maximale intensive Konzentrationsdauer bei Pferden liegt bei zwanzig Minuten, anfangs sogar noch darunter!

Ein Pferd muß eine Lerneinheit mit einer gelungenen Lektion abschließen dürfen, damit es mit einem angenehmen Gefühl und gelobt den Trainingsbereich verlassen kann und ihn beim nächste Mal entsprechend gutgelaunt beschreitet. Auch Trainerin oder Trainer werden sich so wohler fühlen.

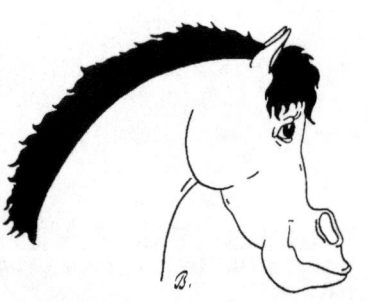

Natürlich lernen nicht alle Pferde gleich schnell. Was nicht zwangsläufig Nachteile haben muß. Ein langsam begreifendes Pferd lernt vielleicht gründlicher, ist ruhiger und beständiger.

Sensible, schnell lernende Pferde sind nicht unbedingt für jeden Reiter geeignet, stellen entsprechende Ansprüche an deren Niveau und sind ihnen unter Umständen schnell überlegen. Klügere lernen auch Unerwünschtes rascher.

Über- und Unterschätzungen sind leider weitverbreitet – auch im Selbstbild von Reiterinnen und Reitern!

Im Anfängerreitunterricht bevorzuge ich die geistig unbeweglicheren Pferde, sie können Reiterfehler leichter wegstecken und verlassen sich in aller Ruhe auf mich. Die Genies unter den Pferden reagieren gereizter auf fehlerhafte Einwirkungen.

Fragen Sie sich immer, wie das Pferd die Anforderung, die Sie an es stellen, wohl empfindet. Ich meine damit nicht, phantasievoll menschliche Empfindungen zu projizieren, sondern die Empfindungen eines anders organisierten Lebewesens zu ergründen. So ist zum Beispiel langes konzentriertes Stehenbleiben artuntypisch für ein Pferd – also nur über Geduld, Dominanz und Vertrauen erreichbar.

Beim Springtraining sollte man anfangs nur Hindernisfarben verwenden, die ein Pferd besonders gut sehen kann. Die Aufbauten müssen passend und mit Absprungstangen, Fängen und einladenden Gassen springfreundlich wirken.

Pferde sind Herdentiere – auch der Mensch, der ihnen am liebsten ist, vermag ihnen Artgenossen nicht zu ersetzen. Allerdings kann er es schaffen, vom Pferd als eine Art sozialer Partner akzeptiert zu werden. Diese Partnerschaft beinhaltet Versuche des Pferdes, eine Rangordnung festzustellen. Unterliegt der Mensch, kann das Pferd ihn nicht als Lehrer ernstnehmen. In einer noch unentschiedenen Rangordnung wird das Pferd immer wieder danach trachten, in die höhere Position zu kommen, und Ausbildungsversuche durch Auseinandersetzungen erschweren. Der ranghöhere Mensch dagegen vermittelt dem Pferd Sicherheit, es darf ihm vertrauen und deshalb von ihm lernen.

Wie die Leittiere unter den Pferden Ranghoheit regelrecht ausstrahlen, so muß auch der Mensch eine echte Persönlichkeit sein, wenn er dominieren möchte. Selbstdisziplin, Einfühlung, Gelassenheit, Zuwendung, Bestimmtheit und Erfahrung versetzen ihn in die höhere Position – nicht Gewalt, Grobheit oder gar Prügel! So erreicht kein Mensch den höheren Rang, dafür aber Feindschaft und gebrochene Geschöpfe.

Es ist so wichtig, das Vertrauen der Pferde zu erlangen. Aber auch sie verdienen Vertrauen und Akzeptanz. Gegenseitigkeit ist Bestandteil einer Partnerschaft.

Eine gute Gesundheit und eine ordentliche Verfassung sind Vorbedingungen für problemloses Lernen. Ebenso wichtig ist die Berücksichtigung der jeweiligen Reife von Körper und Verhalten.

Heute werden junge Pferde sehr oft zu früh und zu hart herangenommen. Oft müssen erst Zweijährige schon arbeiten. Unwissenheit, mangelnde Sensibilität und/oder Profitgier und manch falsche Wettbewerbsausschreibung sind schuld daran. Diese »Pferdekinder« werden häufig, damit sie mehr Masse vortäuschen, zu sehr aufgefüttert. In einem Stadium, in dem ihre Knochen noch weich und nicht belastbar sind, schädigt das Übergewicht Bänder, Sehnen und Gelenke. Zudem wachsen die Muskeln trainingsbedingt schneller als Knochen und Knorpel.

Wenn schließlich noch zuwenig Auslauf in zu kleinen Gattern geboten wird, sind Überreaktionen vorprogrammiert. Die endlich aus dem Stall herausgelassenen, förmlich explodierenden Jungtiere donnern los, müssen aber nach wenigen Metern vor dem nächsten Zaun bereits wieder bremsen. Diese häufigen abrupten Stops gehen zusätzlich auf die Beine. Insgesamt gesehen, ist so die Grundlage für frühen Verschleiß geschaffen.

Nicht nur der Körper, auch die Psyche wird unter solchen Voraussetzungen Schaden nehmen. Die Überforderung im Leistungs- und Anpassungsvermögen hinterläßt Spuren.

Frühestens mit drei Jahren dürfen Pferde die ersten Schritte in die Reiterei machen. Und es gibt eine Menge Spätentwickler, die lieber noch ein Jahr geschenkt bekommen sollten!

Zu bedenken ist auch, daß Pferde schubweise, ungleichmäßig wachsen und mal vorne größer, dann wieder hinten höher sind. Da verbietet sich harte Arbeit geradezu. Auch der Zahnwechsel kann bei jungen Pferden Unterbrechungen im Trainingsprogramm fordern, zumindest was das Reiten auf Trense angeht.

Die Rückenmuskulatur des Pferdes muß allmählich an das Reitergewicht gewöhnt werden. Berühmte Methoden, bei denen ›rohe‹, also junge, unbedarfte und untrainierte Pferde innerhalb einer halben Stunde zugeritten und anschließend sofort jeden Tag eine Stunde oder mehr geritten werden, bedeuten eine Überforderung rundum – körperlich und seelisch.

Nicht jedes Pferd ist für jede Disziplin und für jede Reitweise geeignet, schon aufgrund seines Gebäudes. Hier müssen rechtzeitig die richtigen Entscheidungen getroffen werden, Probleme sind sonst unausweichlich. Verspannungen, Schmerzen, Abwehrreaktionen und Verhaltensstörungen sind die Folgen falscher Entschlüsse. Für manches Pferd kommt das lebenslanger Folter gleich.

SCHRITT FÜR SCHRITT: Pferde sollten nach und nach lernen. Ein Lernschritt muß sich logisch an den anderen reihen. Bei aufkommender Angst muß im Lernstoff wieder einen Schritt zurückgegangen werden. Nie sollte ein Pferd Angst vor dem Training müssen haben.

Lernstoff wird in Verbindung mit erlebten Gefühlen aufgenommen. Ein Pferd soll in entspannter Wohlfühl-Atmosphäre lernen dürfen. Schaffen Sie darum immer positive Verknüpfungen, vernetzen Sie Neues mit etwas Angenehmem, das schon bekannt ist.

Das Trainieren von Pferden bedeutet auch für die Trainerinnen und Trainer selbst eine Herausforderung: Es gilt Ruhe zu bewahren. Bequemlichkeit oder übertriebener Ehrgeiz dürfen nicht dazu führen, wichtige Schritte auszulassen.

Ich setze mich erst auf ein Pferd, wenn es mich am Boden versteht. Reiten heißt auch sich finden.

Ich habe gelernt, mich über die kleinsten Fortschritte zu freuen. Ich arbeite nicht mit meinen Pferden – ich spiele und flirte und lerne mit ihnen.

Übergänge von Anspannung zu Entspannung und umgekehrt sollen fließend sein, nie abrupt und unharmonisch. Eine gut gestaltete Lerneinheit beginnt mit einer körperlichen und seelischen Lösephase, leitet allmählich über in die Hauptaktivphase, die Neues vermittelt und Altes vertieft, und mündet am Ende in eine Entspannungsphase. Aber auch mittendrin sind Entspannungen nötig, körperliche wie geistige. Dieser Wechsel zwischen aktiven und weniger aktiven Phasen belebt das Lernen und das Zusammenspiel.

Entspannen, aktivieren, motivieren und das Miteinander fördern sind faire Regeln im trainingsgerechten Zusammenspiel mit den Pferden.

Bis die einzelnen Entwicklungsschritte auch in schwierigsten Lektionen zur vollkommenen Harmonie zwischen Pferd und Reiter führen, vergehen Jahre. Immer ist dabei auf das körperliche und seelische Gelöstsein des Pferdes zu achten. Nur so kann es entspannt und dennoch aktiv mitarbeiten. Arbeit ohne Losgelassenheit ist Krampf und

Kampf. Sucht das Pferd zu jeder Zeit die Hand der Reiterin oder des Reiters – oder versucht es, davon wegzukommen?

Bis ein Pferd sich kraftvoll und gleichmäßig wie ein Uhrwerk bewegen kann und seinen Reiter ausbalanciert zum *Sitzen* kommen läßt, durchlaufen alle Beteiligten viele gymnastizierende Lerneinheiten. Kein Pferd kann von Anfang an *spuren*, also mit seinen Hufen in einem Hufschlag bleiben, egal, ob eine Linie gerade oder gebogen ist. Es geht von Natur aus erst einmal schief. Auch jeder Reiter besitzt eine ›Schokoladenseite‹ und muß sich gleichmäßige Geschmeidigkeit erst antrainieren. Die meisten Fortgeschrittenen sind nicht einmal in der Lage, problemlos von der sogenannten falschen Seite auf ihr Pferd zu steigen. Da geht es mit der Einseitigkeit schon los. Natürlich gibt es eine falsche Seite ebensowenig wie ein »böses Händchen«. Das Pferd wird unnötig einseitig belastet, wenn über Jahre hinweg immer nur von der traditionellen linken Seite aufgesessen wird. Im Zuge der Gewöhnung muß alles sowohl von links als auch von rechts möglich sein.

Der Wunsch nach einem *durchlässigen* Pferd, einem Pferd also, das alle reiterlichen Hilfen gern annimmt und umsetzt, ist nur dann erfüllbar, wenn Reiterinnen und Reiter immer auch an sich selbst arbeiten.

Ein Pferd trägt von Natur aus mehr als die Hälfte seines Gesamtgewichtes auf der Vorhand. Erst durch eine entsprechende dressurmäßige Ausbildung kann es vermehrt Gewicht auf die eigentlich stärkere Hinterhand übertragen.

Reiter, die viel springen und ansonsten ihr Pferd nur auf der Vorhand latschen lassen, sind mit schuld daran, daß viele Pferde – laut einiger Versicherungsstatistiken – schon mit sieben Jahren ›in der Wurst landen‹! Ein Pferd ist weder von seiner Anatomie noch vom Verhalten her auf Dauerspringen ausgerichtet. Es muß nach einem Sprung Hunderte Kilogramm Eigengewicht und die Wucht des Aufpralls abfangen; auch das Reiter- und Sattelzeuggewicht sind oft nicht ohne. Häufig sind zu große und zu schwere Reiter auf zu kleinen Pferden zu finden.

Egal welche Sparte der Reiterei, man sollte erst einmal vernünftig reiten lernen, bevor man sich ein Pferd zulegt. Und wer jetzt sagt, daß er doch nur ab und zu mal »in den Busch« reiten will und nicht zur Olympiade, dem sage ich, daß er gerade im Gelände eine große Verantwortung trägt. Nicht nur seinem Pferd gegenüber, sondern sämtlichen ›Mitbenutzern‹ der Natur. Wer miserabel reitet, ruiniert nicht nur mit der Zeit sein Pferd, sondern gefährdet permanent Mitmenschen. Denn wenn das Pferd die Nase voll hat von seinem Reiter und ihm nicht vertrauen darf, sogar Angst haben muß und der Reiter sich ohnehin kaum im Sattel zu halten vermag, dann kann es passieren, daß das Pferd zeitiger wieder zu Hause ist als er. Jedes Pferd kann sich erschrecken, und wer da unsicher sitzt, sieht es vielleicht nur noch von unten. Oder von hinten – auf einem Weg, auf dem viel passieren kann, dem Pferd und anderen.

Einige Bemerkungen zum Abschluß dieses Kapitels: Die Basis meiner Ausbildung – also auch dieses Buches – sind die Richtlinien der Natur. Egal welche Reitweise und was für Pferde bevorzugt werden: Alles gilt für alle.

Ich erwarte nicht, daß meine Vorgehensweisen uneingeschränkt übernommen werden. Vergleichen Sie ruhig. Von jeder guten Ausbildungsmethode kann man sich etwas abgucken, und man muß Pferd und Mensch immer individuell angehen, Reitweise und Ausrüstung anpassen. Egal wie man sich entscheidet, es gilt immer erst, eventuelles Unbehagen, Verspannungen und dergleichen zu lösen, mögliche Schmerzen aufzuzeigen, die Ursachen zu beseitigen und dann anzusetzen, ohne in alte falsche Gewohnheiten zu verfallen.

Man muß wissen, was man erreichen möchte, und sich ehrlich einen Spiegel vorhalten, um zu sehen, wo die eigenen Grenzen liegen. Manche Pferde sind ihrem Menschen überlegen. Reiter und Pferd müssen zusammenpassen. Dann bietet das Zusammensein mit dem Pferd unendlich viele Möglichkeiten. Und nicht nur das Reiten, sondern allgemein das gegenseitige Verstehen.

Meine Vorgehensweise in der Ausbildung kostet am Anfang scheinbar mehr Zeit als die gängigen Hauruck-Methoden, aber am Ende führt sie weiter. Das Ergebnis sind Pferde, die mitdenken, freudig mitmachen, Vertrauen haben und einflößen und die körperlich und seelisch ausbalanciert, motiviert und selbstbewußt sind.

Ich meine, wer Pferde lediglich als Untergebene, als Statussymbole, Sportgeräte oder aus Profit hält und nicht willens ist, sich in sie hineinzuversetzen, sollte sich lieber ein »Computertier« halten.

Wenn jedes Pferd seinen richtigen Menschen träfe, dann wäre für beide Seiten die Welt in Ordnung. Ja, es gäbe gar keine zwei Seiten mehr, sondern eine Einheit. Aber nicht jeder Mensch paßt nun mal zu jedem Pferd. Nur – wollen manche das nicht einsehen. Mitunter wäre es wirklich besser, wenn einige ihre Pferde verkaufen oder zumindest eintauschen würden gegen eines, das geeigneter wäre für sie! Und bei manchen hat's überhaupt keinen Zweck. Wenn sich beide aber ergänzen, dann fällt das Lernen nur noch halb so schwer, selbst wenn sich einmal kleine Patzer einschleichen. Pferde vergessen zwar fast nichts, aber sie können verzeihen, wenn sie sonst gut behandelt werden und ihr Mensch bemüht ist, Fehler auszubügeln. (»Ein Muli vergißt auch nichts – aber es verzeiht auch nichts«, sagt ein altes Sprichwort.)

Egal welcher Art Pferd wir etwas beibringen möchten, Lernen soll Spaß machen – allen Beteiligten.

Ich jedenfalls möchte im Zusammensein mit dem Pferd meine Liebe zu ihm sichtbar und spürbar werden lassen.

Wann verstehen Pferde uns nicht mehr?

Ein Dutzend guter (schlechter?) Gründe:
1. Wenn wir uns nicht präzise ausdrücken.
2. Wenn wir ungerecht und grob werden.
3. Wenn sie abgelenkt sind.
4. Wenn sie überfordert sind.
5. Wenn wir zu häufige Wiederholungen verlangen.
6. Wenn sie körperliche Mängel haben.
7. Wenn sie krank sind.
8. Wenn sie körperliche Schmerzen erleiden.
9. Wenn sie Kummer verspüren.
10. Wenn sie mit dem gerade Abverlangten frühere schlechte Erfahrungen verbinden.
11. Wenn sie Angst empfinden.
12. Wenn sie uns hassen.

Es gibt noch mehr Gründe ...

Einsatz der Pferde

In der Dressur, der Grundlage der Reiterei, isolieren und verfeinern wir Bewegungsmuster aus dem gesamten Verhaltensprogramm der Pferde. Und von einer soliden Basis ausgehend, ist der Weg in viele Richtungen offen.

Es lohnt sich, einmal darüber nachzudenken, wo Pferde heute

überall ihren Einsatz finden: Musikreiten, Pas de deux, Quadrille, Springen, Vielseitigkeit, Distanzritte, Wanderritte, Jagden, Polo, Pferdefußball, Horseball (Pferdekorbball), Geschicklichkeitswettbewerbe, Hindernis- und Flachrennen, Dressur-, Hindernis-, Gelände-, Wander-, Wattfahren (ein- und mehrspännig), Brauereiwagen-Ziehen, Trabrennen, Treideln (Flußkahnziehen), Pflügen, Holzrücken, Voltigieren, Therapie, Zirkus, Jahrmarkt, Karneval, Paraden, Film, Schaunummern, Zoll, Polizei, Rinderhüten, Skijöring ...

Wir züchten mit ihnen, profitieren von der Stutenmilch (Muttermilchallergiker, Neurodermitiskranke), setzen sie als Lehrpferde und Gesellschafter ein, nutzen sie in Beruf und Freizeit. Wir finden eine unglaubliche Rassenvielfalt, schätzen Gangspezialisten, können wählen zwischen verschiedensten Reitweisen, reiten mitunter nur mit Halsring oder Halfter oder sogar ohne Zäumung.

Was wollen wir mehr? Teilweise wäre weniger sogar mehr – für die Pferde.

Ich will zu den einzelnen Einsatzbereichen keine Wertung abgeben. Wogegen ich aber uneingeschränkt und entschieden protestiere, ist die tierquälerische Haltung von Hormonstuten. Tragende Stuten, die den Großteil ihres Lebens in Ständern zubringen, angebunden mit umgeschnallten Urinbeuteln, zwecks Herstellung von Medikamenten für Frauen in den Wechseljahren. Diese Medikamente lassen sich auch auf andere Art, ohne Tiermißbrauch, herstellen. Fragen Sie Ihren Arzt oder Apotheker!

Bei diesem Kapitel hat sich das Studium bei der Akademie für Tierheilkunde sehr hilfreich erwiesen. Für etliches, was ich aus dem Gefühl und aus meiner Erfahrung heraus schon immer praktiziert habe, fanden sich wissenschaftliche Belege, die mich mit noch mehr Überzeugung argumentieren lassen.

Pferde»gerechte« Haltung

Grundsätzliches

Die Pferdehaltung verlangt von allen Beteiligten viele Kompromisse. Bei der Unterbringung spielen Lebensraum, Arbeitszeiten und finanzielle Möglichkeiten eine Rolle. Zudem ist es oft notwendig (und nicht immer leicht), sich mit anderen Pferdehaltern oder gar Mitbesitzern zu einigen.

Wie dem auch sei – überhaupt jede Art von Stallhaltung widerspricht ja eigentlich der Natur der Pferde. Nur wenn ihre speziellen Bedürfnisse großzügig berücksichtigt werden, können sie sich im Stall wohlfühlen.

HERDENTIER MIT FLUCHTREFLEX! Pferde brauchen reichlich Raum. Er muß übersichtlich sein und darf keine toten Winkel aufweisen! Als Herdentiere benötigen Pferde Artgenossen – nicht nur »zur netten Gesellschaft«, sondern zum Überleben.

Was bei der Planung eines Lebensbereiches für Pferde berücksichtigt werden sollte:

1. Die angeborenen Selbsterhaltungstriebe: Bewegungsbedürfnis, Fluchtreflex, Ernährungs- und Ausscheidungsverhalten, Hautpflegetrieb und Ruheverhalten

Um sich ausreichend bewegen zu können, brauchen Pferde reichlich Platz und Bewegungsanreize, auch durch Artgenossen. Der Fluchtreflex fordert viel Raum, Übersichtlichkeit und artgenössische Gesellschaft. Er verbietet tote Winkel. Verteilen Sie Freß-, Trink- und andere Plätze, um Bewegungsanreize zu schaffen. Bringen Sie Raumteiler und Trittstangen an. Spielzeug, Flatterbänder und Tonnen regen Ihre Tiere zur Erkundung an. Je weniger ein Pferd trainiert wird, desto mehr Ausgleichsbewegung verlangt es. Das stellt bei Zuchtpferden zusätzliche Anforderungen an das betriebliche Management.

Zum Fressen und Saufen ist ein pferdegerechtes Nahrungs- und Wasserangebot mit entsprechenden Vorrichtungen erforderlich.

Striegeln allein genügt nicht: Erst Wälzplätze, Kratzbäume oder -bürsten und die Anwesenheit von Artgenossen ermöglichen dem Pferd eine artgerechte Hautpflege.

Gesunder Schlaf ist nur in übersichtlichen Ruhezonen möglich und setzt ebenfalls die Gesellschaft anderer Pferde voraus.

2. Die angeborenen Arterhaltungstriebe: Sexual- und Sozialverhalten

Zum Sexualtrieb gehören der Mutterinstinkt und der Paarungstrieb. Hengsthaltung und Fohlenaufzucht erfordern besondere Erfahrung des Pferdehalters.

Der Sozialtrieb muß durch Gesellschaft befriedigt werden. Gerade Fohlen und andere Jungtiere sollten unbedingt in Gruppen gehalten werden, um körperliche Mängel und seelische Schäden zu vermeiden.

Pferde freuen sich nicht bloß über nette Gesellschaft: Der Sozialtrieb – bei meinen Erklärungen gewissermaßen der rote Faden – ist der Selbsterhaltung zuzuordnen. Ein Pferd, das immer allein leben muß, geht irgendwann zugrunde – ein Sterben, schlimmer als der Tod.

Natürlich brauchen Pferde auch Licht und frische Luft. Interessante Umweltreize beeinflussen ihr Neugier- und Lernverhalten günstig, während negative Umweltreize Befinden und Leistung verschlechtern.

Wenn Sie Um- bzw. Neubauten von Ställen und ganzen Anlagen planen, sollten alle diese Punkte in Ihre Überlegungen einfließen. Und umgekehrt: Verantwortungsvolle Pferdehalterinnen und -halter werden jetzt vielleicht an Umbauten denken ...

Schließlich: Ist in Ihrer Anlage jegliche Verletzungsgefahr gebannt? Kümmern sich fachlich geeignete und einfühlsame Personen um die Pferde? Nur sie können eine pferdegerechte, liebevolle und zuverlässige Betreuung gewährleisten.

Die Telefonnummern von Tierärzten, Schmied, Polizei, Feuerwehr und Notarzt sollten stets gut sichtbar parat sein.

Im Stallbereich und in der Nähe von Strohmieten muß Rauchverbot herrschen – auch wenn sich das Vorhandensein von Feuerlöschern von selbst versteht. Überaus wichtig ist auch die Stallapotheke – zugänglich für Erwachsene, aber unerreichbar für Kinder und Pferde.

WAS GEHÖRT IN DIE STALLAPOTHEKE?

* Die Impfpässe aller gehaltenen Pferde und Ponies. (Sie sind vor allen Dingen dann wichtig, wenn eine Unverträglichkeit gegenüber einem bestimmten Medikament eingetragen ist. Auch Pferde können an einem allergischen Schock sterben. Geimpft werden sollte auf alle Fälle vorsorglich gegen Tetanus und Tollwut.)
* Verbandsmaterial für die Erste Hilfe bei Verletzungen: Pflaster, steril verpackte Gaze, Baumwollwatte, elastische Binden, Klebeband, Schere, Pinzette, Dreiecktuch.
* Ein Fieberthermometer am Bindfaden, Melkfett, Wundsalbe wie Lebertran-Zink-Salbe, saubere Tücher und am besten ein kompletter geprüfter tragbarer Verbandskasten.

Von Typ zu Typ

Verschiedenste Pferde und Ponies in großer Zahl zusammenzusperren, hat nichts mit vernünftiger oder artgerechter Pferdehaltung zu tun – auch wenn manche Forschungen annehmen, daß alle Hauspferde von einer einzigen Stammart abstammen. Andere gehen davon aus, daß es zu Zeiten der Domestikation mehrere Stammformen gab. Ebhardt (1957, 1958) unterscheidet vier unterschiedliche Typen und deren Mischformen, unterschiedlich auch in ihrem Verhalten (vgl. Zeeb 1959, Zeeb und Goebel 1963). Zieht man Beschreibungen dieser vier Grundtypen in Betracht, so lassen sich Fehler in der Pferdehaltung und im Umgang mit Pferden durchaus reduzieren. Das angenommene individuelle Verhalten der Typen kann bei entsprechender Berücksichtigung das Denken in Schablonen mindern:

Typ 1 steht für den Pony-Typus. Das diesem Typus zugehörende Tier ist eher kleiner, meistens weist es ein Stockmaß von 1,20 m bis 1,30 m auf. Es präsentiert sich als rundliches, gern auch dicklich werdendes Pferd. Von allen Typen besitzt es die breiteste Kruppe im Vergleich zu seiner Größe.

Seine kurzen Ohren ragen kaum aus der üppigen Mähnenbehaarung heraus. Die »Frisur« ist oft durch eine Doppelmähne und einen langen Schopf gekennzeichnet, der die breite Stirn und das gerade Profil verdeckt. Und auch der Schweif kann sich in seiner vollen Schönheit sehen lassen.

Seine Behaarung polstert es im Winter mit dichter Unterwolle und derbem Deckhaar bestens auf. So kann Regenwasser abgleiten. Es ist überhaupt Nässe gegenüber sehr widerstandsfähig. Kälte stellt ebenfalls kein Problem dar. Da können schon einmal die Eiszapfen unter dem Bauch klirren. Hitze mag es dagegen nicht so sehr.

Es ist ein lebhaftes und aufmerksames Kerlchen, aber trotzdem kein Temperamentsbündel. Geselligkeit liebt es ganz besonders und beläßt es deshalb bei einem geringen Individualabstand. In der Herde ist der Leithengst der absolute Pascha.

Menschen begegnet der Typ 1 freudig bis skeptisch.

Es eignet sich besonders für die Gruppenhaltung, da nach Festlegung der Rangordnung auch eine große Gruppe problemlos miteinander zu leben vermag. Abgesehen davon bietet es sich als Lasten- und Gewichtsträger und Ausdauerpferd an. Es verfügt über einen guten Trab. Das braune Exmoorpony mit seinem Mehlmaul und seinen Haarwirbeln charakterisiert diesen Typ recht deutlich.

Typ 2 steht für den Kaltbluttypus, der mit einer Widerristhöhe von 1,45 m bis 1,75 m auf großen Hufen angestampft kommt. Sein mächtiger Schädel mit geradem Profil paßt auf den massigen Körper mit der gespaltenen Kruppe. Mittellange Ohren, kleine Augen und häufiger Kötenbehang vervollständigen das Bild.

Auch dieses Pferd ist ein guter Futterverwerter, der reichlich Rauhfutter benötigt.

Im Winter verfügt es ebenfalls über dichte Unterwolle und festes Deckhaar, doch ist sein Haarkleid vor allem Kälte-, weniger Nässeschutz. Es kommt leicht ins Schwitzen, bewegt sich nicht gerne übermäßig und ist deshalb auch auf Hitze weniger ausgerichtet. Es ist ein Schrittpferd, daß sich unter starker Belastung seiner Vorhand ruhig bis phlegmatisch und schwerfällig zeigt. Wo andere in der Natur fliehen, da versteckt der Koloß sich zur Tarnung auch schon einmal unbeweglich im Gebüsch. Er wird nicht so schnell nervös.

In der Herde steht der Hengst mehr außerhalb, strahlt aber große Dominanz aus. Innerhalb einer Familie ist die Individualdistanz gering.

Dieser Typ beharrt auf seinem Standpunkt, so daß beim Einbringen von fremden Pferden in eine bestehende Herde äußerst starke Rangordnungskämpfe vorprogrammiert sind, auch bei Stuten.

Menschen gegenüber verhält sich dieser Typ unempfindlich bis stur, nicht sehr kontaktsuchend, eher passiv, dafür aber gutmütig.

Typ 3 steht für den ramsköpfigen Steppenpferdtypus. Bei einer Größe von 1,40 m bis 1,80 m kommt dieses Pferd hochbeinig und langrückig daher, in rechteckiger Form und mit abfallender Kruppe. Seinen auffallenden und auch langen Kopf zieren passenderweise lange Ohren.

Es setzt nicht so leicht an und benötigt mehr energiereiches Futter als die Typen 1 und 2.

Im Sommer trägt es eine ganz kurze und feine »Jacke«, die auch im Winter bloß wenig mit Wolle unterfüttert ist. Sein Fell leitet Regen nur schlecht ab. Kälte und Nässe lassen es schnell frieren. Hitze verträgt es dagegen sehr gut. Und heiß lodert auch sein Temperament. Es kann leicht heftig bis aggressiv zu werden, und sein Bewegungsdrang ist enorm. Es verlangt wie der Typ 4 nach viel Platz und besteht auch auf einen großen Individualabstand. Bei ihm ist die Herdenbildung weitestgehend aufgelöst.

Vor Menschen zeigt es keine Furcht. Überhaupt ist es angriffslustiger als andere Pferdetypen. Dafür erweist es sich als sehr ausdauernd und häufig als Springtalent. Wir finden diesen Pferdetypus unter anderem im Sorriapferd wieder.

Typ 4 steht für den Arabertypus, dessen zierliche Statur 1,15 m bis 1,55 m erreicht. Seine auffallend großen Augen beherrschen einen kleinen, kurzen, nach innen gewölbten Kopf mit kleinen Ohren.

Kurz ist auch meistens sein Körper, es erscheint eher als Quadratpferd und besitzt im Verhältnis zur Widerristhöhe die schmalste Kruppe.

Im Sommer ist sein Haarkleid kurz und fein, im Winter legt es sich aber schon genügend Unterwolle zu. Deshalb verträgt es sowohl Hitze als auch trockene Kälte sehr gut. Feuchte Kälte jedoch macht ihm zu schaffen.

Seine Familie hält fest zusammen, die Individualdistanz innerhalb der Familie ist gering. Temperamentvoll, lebhaft und bewegungsaktiv, wie dieser Typus von Pferd ist, braucht es wie Typ 3 viel Raum, egal ob in der Einzel- oder in der Gruppenhaltung. Es zeigt sich als Schnellstarter und als Galoppferd mit hoher Halsaufrichtung.

Typ 4 ist überaus sensibel und sieht dem Menschen anfangs vorsichtig bis ängstlich entgegen. Trotzdem sucht er dessen Zuwendung und vermag sich sehr an einen Menschen zu gewöhnen.

Es sind also nicht alle Pferde gleich! Und die Bezeichnungen Voll-, Warm- oder Kaltblut haben nichts mit der Körpertemperatur oder der Blutbeschaffenheit der Pferde zu tun, sondern mit den Unterschieden bezüglich Herkunft, Züchtung und Temperament.

Einzelhaltung

Einzelhaltung meint nicht eine Haltung, die Pferde ohne Artgenossen leiden läßt, sondern eine, in der sie zwar in Einzelbereichen, jedoch mit Nachbarn – im wesentlichen in Boxen – leben.

Es sollte mittlerweile überflüssig sein, sich über Ständerhaltung auszulassen. Wer heute neu baut und eine derartige Daueranbindung plant, handelt gegen den Tierschutz. Selbstverständlich sollten alte, noch vorhandene Ständerställe sofort umgebaut oder abgerissen werden. Ständer sind nur dann von Nutzen, wenn sie kurzfristig zu Futterzeiten als Freßstände Verwendung finden. Ansonsten werden die natürlichen Verhaltensweisen zu stark eingeschränkt. Fohlende Stuten in Ständern zu halten ist die Krönung der Fehlhaltung!

Deshalb zurück zu den Boxen. Denn: Box ist nicht gleich Box.

Genug Platz

Eine Pferdebox sollte mindestens über zwölf Quadratmeter Innenfläche verfügen und auch in der Form eher quadratisch sein, auf keinen Fall aber ein langer schmaler Schlauch! Die schmaleren Wandseiten sollten drei Meter Länge nicht unterschreiten. Pferde müssen sich in ihren Boxen ausstrecken und wälzen können.

Die genannten Zahlen stellen das geforderte Minimum dar. Wünschenswert wäre mehr Platz. Immer wieder verletzen sich Pferde unter Schmerzzuständen in zu kleinen Boxen. Schon das Kullern verlangt ihnen in genormten Boxen eine gewisse Akrobatik ab.

Je weniger Bewegung ein Pferd durch das Training bekommt, desto mehr Platz und Auslauf benötigt es zum Ausgleich, um sich wohlzufühlen. Je weniger Arbeit, desto weniger Boxenaufenthalt!

Berücksichtigen Sie immer auch das jeweilige Temperament, den Bewegungsdrang und die Individualdistanz.

Tragende Stuten benötigen mehr Platz als nicht trächtige. Eine Abfohlboxe sollte deshalb wenigstens zwanzig Quadratmeter messen. Wenn eine tragende Stute schon einige Wochen vor dem Abfohltermin täglich dort eingestellt wird, kann sie Abwehrstoffe gegen die boxenspezifischen Keime bilden. Das Abfohlen auf der Weide ist im übrigen gesünder, da der Wind dort Krankheitskeimen weniger Chancen läßt.

Das Durchrutschen eines Fohlens in eine Nachbarbox darf nicht möglich sein. Steht die Abfohlung in einer Box unmittelbar bevor, sollten zur Sicherheit Strohballen an die Innenwände gestellt werden. Falls eine gebärende Stute zu dicht an der Wand zum Liegen kommt, kann so schnell mehr Platz geschaffen werden, ohne daß das Tier unnötig aufstehen muß.

Auch zeitweilige »Käfighaltung« von Pferden verlangt eine optimierte Form sowie Sicht-, Riech- und Hörkontakt zu den Artgenossen. Boxen mit ganz hochgezogenen, undurchsichtigen Trennwänden sind auf gar keinen Fall tolerabel. Erst recht nicht, wenn sie einreihig sind, also ohne Chance, wenigstens einen Blick von einem Gegenüber zu erhaschen. Wenn Pferde oft wechseln und es nicht von vornherein feststeht, ob sie miteinander harmonieren, müssen Gitterstäbe in die Boxentrennwände integriert werden – es sollten aber Querstäbe sein. Sie sind vorteilhafter: für den Stallbauer, weil er weniger Material braucht, denn waagerechte Stangen dürfen knapp 20 cm auseinander sein, senkrechte dagegen nur 5 cm. Und für die Pferde: sie können uneingeschränkt durchschauen. *(Das Durchgucken ruhig selbst einmal auszuprobieren bringt auch Pferdehalterinnen und -haltern mehr Durchblick.)*

Stehen senkrechte Stäbe weiter als 5 cm auseinander, birgt das die Gefahr, daß auskeilende Pferde sich verfangen und hängenbleiben. Schlimmste Verletzungen durch zu weite Zwischenräume sind keine Seltenheit.

Eine schöne Lösung stellen Kontaktklappen dar, wie zum Beispiel auf unserem Immenhof. Dies sind in die Gittertrennwände eingelassene Klappen, die beim Eintreffen von Neuzugängen am Anfang geschlossen bleiben und später, nach ausgiebiger und zur allgemeinen Zufriedenheit ausgefallener Beschnupperung, geöffnet werden. Diese Klappen von 1 m² Größe erlauben gegenseitiges Mähnenkraulen und andere Kontaktaufnehmen. Zu große Klappen verlocken allerdings zum Hindurchklettern ...

Eine optimale Stallgasse ist auf keinen Fall schmaler als drei Meter. Vor allem, wenn sich vorn und oberhalb geöffnete Boxen gegenüberliegen. So brauchen neue Pferde auf den Gängen kein Spießrutenlaufen *(ein großes Pferd ragt mit Hals und Kopf mühelos 1,20 m in die Gasse rein, wenn es will)* zu absolvieren, und es besteht genügend Platz zum Umdrehen und Rangieren. Beim Wenden in zu engen Gängen besteht die Gefahr eines Genickbruchs!

Die Boxentüren sollten wenigstens 1,20 m breit und von den Pferden nicht zu öffnen sein. Türriegel dürfen bei geöffneten Türen nicht in die Boxenöffnung hineinragen, ein Gegenstoßen oder Hängenbleiben hätte böse Folgen.

Es bietet sich aus Sicherheitsgründen an, eine Box nicht komplett zu vergittern, sondern in den unteren Bereichen mit Holz zu gestalten. Die Bretter sollten gut 4 cm stark und glattgehobelt sein. Holz hat den Vorteil, schlagelastisch zu sein, außerdem können Kacheln das Stallklima atmungstechnisch verschlechtern. Solche hölzernen Wände müssen eine Höhe aufweisen, die es dem Pferd erlaubt, bequem darüberzuschauen. Zentimeterbreite Luftschlitze zwischen den Brettern helfen, Schadluftseen in den unteren Boxenbereichen zu vermeiden.

Der Platz oberhalb der Holzwände kann unter günstigen Umständen freibleiben, oder es können waagerechte Gitter angebracht werden. Trennwände im unteren Bereich zwischen zwei Boxen können auch aus herausnehmbaren Stangen bestehen. Sollte ein Pferd sich dort festlegen, kann es problemlos befreit werden bzw. sich selbst befreien, wenn die Stangen nicht zu stark fixiert sind.

Große Ställe mit schwenkbaren oder entfernbaren Trennwänden lassen sich zeitsparend mit Frontladern ausmisten. Dabei sollte kein Pferd im Stall sein und der Stall anschließend gut auslüftet werden.

Genug Luft

In Ställen muß überhaupt frische Luft herrschen – aber keine Zugluft, die durch die Ritzen pfeift! Schlechte Luftverhältnisse sorgen für Atemwegserkrankungen, die häufigste Krankheitsgruppe nach Beinschäden. (Ställe mit Trauf-First-Belüftung haben sich bewährt. Hier kann die Zuluft über Öffnungen am First des Stalldaches abziehen und kommt durchgehend über Öffnungen an der Gebäudetraufe herein.)

Wegen der Luftverhältnisse, aber auch damit steigende Pferde sich nicht den Kopf stoßen können, ist in geschlossenen Ställen eine Raumhöhe von mindestens drei Metern erforderlich. Es mindert den Luftstaub, wenn die Stallgassen feucht gefegt werden. Staubaufwirbelung ist ungesund. Insofern ist es auch empfehlenswert, Heu und Stroh in Abwesenheit der Pferde aufzuschütteln bzw. durch Schächte in Richtung Stallböden abzuwerfen. Bevor die Pferde wieder in den Stall kommen, gilt diesen Abwurfschächten ein prüfender Blick: Sind sie richtig verschlossen? Strohböden aus Holz oberhalb von Boxenanlagen verschlechtern stallklimatische Bedingungen, der durch die Ritzen rieselnde Staub löst Hustenreize aus.

Pferde mögen Außenklappen, die es ihnen ermöglichen, ihre Köpfe nach draußen zu hängen und Interessantes zu beobachten. Optimal ist es, wenn solche Öffnungen zu den günstigeren Wetterseiten hin ausgerichtet sind. Und natürlich möchten auch Pferde nicht ständig auf einen Güterbahnhof oder gar einen Schlachthof schauen. Abgesehen davon, sind Pferde auch lärmempfindlich. Es gibt äußerst unangenehme Außenreize, die – immer vor Augen oder in den Ohren – einfach nur nerven. Das normale Treiben auf einem landwirtschaftlichen Betrieb zu verfolgen, läßt sich dagegen aushalten.

Boxenspielzeuge werden in der Regel gerne angenommen. Da ist Kreativität gefragt. Bälle, ebenso Knabberäste, Kratzbürsten oder -bäume sorgen für Abwechslung und mehr Komfort. Schon ein einfacher Pappkarton *(ohne Drahtklemmen!)* kann für ein paar Stunden Spaß sorgen.

Kälte schafft Pferden selten Probleme, es besteht kein Grund, alles zu verriegeln und zu verrammeln, wenn der Winter vor der Tür steht. Vorausgesetzt, die Tiere dürfen ungeschoren bleiben, so wie es sich gehört.

Bei Tieftemperaturen muß man allerdings stärker auf die Selbsttränken achten. Sie dürfen nicht ein- oder gar kaputtfrieren. Inzwischen gibt es auch für den Stallbereich gute Wasserbeweger und Boiler für Warmwasseraufbereitung.

Müssen Außenluken doch einmal geschlossen werden, haben Zu- und Abluftöffnungen für vernünftige Luftverhältnisse zu sorgen.

Am besten, die Stalltemperatur ist der Außentemperatur angeglichen. So bekommen Pferde keine Umstellungsprobleme beim Training und leben gesünder.

Genug Licht

Pferde brauchen als Steppentiere enorm viel Licht, sonst werden ihre Gesundheit, ihre Leistungsfähigkeit und Fruchtbarkeit beeinträchtigt. Die gängige Formel lautet: in geschlossenen Ställen mindestens 1 m^2 Fensterfläche pro Pferd. Ist das wegen bautechnischer Widerstände oder starker Beschattung nicht möglich, sollte ein Pferdestall mindestens 8 von 24 Stunden beleuchtet sein, im Tagesrhythmus. Auf jedes Pferd sollte etwa gleich viel Licht fallen.

Glasfenster müssen sorgfältig gesichert bzw. für die Pferde unerreichbar eingebaut sein, um die Verletzungsgefahr zu verringern.

Ein Vorteil bei der Boxenhaltung ist, daß Futter individuell dosiert werden kann. Boxen lassen sich gut sauber- und trockenhalten. Allerdings kommen die meisten Vorteile eher den Pferdebesitzern zugute als den Pferden: Ständige verfügbare und saubere Tiere, weniger Arbeitsaufwand für die Menschen, Schutz vor Nässe, mehr Kontrolle, weniger Rangeleien …

Genug Auslauf

Da Boxen lediglich die absolute Minimalbewegung ermöglichen, ist es angebracht, Boxenhaltung mit einem Auslauf zu kombinieren. Liegen Boxenausläufe und Boxen nebeneinander, ist dies ein brauchbarer Kompromiß zwischen reiner Boxenhaltung und der in der Gruppe. Und pingelige Pferdebesitzer brauchen keine Angst um ihre Lieblinge zu haben, die auf diese Weise nicht den Hufen (insbesondere beschlagener) anderer Pferde ausgesetzt sind. In benachbarten Boxen bzw. Ausläufen sollten sich die jeweils engsten Freunde befinden.

Pferde mit großer Individualdistanz fühlen sich in Eckboxen wohler, weil sie so mehr Abstand halten können – was aber nicht heißt, daß sie keine Freunde haben oder etwa alleine leben wollen. Sie mögen es nur nicht, wenn ihnen ungefragt zu dicht auf die Pelle gerückt wird.

Die Vierbeiner in Boxen-Auslauf-Haltung können besser kontakten als in reiner Boxenhaltung und verfügen über ein größeres Bewegungsangebot. Sie können zwischen Licht und Schatten *(bei Hitze und Insekten)* wählen und sind vielfältigeren Umweltreizen ausgesetzt.

Sind solche Lebensräume in Funktionsbereiche eingeteilt, die dem »echten Pferdeleben« entsprechen, so wird die Bewegung durch bestimmte Anreize gefördert. Raumteiler können die Strecke zwischen den Freß-, Trink- und Liegeplätzen verlängern. Motivation ist wichtig. Andernfalls werden auch Pferde bequem, unnatürlich träge und desinteressiert.

All das beansprucht viel Raum, doch schon der kleinste Auslauf ist besser als gar keiner. Ein Auslauf sollte teilweise befestigt sein, um bei jedem Wetter trockenen Fußes nutzbar zu sein: für die Pferde, um beispielsweise Fesselentzündungen und Strahlfäule vorzubeugen; für den Menschen, um die Mistkarre besser schieben zu können.

Boxen-Auslauf-Haltung schafft ein Stück Zufriedenheit. Ausgeglichene Pferde trainieren und lernen besser und sind weniger schreck-haft. Stabile Zäune sind dabei grundsätzlich selbstverständlich – zur Sicherheit aller.

Pferde können gut auf goldene Türgriffe und Superedelhölzer oder silberne Stalltafeln verzichten, aber nicht auf Luft, Licht, Bewegung, Futter, Wasser, Motivation und Artgenossen!

Gruppenhaltung

In der Herde fühlen Pferde sich natürlich am wohlsten. Aber es ist nicht damit getan, sie womöglich bunt durcheinander gewürfelt unter ein Dach zu sperren. Gerade die Gruppenhaltung stellt große Ansprüche an das betriebliche Management: Es sollte eine gerade Anzahl von Pferden innerhalb einer Gruppe sein, weil sich häufig Zweierfreundschaften bilden. Eigentlich reichen zehn Pferde, bei Ponytypen können es auch mal bis zu zwanzig in einer Gruppe sein, viel mehr wäre unnatürlich.

Pferde müssen ihre Rangordnung erstellen. Rangauseinandersetzungen erfordern Platz. Pferde brauchen diese Hierarchie, damit ihr Sicherheitsgefühl befriedigt werden kann. Ist die Rangordnung festgelegt, herrscht Ruhe – unter der Voraussetzung, daß nicht ständig neue Tiere eingefügt werden.

Es ist nicht immer leicht, Neuankömmlinge in Stammherden einzubringen, gerade Pferdetyp 3 kann alles ganz schön in Unruhe bringen. Für Neulinge sind Integrierstreifen angebracht, in denen sie die anderen über die Zäune hinweg gefahrlos beschnuppern können. Zwei Neuankömmlinge gleichzeitig einzugliedern ist oft einfacher als nur einen, denn Einigkeit macht stark. Die beiden verbindet zunächst erst einmal etwas. Allerdings kristallisiert sich auch durch das Beschnüffeln über die Umzäunungen hinweg schnell heraus, wer mit wem kann und wer nicht. Niemals darf ein Neuer in eine völlig fremde Herde gelassen werden, ohne daß er über Ausweichmöglichkeiten verfügen kann. Tote Winkel sind absolut gefährlich! Auch einzelne Fohlen haben in einer Erwachsenengruppe nichts verloren. Sie wären überfordert und unterlegen. Fohlen brauchen Alters- und Geschlechtsgenossen.

Das Verletzungsrisiko in der Gruppenhaltung erscheint größer als in der Einzelhaltung, aber die Pferde fühlen sich sichtlich wohler. (Sie sollten in der Gruppenhaltung auf alle Fälle wenigstens hinten barfuß gehen.)

Sicherlich ist auch das Risiko einer Infektion mit Endo- und Ektoparasiten höher als in der Einzelhaltung, aber dank der modernen Tiermedizin stellt das eigentlich kein Problem mehr dar. Viel Platz, die Einteilung in Funktionsbereiche, ergänzt durch Raumteiler, Motivationshindernisse, Spielzeuge, Nagewände, Knabberäste, Kratzbäume oder- bürsten sollten selbstverständlich sein, negativer Streß dagegen ausgeschlossen sein.

Ernsthaft kranke Pferde müssen angemessen untergebracht werden, dürfen aber nie komplett isoliert werden. Einsamkeit und fehlender Kontakt sind der Genesung eher abträglich. Nur bei übertragbaren Krankheiten ist Isolierung überhaupt angebracht, nicht nur wegen der Ansteckung, sondern auch wegen der Hygienemaßnahmen und der individuellen Behandlung und Fütterung. Ahnungslose Besucher sollten von derart infizierten Pferden ferngehalten werden, damit Krankheitserreger nicht über Streicheleinheiten in andere Ställe übertragen werden.

Pferde aus der Gruppe des Patienten, die dieselbe Krankheit schon einmal hinter sich gebracht haben, sind übrigens oft immun (der Tierarzt berät) und können dem kranken Tier gefahrlos Gesellschaft leisten. Sie ziehen mitunter sogar Nutzen daraus, weil ihre Körper durch sogenannte Gedächtniszellen die eigenen Abwehrkräfte auffrischen.

Laufställe

Gruppenhaltung kann auch in Laufställen stattfinden. Aber gerade im geschlossenen Laufstall – dem empfindlichsten System der Gruppenhaltung – können Fehlplanungen das Wohlbefinden und die Gesundheit der Pferde stark gefährden. Nur miteinander vertraute Tiere mit festgelegter Rangordnung dürfen in einen solchen Stall. Die Anzahl der Pferde sollte nicht zu hoch sein, die Zusammensetzung stabil bleiben. Je homogener die Gruppe, desto besser. Zusammengestellte gleichaltrige Pferde wie gemeinsam abgesetzte Fohlen können sich im Laufstall oft sehr wohl fühlen.

Es gibt Pferde, die sich nicht in eine bestimmte Gruppe eingliedern lassen. Für sie eignet sich vielleicht eher eine Gemeinschaft mit einem passenden Artgenossen in Offenstallhaltung.

In jedem Fall muß ausreichend Platz zur Verfügung stehen, wenigstens ein Boxenmaß pro Pferd. Auch in einen Laufstall gehören Raumteiler, um sicheres Ausweichen insbesondere vor ranghöheren Pferden zu ermöglichen. Motivierendes Spielzeug stößt gerade in einem Fohlenlaufstall auf Begeisterung und fördert das Lernvermögen. Offene und richtig angelegte Laufställe sind eine hervorragende Angelegenheit. Haben mehrere Pferde in einem Offenlaufstall ein Zuhause gefunden und ihre Rangordnung festgelegt, die nicht ständig durch Neuzugänge durcheinander gebracht wird, können sie eine Menge Vorteile genießen: natürliches Klima, einige Bewegungs-, Spiel- und Erkundungsreize durch die Gruppe, Erfüllung des Wunsches nach ständigem Sozialkontakt.

Auch außerhalb des Stalles ist dann wieder eine großzügige Flächenbemessung angebracht, um mögliche Auseinandersetzungen ins Leere laufen lassen zu können. Auch hier ist eine kleine Auslaufmöglichkeit natürlich besser als gar keine.

Auch Offenställe müssen fachgerecht durchlüftet sein, um beispielsweise im Sommer Hitzestauungen zu vermeiden. Mehrere Ausgänge oder wenigstens eine offene Wand in Richtung der besten Wetterseite sind erforderlich, um Drängeleien in den Ecken vorzubeugen und jedes Pferd ungehindert ein- und ausgehen zu lassen. Noch einmal sei betont – tote Winkel sind unzulässig!

Stimmt die Aufgliederung in die Funktionsbereiche, befinden sich Tränken und Futterplätze in ausreichender Entfernung von Liegebereichen und Wälzplätzen, und sind Motivationshilfen aufgebaut, dann ist schon viel Gutes getan. Raumteiler, Spielzeug, Nagewände, Knabberäste, Kratzbäume oder -bürsten gehören auch hier als Ergänzung hinzu. Stroh und/oder vielleicht Sägespäne gehören in die Liegelager, um Urin aufzusaugen. Feuchte Einstreu sollte wegen schädlicher Gase ständig entfernt werden. Es kommt vor, daß einige Pferde einen angelegten Toilettenplatz mit Sägespänen annehmen. Pferde sind zwar nicht auf die Sauberkeit aller Plätze bedacht – freilebend wandern sie ja auf großen Flächen herum, daher haben sie in dieser Hinsicht wenig Hygieneprobleme. Allerdings äppeln sie auch in der freien Natur nicht wahllos überall hin. Und im Mist liegen möchte kein Pferd.

Die Hauptverkehrswege und die Offenställe sollten über einen harten, nicht rutschigen, also griffigen Boden verfügen, der gut zu begehen und zu reinigen ist. Zum Beispiel feste Sandaufschüttungen,

Regeneratplatten oder Rasengittersteine *(gerade bei Pferden mit starkem Fesselbehang mehr als angebracht.).*

Mehrraum-Offenlaufställe bieten Pferden noch mehr Abwechslung. Vor Stallbauten oder -umbauten lohnt es sich, ausführliche Beratungen einzuholen.

Weidehaltung

Auch bei der Weidehaltung ist einiges zu beachten. Reine Stachel-, Metalldraht- und Knotengitterzäune sollten im Hinblick auf Sicherheit und Verletzungsgefahr nicht verwendet werden. Besser geeignet sind Halbrundhölzer oder Förderbandgummis, die zur zusätzlichen Sicherheit auch mit Elektrobändern kombiniert werden können. Im Zuge der Unfallverhütung sind auch abgerundete Ecken angebracht.

Stabile, nicht überspringbare, mit festverschließbaren Toren gesicherte Umzäunungen *(gut sichtbare Farben)* sind notwendig. Die Tore sollten jedoch von Menschenhand leicht bedienbar sein. Bei großer Pferdezahl empfiehlt es sich, vor einem Weidetor einen kleinen, extra gesicherten Auslauf zu errichten. Sollte sich ein Pferd zuviel durch ein Weidetor drängeln, kann keines davonlaufen, was gerade in Straßennähe wichtig ist.

Pferde, die sich den ganzen Tag auf der Weide befinden, brauchen frisches, sauberes Wasser und einen Wetter- und Insektenschutz: eine offene Hütte oder Baumgruppen, Büsche und Hecken. Bei dauernder Weidehaltung müssen ganzjährig Wetterschutzvorrichtungen vorhanden sein, und zwar für alle Pferde zugleich, bei jeder Windrichtung, gegen Schnee, Regen wie sengende Sonne. Einzelne Bäume reichen hierfür nicht aus, blattlose Laubbaumgruppen im Herbst ebenfalls nicht.

Wenn aus gesetzlichen Gründen auf wetterschutzlosen Weiden keine Gebäude erstellt werden dürfen, sind mobile Ställe eine Alternative.

Werden Pferde nur kurzfristig stundenweise auf Weiden entlassen, ist ein so großer Aufwand nicht nötig, aber für die Vierbeiner angenehm.

Rechteckig angelegte Weideflächen bieten längere Bewegungsstrecken als Quadrate. Das sollte bei einer Weideabteilung bedacht werden. Nach einem Umsetzen sollte eine abgegraste Weide mindestens drei Wochen ruhen.

Eine Weidegesellschaft sollte aus möglichst *(auf alle Fälle hinten)* unbeschlagenen Gefährten bestehen.

Pferdeäpfel müssen regelmäßig abgesammelt werden. Was Weidepflege und Hygiene betrifft, erweist sich eine Mischbeweidung Pferde/Rinder als günstig.

Pferde, die den ganzen Sommer auf der Weide verbringen, sind vor ihrer Aufstallung zum Winter parallel zum Weiden ein bis zwei Wochen lang allmählich wieder ans Trockenfutter zu gewöhnen. Vom Winter zum Sommer muß ebenfalls langsam umgestellt werden. Soll auf der Weide zugefüttert werden, ist für entsprechend hygienische Möglichkeiten zur Futteraufnahme zu sorgen. Keinesfalls sollen die Pferde sich ihr Futter aus dem Matsch sammeln müssen.

Man veranschlagt ein Hektar Grünfläche für zwei Weidepferde (je ca. 500 Kilogramm) während der Vegetation. Sollen Weiden auch im Winter genutzt werden, ist die doppelte Fläche angebracht.

Zum Schluß sei darauf hingewiesen, daß Pferdehalter über eine gute Haftpflichtversicherung verfügen sollten, denn auch bei einer optimierten Pferdehaltung sind nie alle Risiken ausgeschlossen. Dieser Hinweis soll nicht entmutigen, sondern darauf hinweisen, daß Verantwortlichkeit und Tierhaltung untrennbar miteinander verbunden sind. Zu einem bewußten Umgang mit dem Tier gehört auch die rechtzeitige Beachtung eventueller Gefährdungen von sich, dem Tier und anderen. Wer nicht gelernt hat, Verantwortung zu übernehmen, sollte kein Tier sein eigen nennen dürfen.

Kurze Zusammenfassung von Hotte H.

»Je natürlicher, desto besser«, aber ...

Ihr müßt bedenken, daß alles, was ihr uns Pferden im allgemeinen an Natur bieten könnt, sehr begrenzt ist. Wir Hauspferde benötigen mehr, als uns in den meisten Fällen zugestanden wird, und unserer Natur wird häufiger geschadet, als die meisten von euch glauben. Wir sind und bleiben Pferde, egal auf welcher Entwicklungsstufe wir gerade stehen. Ihr solltet uns mehr entgegenkommen und uns unsere angeborenen Anlagen voll entwickeln und entfalten lassen, durch gerechte Haltung und vernünftigen Umgang. Uns zu vermenschlichen ist falsch. Uns zu versachlichen ebenfalls. Mehr über uns zu lernen – nur wenn ihr diesen Weg wählt, kann es für uns insgesamt besser werden.

Klimaschwankungen – *beigetragen von Hotte Hurtig*

Wir gesunden Pferde schaffen es ganz gut, mit wechselndem Klima fertigzuwerden. Natürlich benötigen wir bei extremen Veränderungen eine entsprechende Anpassungsphase. Wenn ihr uns zu wenig Zeit zum Umstellen laßt und uns gleich wieder hohe körperliche Leistungen abverlangt, können wir schon, vor allem bei hoher Luftfeuchtigkeit, Probleme bekommen. Meine international tätigen Sportpferdefreunde müssen kurz nach ihrem Eintreffen auf Turnierschauplätzen große Leistungen vollbringen – in jeder Hinsicht.

Unsere Haltungsbedingungen dürfen, was das Klima angeht, niemals abrupt umgekrempelt werden. Ein ausschließliches Stallpferd kann nicht von heute auf morgen zum totalen Robustpferd werden. Es muß sich vom warmen Frühjahr an allmählich umgewöhnen dürfen.

Wenn durch Muskelarbeit und zusätzlich durch warmes Wetter unsere Körpertemperatur ansteigt, sucht unser Körper Abkühlung, indem die in uns entstandene Wärme durch Blutgefäße an unsere Körperoberfläche geleitet wird. Durch Schwitzen wird Verdunstungskälte erzeugt. Hohe Luftfeuchtigkeit kann diese nötige Abkühlung erschweren.

Wir Pferde besitzen im Vergleich zu unserem riesigen Körpervolumen eine ziemlich kleine Hautoberfläche, deshalb sind wir im Wärmeabbau etwas schwächer als beispielsweise ihr Menschen. Dafür können wir der Kälte besser standhalten. Trockene Kälte bis nahezu minus 30° C schafft den meisten von uns keine Probleme, wenn das ganze Jahr über naturnahe Lebensumstände gegeben sind. Feuchte Kälte dagegen empfinden wir auch als eher unangenehm

Einigen Rassen und Typen fällt der Wärmeabbau nicht so schwer wie anderen. Vollblütige, dünnhäutige Artgenossen können in dieser Hinsicht ihre normale Körpertemperatur rascher wieder herstellen als meine schweren, dickhäutigen Kaltblutkumpel.

Hitze

Auf längerem Transport bei sehr heißer, schwüler, unbeweglicher Luft oder in schlecht durchlüfteten Ställen können Wärmestauungen uns alle stark belasten.

Unser Wärmeabbau funktioniert bis zu einer Körpertemperatur von 41° C. Darüber hinaus wird es mehr als kritisch.

Starke Flüssigkeits- und Salzverluste können extreme Erschöpfungen ebenso mit sich bringen wie Störungen in der Muskulatur. Ein Hitzeschlag *(Taumeln und Schwanken, Stürzen, apathisches Liegenbleiben)* kann zum komatösen Zustand mit Todesfolge führen.

AUSTROCKNUNG läßt sich durch den Hautfaltentest nachweisen, indem man mit den Fingern am Pferdehals eine Falte zieht und wieder losläßt. Glättet sich die Haut nicht gleich wieder, ist eine Austrocknung gegeben.

ÜBERHITZUNG: Symptome sind Apathie, eine heiße Körperoberfläche, Temperaturanstieg, erhöhte Puls- und Atmungswerte (schneller, flacher, oberflächlicher Puls, Hecheln) und extremes Schwitzen bis hin zur Austrocknung. Wird durch starken Flüssigkeitsverlust das Blut dicker, verringert sich die Schweißproduktion, und die Körpertemperatur steigt an – ein Alarmzeichen! Bitte den Tierarzt verständigen!

Bis er kommt, könnt ihr helfen, indem ihr uns mit viel kaltem Wasser, in Tücher gewickeltem Eis, kalten Lappen oder kühler Erde Kopf, Nacken, Hals- und Brustbereich sowie die Gliedmaßen kühlt. Unsere großen Muskelpartien bitte bei Überhitzung besser nicht kühlen, es könnte dadurch zu Muskelschäden kommen.

Auf euren täglichen Ausritt, etwas Dressurgymnastik oder ähnliches braucht ihr bei heißem oder schwülem Wetter zu Hause aber nicht gänzlich zu verzichten, wenn eure Pferde gesund sind und ihr sie nicht über Gebühr strapaziert. Sie dürften zwar kaum wilde Energiebündel sein, aber ihr wahrscheinlich ebenfalls nicht.

Natürlich brauchen eure Pferde hinterher zu trinken. Laßt uns aber nach starker Erhitzung nicht zuviel kaltes Wasser saufen, sondern lieber lauwarmes, etwas abgestandenes, sonst besteht Kolikgefahr.

(Nach großer Anstrengung ist es besser, nicht zuviel Wasser auf einmal zu geben, sondern in zehnminütigen Abständen dreimal einen halben Eimer voll. Anschließend können die Pferde normal saufen – ohne Risiko.)

Und vielleicht könnten wir nach schweißtreibender Arbeit auch gemeinsam baden gehen – wie wär's?

(Bei über mehrere Tage anhaltendem Schweißverlust ist eine Gabe von Elektrolyten, also Mineralsalzen [Körpersalze], mitunter angebracht. Bei starker Belastung genügt ein Leckstein nicht.)

Kälte

Naturnahe (!) Robusthaltung in heimatlicher Klimazone ist für uns am gesündesten.

Vollblütige Artgenossen, die aus dem trockenheißen Süden stammen, sind im nassen Nordklima, gerade im Winter, natürlich anfälliger für Erkältungskrankheiten als andere. Reinblütige Wüstenpferde wie unser Wüstenaraber bekommen kein so ausgeprägtes Winterfell, das anhaltender Nässe gewachsen wäre. Sie besitzen keine langen Grannenhaare, die Regenwasser ableiten. Ihr dünnes Südpferdefell soll hauptsächlich glühende Sonnenstrahlen abwehren können. Daher reflektiert es metallisch. In der Wüste ist es nachts sehr kalt, deshalb können sie trockene Kälte gut verkraften, nur eben keine nasse.

Unsere Nordpferde dagegen legen sich ein so ausgeprägtes Winterfell zu, daß sie mit Kälte und Regen zurechtkommen. Unsere Isländer zum Beispiel bekommen ein doppelschichtiges Winterfell aus wolligem Unterhaar und sperrigen Deckhaar. Ihr Unterhaar speichert Luft und dient als Wärmepolster für ihre Haut. Ihr Grannenhaar ist so ausgerichtet und in Haarwirbel gelegt, *(Haarwirbel sind bleibende Charakteristika, wie Fingerabdrücke)*, daß es Wasser ableitet. Es läßt Wassertropfen schon an der Oberfläche abperlen, so daß nichts an die Haut gelangt und Unterkühlung verhindert wird. Einen jederzeit ausreichenden Wetterschutz benötigen doch auch sie, nur in einem regelrechten Wohnstall kämen sie zu sehr ins Schwitzen.

Verwechselt Winterfell nicht mit Hungerhaaren! Abgemagerte, verwahrloste Artgenossen weisen oft, gerade unter dem Bauch, längere Haare als üblich auf, umgangssprachlich auch Hungerwolle genannt. Dann ist schleunigst Hilfe gefordert! Wer nur flüchtig hinsieht, denkt vielleicht, solche Geschöpfe seien gar nicht so dünn, aber die Fachleute unter euch werden sich nicht täuschen lassen. Wer so ein armes Roß anfaßt, wird den Unterschied schnell spüren.

Wenn wir tatsächlich einmal frieren, zittern wir genauso wie ihr und zeigen unter gegebenen Umständen durch Auf- und Abrennen am Gattertor an, daß wir eher wieder in den Stall möchten als sonst und dabei sind, uns warmzulaufen.

Bedenkt, daß Kälte uns auch Energie kostet, wir brauchen in klirrenden Frostperioden mehr Futter und beim Training eine längere Lösephase, um auf »Betriebstemperatur« zu kommen. Unserem Winterfell entsprechend ist ebenso ein längeres Trockenreiten notwendig.

Allein schon unser Haarwechsel benötigt Energie. Da fällt mir ein – unsere urigen Wildpferde wechseln zu entsprechenden Zeiten nicht nur ihr Deckhaar, sondern opfern auch etliches an Langhaar. Deshalb verfügen sie über weniger Mähne und Schopf als beispielsweise ich.

Nun gibt es heute sehr viele Mischformen, und so sind die Fellwirbel inzwischen oft so angeordnet, daß sie sich weder unserem Nord- noch unserem Südpferd zuordnen lassen.

Was naturnahe Haltung angeht, ist euer Management überall stark gefordert. Beispielsweise liegt uns daran, daß unsere hautschützende Fettschicht erhalten bleibt. Verschont uns mit ständigem Shampoogebrauch! Fellscheren ist überflüssig und nützt nur den Menschen, die zu faul zum Putzen und Trockenreiten sind. Kötenbehang und Schweifrübenhaare ausrasieren – wir drehen den Hintern gerne gegen den Wind – und Tasthaare beschneiden gehören ebenfalls nicht ins Pflegeprogramm. Alles an uns hat seine Funktion, schützt uns vor Nässe, Schmutz, Insekten und Entzündungen.

Eure Idealvorstellungen von einem schönen Pferd sind für uns nicht gerade gesund. Und wenn ich hin und wieder Artgenossen mit kupierter Schweifrübe sehe, die vergeblich Fliegen zu verscheuchen versuchen, dann verstehe ich die Welt nicht mehr.

Ein Wort noch zum Ozon. Hier geht es uns Pferden ähnlich wie euch. Bei hohem Ozongehalt leiden wir, je nach Veranlagung, ebenfalls mehr oder weniger schnell unter Kreislaufbeschwerden, Augenbrennen und Atembeschwerden. Die, die ohnehin an Erkrankungen der Atemwege leiden, fühlen sich dann ausgesprochen schlecht.

Auf jeden Fall wirkt aber auch ganz allgemein ein hoher Ozonwert auf uns leistungsmindernd. Das Training sollte an solchen Tagen lieber in kühlere und schattigere Abend- oder Morgenstunden verlegt und gleichzeitig das nötige Pensum entsprechend variiert werden.

Auch Föhn kann unsere Pferdestärke ganz schön mindern.

Beachtet die jeweilige Herkunft eurer Pferde, macht keine ausschließlichen »Stallhasen« aus ihnen und beobachtet sie unter den verschiedenen Wetterverhältnissen. Ihr werdet erkennen, wann Eure Pferde sich wo am wohlsten fühlen.

Schließt nicht nur von euch auf uns, nach dem Motto »Ein Pferd ist auch bloß ein Mensch«.

Abschließend hier noch zur Orientierung die normalen Puls-, Atem- und Temperaturwerte (›PAT-Werte‹) des erwachsenen Pferdes im Ruhezustand:

Puls = 30–44 Schläge pro Minute
Atem = 8–16 Züge pro Minute
Temperatur = 37,5 – 38,2° C

Oben: Naso-nasale Kontaktaufnahme zweier Immenhofer Pferde.
Unten: Joschi ruht sich aus.

Mütter und Töchter – oben: Malwine und die kleine Momo.
Unten: Stutfohlen Kalina. Mini-Shetties werden nur ca. 80 cm groß.

Aufmerksame Bijou.

Wallache beim Kampfspiel: Coronel und Carlchen.

Ähnlich aussehende Pferde mögen sich meist. Hier stellen dies Gaspari und Welgrana unter Beweis.

»Caruso, warum hast du so lange Ohren?« –
»Na, weil ich ein Muli bin!«

Querstäbe sind vorteilhafter – sie dürfen weiter auseinanderstehen als senkrechte Stäbe. Oben genießt Norton den besseren Durchblick. Unten pflegen die Hengste Diplomat und Karatschi Nasenkontakt.

Format schubbert sich an einem Strohballen.

Oben: Der alte Davidoff beim Fliegenwedeln. Er hat eine Narbe auf der
Nase, weil ihm bei einem Vorbesitzer das Halfter eingewachsen war.
Unten: Format beim »Pieseln«.

Oben: Wälzen ist das Größte! Fast dreißig und noch fit auf den Füßen: Hermann.
Unten: Mittagspause!

Landrow beim Gähnen ...

*Therapiepferd Hercules litt an Sattelzwang und großer Angst. Das
Importpferd war geschlagen worden und hatte hungern müssen.*

Oben: Therapiepferd Lacoste und die Autorin bei der Schulung.
Unten: Keine Angst vor Flatterhaftem! Beim Schrecktraining.

Oben: Vom Winde verweht …
Unten: Carlchen und Ferdinand beim Dösen.

Therapiepferd Max (hinten) findet Anschluß.
Er war sieben Jahre in Isolationshaltung.

Oben: Keine Angst vor Wackelbrücken! Kleine Helferinnen ganz groß.
Unten: Alfa, Modra, Schorse und Papa Schulz – von links nach rechts.

Fütterung – *aus der Sicht der Futtermeisterin*

Grundsätzliches

Pferde sind Dauerfresser, weil sie einen im Verhältnis zu ihrer Größe kleinen Magen besitzen, der nicht überladen werden darf.

Ein Pferdemagen besitzt 12–15 l Fassungsvermögen. Solch einen Magen darf die tägliche Gesamtfutterration deshalb nur nach und nach und kontinuierlich passieren. Zum Futter kommen noch ca. 30 bis 50 Liter Wasser plus ungefähr 30 Liter Speichel. Deshalb beträgt das Fassungsvermögen des Darmkanals auch etwa 200 Liter und dessen Länge ca. 30 Meter. Auf dieser langen Strecke kann es aber insgesamt leicht zu Komplikationen kommen, wenn nicht ständig kleinere (!) Mengen aufgenommen und allmählich verarbeitet werden. Nur wenn sie dauernd fressen, erreichen Pferde eine gesunde Aufnahme der Rationen, intensiv mit Speichel vermischt. Futter benötigt drei bis vier Tage im Verdauungsapparat, bis es schließlich aufgespalten und/oder ausgeschieden ist.

Wenn man das weiß, verwundert es weniger, daß Pferde 12 bis 16 Stunden pro Tag fressen möchten. Es ist also sinnvoll, sich Gedanken darüber zu machen, wie kontinuierliches Fressen inner- und außerhalb der Weidezeit zu ermöglichen ist.

Die üblichste Palette an Futtermitteln umfaßt folgende Energie-, Nähr- und Ballaststoffe:
- Saftfutter: Weide, geschnittenes Grünfutter, Gras- und Maissilage.
- Rauhfutter: Heu und Stroh.
- Kraftfutter: Hafer und Alleinkorn (Pellets).
- Mineralische und sonstige Zusatzfutter.
- Zur weiteren Ergänzung Leinsamen, Mash, Kleie, Trockenschnitzel.

Gegen einen Apfel, ein paar Rote Beete, Möhren, eine Futterrübe oder ein Stück hartes Brot zwischendurch ist nichts einzuwenden. Ein Salzleckstein sollte dagegen stets vorhanden sein.

Knabberäste mit Rinden und Zweigen bringen nette Abwechslung und putzen das Gebiß. Gesunde Pferde verfügen über gute, starke Zähne und wollen etwas zum Kauen und zur Beschäftigung haben.

Die erste Voraussetzung für gutes Futter ist, immer den Überblick über den Futterbestand zu behalten.

Futter muß qualitativ und quantitativ in Ordnung und sauber sein. Wenn Pferde einigermaßen natürlich gehalten werden und ihnen ein reichhaltiges Futterangebot präsentiert wird, wissen sie sehr genau, was ihnen guttut. Wird ihnen jedoch nur vergammeltes Futter vorgelegt, werden sie aus reiner Verzweiflung und Hunger zum kranken Müllschlucker.

Kraftfutter

Pferde sind mit Kraftfutter allein nicht zufriedenzustellen. Sie sind naturgemäß auf Rauhfutter ausgerichtet. Zwar werden mit der Aufnahme von Alleinfertigfutter ausreichend Energie, Vitamine, Mineralstoffe zugeführt, aber das Bedürfnis der Pferde zu fressen wird allein durch die gängigen drei Kraftfuttermahlzeiten täglich nicht gestillt.

Für 100 g Hafer benötigt ein Pferd lediglich eine Minute, und schon ist er verschlungen! Also kann selbst ein großes Pferd, das vielleicht 5 kg Hafer pro Tag bekommt, sich damit nicht einmal eine Stunde zu beschäftigen.

Auch *Pellets* allein bieten keine Erfüllung. Abgesehen davon ist darauf zu achten, daß sie nicht feucht und dadurch schlecht werden. Zu pulverig dürfen sie jedoch auch nicht sein, wegen des hohen Staubanteils, der sich gerade auch bei der Futterverabreichung ungünstig bemerkbar machen kann.

Die Größe der Pellets spielt ebenfalls eine Rolle. Zu kleine werden zu wenig gekaut und eingespeichelt, zu große oft gierig und ungekaut hinuntergeschluckt. Beides kann Schlundverstopfungen nach sich ziehen.

Verdorbene Pellets riechen muffig und zeigen grau-weißliche Oberflächenverfärbungen oder bräunliche Ränder.

Hafer, das traditionelle Pferdefutter, ist im Gegensatz zu den Pellets nicht in durchweg gleichmäßiger Qualität erhältlich. (Trotzdem lassen wir auch unsere Pellets regelmäßig überprüfen.) Er ist auch leichter verderblich, wegen seiner tiefen Spelzfalten. Der Vorteil von Hafer ist sein günstiger Rohfaseranteil.

Guter Hafer wiegt schwer – da reicht für einen Zentner ein relativ kleiner Sack –, während schlechter Hafer leicht ist und durch den hohen Spelzenanteil einen viel größeren Sack für die gleiche Gewichtsmenge benötigt. Guter Hafer weist normalerweise eine korntypische, goldgelbe Farbe auf und fühlt sich trocken an.

Für Pferde mit gesunden Zähnen braucht Hafer nicht gequetscht zu werden, allenfalls für solche, die zu hastig fressen.

Rauhfutter

Pferde benötigen also jede Menge Rauhfutter, Stroh und Heu nach Bedarf. Gutes Heu ist nicht immer leicht zu beschaffen. Frisches *Heu* sollte vor dem ersten Verfüttern sechs Wochen lagern. Es muß die Möglichkeit haben, ›durchzuschwitzen‹. Bei zu früher Verfütterung drohen Koliken und Hufrehe.

Der erste Schnitt vor der Blüte ist eiweiß- und energiereich und eignet sich deshalb besser für Leistungspferde. Der zweite Schnitt nach der Blüte bringt mehr Masse als Energie mit sich und kann somit bedenkenloser auch an Robustrassen in Mengen verfüttert werden, weil diese meist weniger arbeiten müssen.

Gutes Heu ist staubarm und schimmelfrei, besitzt eine grünliche Farbe – keine braune – fühlt sich rauh an und duftet aromatisch wie Tee. Kräuterheu gilt als äußerst schmackhaft und wie Brennesselheu auch als gesund. Altes Heu wirkt eher wie Stroh.

Bei Allergikern hilft manchmal Heu aus anderen Regionen.

Es ist nicht ratsam, auf Dauer aus an den Wänden bzw. Decken hängenden Heunetzen zu füttern, weil so die Staubberieselung zu groß ist, Augenverletzungen durch hervorstehende Halme vorkommen und kleine Hufe von Ponies oder Fohlen sich im Netz verhaken können. Mitunter bietet es sich an, auch bei Bodenfütterung das Heu gründlich einige Stunden durchzufeuchten, damit kein Heustaub beim Fressen eingeatmet werden kann.

Stroh kann gleichfalls sehr unterschiedlich sein, ist jedoch leichter trocken einzubringen als Heu, weil es immer nach der Reife geerntet wird, weniger Blattmasse aufweist, lose auf dem Stoppel liegt und so besser ›abweht‹. Es darf ebenfalls nicht muffig sein und sollte neben einem angenehmen Geruch eine gelbe Farbe und einen rauhen Griff aufweisen. Stroh besitzt einen niedrigen Eiweiß-, dafür aber hohen Rauhfasergehalt und dient neben der Einstreu als Futterergänzung und Dauerbeschäftigung. Stroh sollte in der Regel immer »satt« gegeben werden. Füttern Sie wegen der Verstopfungsgefahr kein gehäckseltes Stroh. Gute Futterstrohsorten sind Hafer- und Weizenstroh.

Saftfutter

Silage entsteht durch Konservierung von Grün- oder Körnerfutter. Die Futtermittel werden durch Gärprozesse bei geringen Nährstoffverlusten haltbar gemacht. Luft wird abgeführt und das Futter luftdicht versiegelt. Silage hat den Vorteil, daß sie staubfrei ist und so von Stauballergikern und Pferden, die unter Husten leiden, gut vertragen wird. Der Nachteil ist, daß ein geöffneter Ballen wegen seiner schnellen Verderblichkeit innerhalb von zwei bis drei Tagen verfüttert werden muß. Silage sollte jedoch wegen ihres hohen Energiegehaltes – sie verliert weniger Nährstoffe als Heu – nicht in zu großen Mengen verfüttert werden. Sowohl Gras- als auch Maissilage dürfen fruchtig bis brotartig riechen, auf gar keinen Fall aber faulig. Grauer oder schwarzer Belag und starke Verschmutzungen können Durchfälle, Koliken sowie Hufrehe provozieren. Silage sollte in Griff und Farbe dem Ausgangsmaterial, Gras oder Mais, entsprechen.

Selbst in der Weidezeit knabbern die Pferde zur Abwechslung gerne einmal etwas Rauhfutter. Einige Ballen, auf der Weide verteilt, werden gut angenommen. Ebenso auf der Weide abgemähte Brennesseln. Kaum angewelkt, werden sie von den Pferden ›weggeputzt‹. Sollen Pferde während der Weidesaison wirklich arbeiten, ist Kraftfutter nebenher angebracht.

Die Umstellung von Stall- auf Weidesaison und umgekehrt sollte sich über zwei Wochen ziehen. Der Verdauungsapparat der Pferde reagiert auf plötzliche und totale Futterveränderung äußerst ungnädig. Die spontane Weidefütterung kann von leichtem Durchfall bis hin zur schweren Kolik führen. Die Darmflora muß sich erst an neue Futtermittel gewöhnen.

Es ist unbedingt erforderlich, sich zu erkundigen, wie ein neues Pferd vorher gefüttert wurde, um es allmählich umstellen zu können.

Im übrigen sorgt eine gute Weidehaltung nicht nur für Futter, sondern zusätzlich für seelische Ausgeglichenheit, die sich auch positiv auf das Training auswirkt.

Weiden können hinsichtlich ihrer Futterqualität sehr unterschiedlich sein.

Zusatzfutter

Leinsamen schenkt glänzendes Fell und regelt die Verdauung. Seine Schleimstoffe wirken positiv auf die Magen- und Darmschleimhäute. Roher Leinsamen sollte über Nacht eingeweicht und anschließend noch zwanzig Minuten gekocht werden, um den ihm eigenen gefährlichen Blausäuregehalt zu vernichten. Geleeartig gequollen, muß das Ganze dann abkühlen. Anschließend kann er zugefüttert oder zuvor mit weiteren Zutaten oder auch Heilkräutern als leckeres *Mash*-Rezept zubereitet werden.

MASH-REZEPT: 100 g gekochten Leinsamen mit 1 kg Quetschhafer, 0,5 kg Weizenkleie vermischen, evtl. eine Tasse Melasse oder 20 g Salz hinzufügen, unter Umständen etwas Wasser zur besseren Durchfeuchtung hinzugeben und lauwarm verfüttern. Den Leinsamen zuvor mit 1-2 l Wasser aufkochen.

Für angestrengte, kranke Pferde kann Mash sehr heilsam wirken. Gerade Pferde mit Zahn- oder Schluckproblemen kommen mit solch einem Brei gut zurecht. Diese warmen Mahlzeiten werden aber auch von gesunden Pferden gerne angenommen. Das ist nicht ungewöhnlich – auch Muttermilch wird schließlich euterwarm geboten. Ein- bis zweimal wöchentlich, bei Bedarf auch öfter, ist Mash eine Bereicherung auf dem Speiseplan.

Eine Handvoll *Kleie*, als Füllmittel unter das übliche Kraftfutter gemischt, wird von den Pferden als schmackhaft empfunden. Sie sollte aber trocken nicht in großen Mengen verfüttert werden, um Schlundverstopfungen vorzubeugen. Als Mash-Untermischung ist Kleie ideal. Gute Kleieflocken riechen süßlich. Es handelt sich um Schalenschichten, die beim Mahlen von Getreide abfallen, sogenannte Nachmehle.

›Trockenschnitzel‹ (Zuckerrübenschnitzel) müssen unbedingt in der vierfachen Menge Wasser über Nacht eingeweicht werden und quellen. Sonst sind Schlundverstopfungen und Magenüberladungen vorprogrammiert, weil die Stücke dann schon in der Speiseröhre aufzuquellen beginnen. Dieses Futtermittel muß stets sorgsam unter Verschluß gehalten werden! Sowohl vor den Vierbeinern als auch vor unwissenden Menschen, die so gerne einmal eine Handvoll Futter für ihr Pferd aus Nachbars Futterkiste stibitzen.

Es gibt eine Menge Faustregeln hinsichtlich der täglich benötigten Futtermenge, die aber nicht uneingeschränkt übernommen werden dürfen. Nachfolgend Zahlen als grobe Richtwerte, um für den Einkauf im voraus planen und rechnen zu können, bemessen pro Großpferd / pro Tag:
- 5 kg Kraftfutter
- 5 kg Heu
- Stroh nach Bedarf, etwa 10 kg (auch mit als Einstreu gerechnet)

Die Fütterung hängt von vielen Faktoren ab, nämlich davon, wieviel Leistung einem Pferd abverlangt wird, von der Größe, dem Reitergewicht und der jeweiligen individuellen Futterverwertung. Großpferd, Pony, Fohlen, Zuchtstute, Deckhengst, Sportpferd, Beistellpferd, alle sind hinsichtlich der Fütterung unterschiedlich zu bewerten.

Wer Heu zufüttert, kann die Kraftfutterration anders bemessen als jemand, der Alleinkorn und gutes Stroh in Kombination mit Saftfutter verteilt.

Vieles spielt bei der Fütterung eine Rolle, sie gehört deshalb in die Hand von Pferdefachleuten. Denn zu wenig Futter macht krank, falsches Futter sowieso und zu viel auch. Ohne entsprechende Sachkenntnis den Futtermeister zu spielen, heißt ein Wagnis einzugehen. Fachleute, beispielsweise Futtermittelhersteller und -lieferanten, beraten gerne.

Krankheiten infolge falscher Fütterung

Fütterungsbedingte Hufrehe

Fütterungsbedingte Hufrehe ist eine nicht eitrige Entzündung der Huflederhaut, die an allen Hufen auftritt, vorne aber meist stärker. Das erkrankte Pferd fußt auf den Trachten, es mag seine Hufspitzen nicht belasten. Die Entwicklung erfolgt innerhalb weniger Stunden und ist furchtbar schmerzhaft. Hufrehe ist heilbar, aber in den schlimmsten Fällen kommt es zum Durchbruch der Hufbeinspitze durch die Hufsohle, zur eitrigen Entzündung des Hufbeins und zum »Ausschuhen« (Loslösung der Hufkapsel).

Nach Rheschüben erscheinen an den Hufen deutlich sichtbare Reheringe, vorne eng geschnürt und sich nach hinten verbreiternd (Knollenfüße), nicht zu verwechseln mit Futterringen infolge von Futterumstellung.

Auslöser ist eine Überfütterung durch zuviel Eiweiß, meist in Form von Hafer, Gerste, Mais, Roggen, Melasse oder Silage. Aber auch satte Weiden im Frühjahr können gerade bei Ponies, die ›zu gut‹ durch den Winter gekommen sind, Rehe auslösen.

Rachitis

Rachitis ist ein Stoffwechselleiden infolge von Vitaminmangel. Mögliche Auswirkungen sind mangelhafte Verkalkung des Knorpels und Knochenveränderungen (Erweichung und Verbiegung) und mangelhafte Zahnung, außerdem Verdauungsstörungen.

Schlundverstopfungen

Schlundverstopfungen können genauso durch nicht eingeweichte Trockenschnitzel entstehen wie durch ein Steckenbleiben von Apfelstücken in der Speiseröhre. Es empfiehlt sich, ganze Äpfel zu reichen, um das Kauen anzuregen. Auch Möhren sollten nicht kleingeschnipselt gefüttert werden.

Verdauungsbeschwerden und Koliken

Der Begriff Kolik umfaßt zunächst Bauchschmerzen und die dazugehörige erkennbare Symptomatik. Verstopfung und Gaskolik entstehen durch falsche Fütterung, ebenso Magenüberladung und Sandkolik. Gärendes Futter kann ebenfalls eine Gaskolik auslösen. Stark verschmutzte Futtermittel, etwa sandige Rüben, können Sandkoliken verursachen. Auch Durchfälle gehören zum Komplex der Verdauungsstörungen durch Fehlfütterung.

Verschlag

Der Verschlag wird auch Feiertagskrankheit genannt, weil er auftritt, wenn an Stehtagen genauso intensiv wie an Arbeitstagen gefüttert wird.

Folgt solch einem Ruhetag das Training, gehen die betroffenen Pferde oft bereits nach zehn Minuten steif, ängstlich, zitternd, schwitzend und in der Hinterhand einknickend. Kruppen- und Lendenmuskulatur werden bretthart und berührungsempfindlich. Der Urin verfärbt sich dunkel. Es kann zum Zusammenbruch und zum sogenannten Festliegen kommen: Das Tier kann nicht mehr aufstehen. So manches Pferd hat derlei Fütterungsfehler schon mit Muskelschwund oder mit dem Leben bezahlt. Beim Verschlag tritt ein Energieüberhang in der Muskulatur auf, der nicht angemessen abgebaut werden kann. Die Muskulatur wird übersäuert.

Zahnhaken

Müssen die Backenzähne zu wenig mahlen, werden ihre Kanten nicht richtig abgerieben und es entstehen scharfe Kanten, die die Innenseiten der Backen und die Zunge verletzen können. Zahnhaken bilden sich vor allem durch andauerndes und ausschließliches Weichfutter und können auch ein Grund sein, daß das Pferd schlechter frißt.

Atemwegserkrankungen, Allergien, Hautkrankheiten sowie Verhaltensabweichungen und -störungen

– viele dieser Probleme werden durch falsche Fütterung verursacht. Das ist aber längst nicht alles.

Fütterungsfehler wirken sich unter anderem auch auf das Abfohlen aus. So fällt es fetten Stuten schwerer als normalgewichtigen, magere verfohlen eher. (Im übrigen werden häufiger Zwillingsfohlen angelegt. Normalerweise wird dann eines dieser Embryos im ersten Trächtigkeitsmonat abgestoßen, vor allem dann, wenn eine Stute nicht überfüttert wird. Sonst verliert die Stute später meistens beide Fohlen.)

Tragende Stuten sollten im letzten Drittel der Trächtigkeit mehr Masse und Energie zugefüttert bekommen, denn in dieser Phase wird beispielsweise auch der Bedarf an Kalzium und Phosphor größer, weil das Fohlen nun schneller wächst. Bis zum achten Monat hat ein im Mutterleib lebendes Fohlen kaum mehr als ein Fünftel seines Geburtsgewichtes erreicht.

Typische Ponies benötigen herkunftsbedingt wenig bis gar kein Kraftfutter, denn normalerweise würden sie unter meist kargen Gegebenheiten leben und damit zurechtkommen. Deshalb trachten sie natürlich rein überlebenstechnisch danach, soviel zu fressen wie möglich. Sie wollen sich eine Fettschicht vor dem Winter anlegen, um ihn gut durchzustehen. In ihrer Heimat, in freier Natur ist das sinnvoll. Als Hausponies, vielleicht noch in Boxenhaltung mit ganzjährig gleichmäßiger und reichlicher Fütterung, ist Vielfressen weniger angesagt – aber wie sollen sie das unterscheiden? Da heißt es vorsichtig zu dosieren. Ach wenn es oft schwerfällt, bettelnden Ponies zu widerstehen – Streicheleinheiten sind gesünder als dauernde Appetithäppchen!

Wieviel Futter wie oft am Tag?

Pferde dürfen niemals riesige Mengen auf einmal hinunterschlingen, was vorkommen kann, wenn die Pausen zwischen den Fütterungszeiten sehr lang sind. Das trifft auch auf Pferde zu, die auf Spänen stehen.

Man sollte immer bedenken, daß Pferde sich nicht übergeben können!

Die Futterrationen müssen über den ganzen Tag verteilt werden. Die größte Portion abends, nach dem letzten Training, weil da am meisten Zeit bis zu nächsten Hauptmahlzeit verstreicht.

Bei Stallhaltung ohne Weide bieten sich mindestens drei, besser fünf Kraftfuttermahlzeiten an. Je häufiger kleine Portionen zugeteilt werden, desto besser. Pferde, die größere Mengen Kraftfutter benötigen, sollten das auch auf besonders viele Mahlzeiten verteilt bekommen.

Zwischendurch ist Rauhfutter angesagt, auch eine Vorweggabe. Rauhfutter beeinflußt die Kraftfutter- bzw. Gesamtverdauung positiv. Es wird mehr gekaut und deshalb mehr eingespeichelt. Zur Verdeutlichung: 1 kg Heu wird in 40 Minuten, 1 kg Stroh in 60 Minuten vereinnahmt; 1 kg Krippenfutter oder pelletiertes Mischfutter dagegen in nur ca. zehn Minuten (vgl. FN: Pferdehaltung – Ernährung und Haltung, 1986). Für solche Rauhfuttermengen brauchen Großpferde (normale Warmblüter) über 5.000 Kauschläge, für das Kraftfutter nur etwas über 800 (vgl. Schäfer 1993).

So gelangt das Rauhfutter langsam und als gut durchfeuchtete Futtermasse in den Magen. Das Kraftfutter dagegen wird schlechter eingespeichelt, da es schneller gemahlen und geschluckt wird, und kommt trockener im Magen an, was vermehrte Magensaftsekretion zur Folge hat. Und dieses Mehr an Magensaft hat dennoch Probleme, derart trockene Futterklumpen zu durchdringen. Heu hilft solche Mißstände abzubauen.

Ausgehungerte Pferde dürfen nie (!) zuerst Pellets bekommen, weil ansonsten Schlundverstopfungen drohen. Man muß ihnen vorab Rauhfutter und Wasser anbieten. Natürlich ist es am besten, wenn ständig Rauhfutter und Wasser zur Verfügung stehen.

Eine überwiegende Pelletsfütterung kann durch die ständige Überproduktion von Magensäure Magengeschwüre verursachen.

Gegen häufige Fütterung werden oftmals Zeitprobleme angeführt. Doch Lösungen finden sich immer. Reichlich Rauhfutter vorzulegen ist kein Mehraufwand, Futterautomaten für Kraftfutter sind programmierbar, und nette Mitreiter, die im Wechsel Füttern helfen, sind auch oft zu finden.

Den Bereich Futtermittel noch weiter auszudehnen, würde den Rahmen dieses Buches sprengen. Es gibt bereits sehr gute Spezialliteratur und Videos darüber (beispielsweise »Pferdefütterung« von Prof. Dr. Helmut Meyer). Deshalb möchte ich so kurz wie möglich auf die Umstände und die einzelnen Formen der Fütterung eingehen.

Durst!

Außerdem müssen 30 bis 50 Liter Wasser pro Kopf täglich einge-
plant werden. Wassermangel ist kritischer als zu wenig Futter!
Vor der Fütterung sollte stets zuerst getränkt werden.

Trinkbehälter und Selbsttränken müssen sauber sein und sollten
nicht zu hoch angebracht werden. Die Pferde möchten in natürlicher
Haltung, mit gesenktem Kopf und im Ausfallschritt saufen. Die Pfer-
detränken sollten also in einer Höhe hängen, die diese normale Position gewährleistet.

Die Selbsttränken müssen von den Pferden leicht zu bedienen sein.
Sie sollten nicht neben den Futtertrögen installiert werden, damit die
Pferde nicht das Futter einweichen. Die Tränken könnten sonst ver-
stopfen und das Futter in den Trögen herumschwimmen. Tränken
sollten so befestigt sein, daß die Pferde sie nicht mit einem Tritt aus
der Verankerung reißen können. In Boxen sind die Tränken am besten in einer Ecke diagonal gegenüber den Krippen angebracht. So
äpfeln die Pferde während der Krippenzeiten auch nicht so leicht in
ihre Tränken. Die Behälter müssen täglich kontrolliert werden, nicht
nur auf Verunreinigung, sondern auch auf ihre Funktion hin: Pferde
trinken nicht aus Kloaken!

Am vernünftigsten ist es, wenn ständig Wasser vorhanden ist.
Sollte das einmal nicht möglich sein, muß wenigstens dreimal am
Tag Wasser angeboten werden. Bei unseren Hauspferden sind die
Haupttrinkzeiten in der Regel nach langen Freßzeiten angesetzt, also
meist morgens und abends. Abgesehen davon möchten sie natürlich
auch nach schweißtreibender Tätigkeit saufen. Sind die Pferde durch
Training erhitzt, dürfen sie nur langsam und kein eiskaltes Wasser
trinken. Das läßt sich erreichen, indem das Trensengebiß zum Saufen
erst noch im Maul gelassen oder etwas Stroh auf die Wasseroberflä-
che gelegt wird. Das Stroh muß später wieder entfernt werden. Stall-
pferde brauchen mehr Wasser als Wildpferde, weil sie mehr trockenes Futter zu sich nehmen als diese.

Im Winter ist darauf zu achten, daß die Tränken nicht einfrieren.
Ein Stück Holz in offenen Wasserwannen hat sich bewährt, denn da-
neben friert es nicht so leicht zu.

Pferde sollten auch an verschiedene Tränkvorrichtungen und Wassersorten gewöhnt werden. Zeigen Sie neu hinzukommenden Tieren
gleich die Tränken und beobachten Sie, ob sie damit klarkommen.

Manche Pferde lehnen neue Wassersorten ab, andere haben sich noch nie mit Selbstränken auseinandersetzen müssen. Pferde, die zeitlebens immer aus ein und derselben Tränke gesoffen haben, können auf einer plötzlichen Reise Probleme bekommen. Besser ist es, immer vorab alle Eventualitäten zu bedenken. Pferde sollten unter anderem wegen der Salmonellen- und Botulismusgefahr nicht aus stehenden Gewässern saufen. Der Botulismus-Bazillus verursacht schlimme Vergiftungserscheinungen. Aber auch bei Fließgewässern sollten in Abständen Wasserproben entnommen und analysiert werden. Im übrigen sind bei natürlichen Gewässern die Auflagen zum Uferschutz zu beachten.

»Gut gekaut ist halb verdaut!«

Lassen Sie auch die Tröge so anbringen, daß die Pferde in physiologisch angemessener Haltung fressen können, andernfalls können Verspannungen und Schlundverstopfungen auftreten. Tiefe Tröge, etwa 40 bis 60 Zentimeter über dem Boden installiert, ermöglichen den Ausfallschritt und eine bequeme Futteraufnahme. Große Futtertröge sind bei den Pferden beliebter als kleine. Eimer bieten ebenso zu wenig Fläche zum Mümmeln wie Ecktröge. Abgesehen davon können sich die Pferde an den Ecktrögen leichter die Köpfe stoßen.

Natürlich müssen sämtliche Fütterungseinrichtungen auf mögliche Verletzungsgefahren hin geprüft werden.

Pferde benötigen Ruhe zum Fressen, dann mahlen sie ihr Futter besser durch. Es futtern aber nicht alle gleich schnell. Den allzu gierigen Fressern kann man einige Steine in den Trog legen, damit sie das Futter erst aussortieren müssen und dadurch langsamer fressen.

Alle Futtermittel gehören in trockene, gut durchlüftete Räume. Das Heu sollte nicht auf dem nackten Beton, sondern vielleicht auf einer Schicht Strohballen liegen.

Bei der Gruppenhaltung von Pferden sollte man sich Gedanken über verschiedene spezielle Möglichkeiten bedarfs- und verhaltensgerechter Fütterung machen. Man hat die Wahl zwischen gleichzeitiger und ungleichzeitiger Fütterung. In der Einzelhaltung lassen Pferde sich problemloser individuell versorgen als in der Gruppenhaltung. Aber jede Haltungsform weist Vor- und Nachteile auf – wir kommen gleich dazu.

Eines ist klar: Auf alle Fälle bekommen die Pferde ihre Mahlzeiten gerne pünktlich. Da geht ihre innere Uhr mitunter sogar vor!

Gleichzeitige Fütterung in der Gruppenhaltung

Die gleichzeitige Fütterung entspricht den natürlichen Bedingungen in der Herde, wo alle zusammen zur selben Zeit fressen.

Was das Rauhfutter anbelangt, können dafür lange Tröge, Traktorreifen (leicht erhöht, wegen des Ausfallschrittes), Sprossenwände, Palisadenfreßgitter oder ein oder mehrere (je nach Zahl der Pferde) Rund- oder Rollraufen aufgestellt werden. Bei ständiger Futtervorlage auf ausreichend großer Fläche entstehen dann keine Probleme.

Die Kraftfuttervergabe kann sich als schwieriger erweisen, weil die Pferde erwartungsvoll auf diese rationierten Mahlzeiten lauern. Kraftfutter darf nicht ununterbrochen zur Verfügung stehen!

Auf jeden Fall muß während dieser Mahlzeiten jedes Pferd zu seinem Recht kommen und ungestört fressen können. Zum Füttern kann man die Pferde in ihre Boxen – sofern sie vorhanden sind – bringen.

Nur in ganz kleinen Gruppen gelingt es, das Futter gerecht und individuell auf mehrere freistehende Tröge zu verteilen. Andernfalls können die Pferde auch in größeren Zwischenräumen vor ihren Trögen angebunden werden, um die Individualabstände zu wahren.

Wenn die Pferde draußen oder im Laufstall Kraftfutter bekommen, muß die Rangordnung beachtet werden. Sowohl mit dem Anbinden als auch mit dem Füttern sollte beim ranghöchsten Pferd begonnen werden. Nach der Mahlzeit muß zuerst das Rangniedrigste losgebunden werden, das Ranghöchste zuletzt. So entstehen weniger Rangeleien, und es wird, wenn alle das Anbinden kennen, kaum Probleme geben.

Eine weitere Möglichkeit sind Futterbeutel zum Umhängen. Sie sind allerdings mehr als Zwischenlösung geeignet, zum Beispiel für

Ausritte. Zudem sind sie auch gewöhnungsbedürftig, und es besteht bei ständigem Gebrauch die Gefahr der Inhalierung von Pilzen.

Massive Kraftfutterfreßstände sind eine weitere Möglichkeit, System in die synchrone Gruppenfütterung zu bringen. Jedes Pferd braucht einen eigenen Stand. Eine gleichbleibende Zusammensetzung der Herde ist angebracht, um die Gewohnheitsrechte zu wahren. So ein Freßstand sollte ungefähr 50 cm länger sein als das entsprechende Pferd. Drängeleien von hinten wird dadurch vorgebeugt – allerdings nur unter der Voraussetzung, daß der Ständer nicht wesentlich breiter ausfällt als das darin stehende Pferd. Eine Ständerbreite von 70–80 cm genügt meist. Die Seitenwände sollten den Blickkontakt zum Nachbarn erlauben, um das Sicherheitsbedürfnis zu befriedigen. Ein Durchbeißen und -schlagen der Seitenwände sollte unmöglich sein.

Ungleichzeitige Fütterung in der Gruppenhaltung

Es gibt mittlerweile automatisch gesteuerte Anlagen zur Fütterung. Die Pferde tragen an Halsriemen oder Halfter befestigte Transponder und können an ihren Futterstationen identifiziert werden. Sie erhalten dort individuell einprogrammierte Futtermengen nach einem festgelegten Zeitplan.

Auf diese Weise bekommen die Pferde über den gesamten Tag verteilt – vielleicht sechsmal – kleine Futtermengen, ihre Mägen werden nicht überlastet, zusätzliche Bewegungsanreize sind gegeben. Darüber hinaus sind die Pferde ständig verfügbar für das Training. (Unmittelbar nach einer großen Hauptmahlzeit sollte mindestens eine Stunde nicht trainiert werden. Bei der rechnergesteuerten Fütterung entfallen solche großen Mahlzeiten.)

Pferde lernen nach einiger Anleitung schnell, mit solch einer Technik umzugehen. Allerdings sollte auch hier wieder eine Herde konstant zusammengestellt bleiben, um größere Unruhe zu vermeiden.

Die Freßplätze für Rauhfutter und Kraftfutter und die Tränke sollten nicht zu dicht zusammenliegen, damit sich die Pferde ein bißchen verteilen. An weniger einladenden Stellen und nicht direkt neben den Dösplätzen aufgestellt, sind sie der Ruhe und dem Bewegungsanreiz förderlich.

Ein Stand pro Gruppe ist zu wenig. Weil die Pferde nicht gleichzeitig ihr Futter abholen können, warten vielleicht schon andere am Eingang. Deshalb sollten solche automatisierten Freßstände einen

Ein- und an anderer Stelle einen Ausgang haben, um Konfrontationen mit womöglich ranghöheren Pferden zu vermeiden. Hilfreich sind auch Eingangssperren und weitere Schutzvorrichtungen wie Trennwände und Umleitungen, um Streß zu verhindern.

Einige »Spezialisten« räumen nach dem Fressen nicht das Feld, sondern wirken massiv auf den Futterautomaten ein, um ihn zu weiteren Ausschüttungen zu bewegen. Es gibt darum Stände mit elektrischer Austreibehilfe. Richtige Profis weichen solchen Austreibehilfen allerdings geschickt aus oder ignorieren sie sogar. Vor allem Haflinger erweisen sich da als recht stur und standfest.

Fütterung in der Einzelhaltung

Wer schon einmal mit einer Plastiktüte oder einem Sack voller Futter in eine freilaufende Pferdeherde gegangen ist, hat vermutlich erlebt, daß sich alle mit Begeisterung auf ihn stürzen – keine Rede von Anstellen!

Aber auch bei mehreren einzeln gehaltenen Pferden, wo die Fütterung eigentlich recht unspektakulär abläuft, ist Geschwindigkeit gefragt. Es möchten eben immer alle Pferde gleichzeitig ihr Futter bekommen.

Also selbst wenn das Kraftfutter nur durch Futterluken geschüttet wird, kann es in einem Boxenstall mit vielleicht zwanzig Pferden zur Kraftfutterzeit ungefähr so zugehen (wer hat schon zwanzig Futtermeister?):

Übliche Futterzeit, der Futtermeister betritt den Stall. Der Countdown beginnt. Lärmend wird die Futterkiste aufgeklappt, alle horchen auf, und in Sekundenschnelle schwillt der Geräuschpegel im Stall an.

Egal, ob es sich um die Morgen-, Mittag- oder Abendkraftfuttermahlzeit handelt, es wird gewiehert, geschnaubt, und ganz ungeduldige Vierbeiner scharren oder trommeln gegen die Boxenwände.

151

Selbst die bravsten und ruhigsten Stallbewohner können sich in wilde, scheinbar völlig ausgehungerte Tiere verwandeln.

Das idyllische Bild von Rössern, die zufrieden ihr Futter mahlen und ab und zu wohlig vor sich hinprusten, kann sich erst einstellen, wenn alle ihr Fressen vor der Nase haben.

Und selbst dann bringen sie es fertig, zwischendurch ihren Nachbarn anzugiften, sollte er es wagen, nach ihrem Futter zu schielen.

Es dauert, bis alle versorgt sind. So ist es denn kein Wunder, wenn einer ein bißchen steigt, um zu sehen, wann er endlich dran ist. Mekkereien vom Futtermeister sind dann keine Seltenheit. Manch einer kennt eine erstaunliche Anzahl von Schimpfwörtern. Da braucht nur mal ein Vierbeiner in Erwartung des Futters und weil der nebenan vielleicht schon versorgt ist, kräftig gegen die Wand zu schlagen. Dann ist aber was los! »Laß das, du Bock!« gehört noch zum harmlosen Vokabular. Die Fluchspezialisten sollten froh sein, daß Pferde nicht entsprechend kontern können.

Nette Pferdebesitzer fürchten da um die Pferdebeine, weniger nette bloß um die Boxen und um die eigenen Nerven. Einige Mitmenschen haben schon Gummizellen statt Boxen in Erwägung gezogen.

Auch das punktgenaue Abschießen der Selbsttränken kann vorkommen. Bis eine Wasserleitung abgestellt ist, kann sich auf der Stallgasse eine ansehnliche Pfütze bilden. Aber im Stall ist sowieso festes Schuhwerk angebracht.

Wer eine Box betritt, weil vielleicht der Trog verunreinigt ist, und dabei den Futtereimer mitnimmt, muß sich nicht wundern, wenn er ihm aus der Hand gerissen wird oder ein Pferd seine Nase so tief in den Eimer steckt, daß man ihn selbst mit großer Kraftanstrengung nicht mehr hoch- bzw. den Pferdekopf nicht mehr herausbekommt.

Es nervt das Pferd, wenn Leute während der Futterzeit die Box gar nicht mehr verlassen und ihm in den Trog starren, als ob sie mitfressen wollten. Auch kann es vorkommen, daß der betreffende Mensch ausdrücklich einmal mit Nachdruck den Abdruck bekommt, der für den Boxennachbarn bestimmt war. Be- oder Getroffene akzeptieren danach in der Regel den Individualabstand eines fressenden Pferdes.

Manchmal wird einer während der Freßzeiten dazu verführt, seinem Nachbarn in den Hintern zu kneifen, allerdings antwortet dieser meist recht schlagfertig, post- und powendend.

Manche Pferde beißen in Erwartung der Mahlzeit vor Ungeduld

in den Trog. Auch deshalb sollten sämtliche Boxeneinrichtungen stabil sein. Wenn ein Pferd dem Futter entgegenfiebert und in der Boxe herumbockt, vielleicht noch quiekend, geraten die meisten Fütternden garantiert in Rage. Aber wenn sie im Restaurant selbst ein paar Minuten auf ihr bestelltes Essen warten müssen, beschweren sie sich mit Sicherheit beim Ober. Ist das nun wieder menschlich oder tierisch? Jedenfalls befürchten die Pferde, die erst zum Schluß gefüttert werden, daß man sie hungern lassen könnte. Zudem gibt es auch schusselige Futtermeister, und bevor die einen übersehen, muß »pferd« sich eben bemerkbar machen.

Noch einmal kurz zum Scharren: Da gibt es Mitmenschen, die sich regelmäßig vor ihrem Pferd aufstellen, Leckerli hinhalten und »Mach mal bitte-bitte« sagen. Als Antwort wie erwünscht zu scharren, erbringt dem Pferd den gewünschten Leckerbissen. Ein Pferd bekommt dann schnell heraus, daß es auch mit Scharren ohne Kommando von inkonsequenten Menschen Leckerli einfordern kann. Pferde lernen dergleichen ruckzuck, sie sind nicht dumm und für Nascherien sehr empfänglich. Aber wenn so ein ›gelehriges‹ Pferd dann plötzlich im Stall zur Futterzeit vermehrt scharrt, wo es schließlich um mehr als ein Leckerli geht, reagiert der Besitzer sauer.

Intensives Scharren läßt Krater entstehen, über die man stolpern kann. Stroh und Mist können beim Scharren bis an die Wände fliegen. Das ist dann ärgerlich, doch stellt sich die Schuldfrage: Fehlerhafte Erziehung, falsches Füttern oder was?

Füttern Sie also flink, treten Sie den einzelnen Pferden mit ruhiger, gelassener Art entgegen, und nehmen Sie Rücksicht auf die verschiedenen Charaktere. Zur Dosierung der einzelnen Mengen gehört Fingerspitzengefühl. Die Pferde sollten so aufgestallt werden, daß der Gierigste nicht zum Schluß gefüttert werden muß.

Die Fütterung per Automat oder durch die Futterluke funktioniert natürlich rascher, als wenn die Boxen einzeln betreten werden müssen. Das darf keinesfalls aber dazu führen, daß die Pferde nicht mehr genau angeschaut werden. Jedes einzelne Pferd sollte man sich täglich genau anzusehen. Nur so bleibt man im Bilde, ob die üblichen Freßgewohnheiten eingehalten werden, ob es positive oder negative Veränderungen gibt. Denn wie sagt schon eine alte Pferdeweißheit? »Das Auge des Besitzers bzw. des Futtermeisters füttert das Pferd.«

Nichts Wichtiges darf übersehen werden: weder Verhaltensabweichungen, Krankheiten oder Verletzungen; keine verunreinigten Tröge, Tränken oder diverse Stallbeschädigungen.

Zuviel Technik ist nicht immer ein Segen, vor allem dann nicht, wenn sich infolge einer eigentlich erfreulichen Arbeitsersparnis weniger um die Pferde gekümmert wird.

Wer sich mehrmals täglich mit wachen Augen seine Pferde anschaut und sie wenigstens einmal am Tag mit den Händen am ganzen Körper berührt, übersieht so leicht nichts.

Giftig!

Wenn naturnah gehaltene Pferde in Ruhe fressen dürfen, selektieren sie sorgfältig. Aber es gibt eben Ausnahmesituationen und leider etliche auch für Pferde giftige Pflanzen. Ich will diese, soweit bekannt, vorsichtshalber aufzählen. Jeder sollte einmal mit einem guten Pflanzenbuch aufmerksam durch die Botanik streifen. Achten Sie immer darauf, was Sie ihren Pferden, gerade den ›Stallhasen‹, unter die Nase halten. Drängelnde Gier läßt manchmal etwas runterschlingen, was hinterher bereut werden muß.

> Verfüttern Sie grundsätzlich keine immergrünen Pflanzen!
> Im Falle einer Vergiftung gilt: Tierarzt rufen, Pferd nicht füttern. Überlegen, womit es in Berührung gekommen sein könnte (auch Medikamente, Schädlingsbekämpfungsmittel o.ä.).

Adlerfarn (Pteridium): Verursacht ebenso wie der Sumpfschachtelhalm die Taumelkrankheit.

Adonisröschen (Adonis vernalis): Verursacht Reizungen des Magen-Darm-Kanals.

Akazie, falsche (Robinia pseudoacacia): Alle Teile giftig, besonders die Rinde, weniger die Blätter und Blüten. Verursacht nach 50 g Kolik, nach 100 g Darmentzündung, Taumeln, Gehirnreizung, Herzschwäche, Hufrehe, nach höherer Menge Atem-, Kreislaufstörungen, Lähmungen. Tödliche Dosis: 150 g Rinde.

Aronstab (arum maculatum): Alle Teile giftig, auch Wurzeln und Beeren. Im frischen Zustand mehr als im getrockneten. Verursacht Zungenbrennen,

Schleimhautentzündungen, Herzrhythmusstörungen und Lähmung des Zentralnervensystems.

Besenginster (Sarothamnus scoparius): Samen und Sproß verursachen Erregung und Lähmungserscheinungen.

Bilsenkraut, schwarzes (Hyocyamus niger): Alle Pflanzenteile giftig, besonders Wurzeln und Samen. Verursacht Unruhe und Gleichgewichtsstörungen, erhöhte Atmung, Koliken, Tobsucht, Durst, Verstopfung, Lähmung.

Bingelkraut (Mercurialis): Die gesamte Pflanze verursacht Durchfall, Blutharnen, Leberschädigung, Schiefhals und Lähmungen.

Buchsbaum, gemeiner (Buxus semper virens): Blätter und Rinde können tödlich wirken, verursachen Durchfall, Krämpfe und Lähmungen des Zentralnervensystems. Schon 750 g der Blätter wirken tödlich.

Buschwindröschen (Anemone nemorosa): Verursacht Durchfall und Nierenschädigung.

Christrose, schwarzer Nieswurz (Helleborus niger): Verursacht Schleimhautätzung, Krämpfe und Atemlähmung. 60 g wirken tödlich.

Eibe (Taxus baccata): Herz- und Atmungsgift (Taxin). Alle Pflanzenteile, insbesondere die Nadeln wirken tödlich, verursachen Bewegungs- und Kreislaufstörungen, Magen-Darmentzündungen, Nierenschädigungen und schließlich Tod durch Atemlähmung. Der Tod tritt schon 5 Minuten nach dem Fressen von Nadeln und Zweigen ein.

Einbeere, Wolfsbeere (Paris quadrifolia): Alle Teile giftig, besonders die Beeren. Verursacht Darm- und Blasenreizung, Schädigung der Nieren und des Zentralnervensystems.

Eisenhut (Aconitum napellus): Alle Teile giftig, insbesondere Wurzeln und Samen. Verursacht Koliken, Durchfall, Schlund- und Atemlähmung. 300 g wirken tödlich.

Feldrittersporn (Consolida regalis): Besonders die Samen verursachen Erregung, Krämpfe, Herzrhythmusstörungen.

Fingerhut, roter, gelber u.a. (Digitalis purpurea, D. lutea, D. grandiflora): Herzrhythmusstörungen und Pulsverlangsamung, Schwindel, Schwitzen, Sehstörungen, häufiges Harnen, Durchfall und Herzstillstand. 25 g getrocknete Blätter wirken tödlich.

Germer, weißer, schwarzer (Veratrum album, nigrum): Alle Teile giftig, insbesondere die Wurzeln. Verursacht Speicheln, Durchfall, Koliken, Lähmungen des Zentralnervensystems.

Giftlattich (Lactuca cirosa): Verursacht Erregung, Schwindel, Atembeschwerden, Schweißbildung, Lähmungen, in Mengen Herzlähmung.

Giftsumach (Rhus toxicodendron): Alle Teile giftig, insbesondere die Blätter. Verursacht Reizungen in Rachen, Schlund und Darmkanal, Schwindel, Koliken und Nierenversagen. Vergiftungen sind trotzdem eher selten.

Ginster (Genista): Verursacht Atembeschwerden und Krämpfe.

Goldregen, gemeiner (Laburnum anagyroides): Blüten, Samen und Wurzeln verursachen Koliken, Schwitzen, Durchfall, Krämpfe, Taumeln und Atemlähmung.

Gottesgnadenkraut (Gratiola officinalis): Verursacht Speichelfluß, blutiges Harnen, Durchfall, Atembeschwerden, Herzstörungen.

Hahnenfuß, scharfer, knolliger (Ranunculus acris, R. bulbosus, R. sceleratus): Besonders die Wurzeln verursachen Speicheln, Reizungen des Magen-Darm-Kanals und der Nieren, Durchfall, Herzschwäche. Nur in großen Mengen. In getrocknetem Zustand ungiftig.

Heckenkirsche (Lonicera): Vorwiegend die Blätter und Beeren verursachen Pulsbeschleunigung, Krämpfe und Kollaps.

Herbstzeitlose (Colchicum autumnale): Blüte, Samen, Knolle und Blätter sind, auch im Heu, giftig. Verursacht Appetitlosigkeit, Koliken, Bewußtlosigkeit, Fehlgeburten, Herzrhythmusstörungen, Harnverfärbungen, Lähmungen, Tod durch Atemlähmung. Tödliche Dosis: Blätter 100 g, Blüten und Samen 50 g, Knollen bereits 5 g.

Hundspetersilie, gemeine (Aethusa cynapium): Verursacht Pulsbeschleunigung, Pupillenerweiterung, Krämpfe, schließlich Atemlähmung. Vergiftungen bei Pferden selten.

Kälberkropf, betäubender (Chaerophyllum temulum): Sproß und Samen verursachen Betäubung und Durchfall.

Kartoffel (Solanum tuberosum): Die Blüten und Beeren verursachen Durchfall und Zerstörung der roten Blutkörperchen.

Kirschlorbeer (Prunus laurocerasus): Verursacht Erregung, Atembeschwerden, Durchfall, Herzstillstand. Tödliche Dosis 400 g.

Klatschmohn (Papaver rhocas): Insbesondere der Milchsaft verursacht bei Aufnahme großer Mengen Krämpfe.

Kornrade (Agrostemma githago): Alle Teile giftig. Verursacht Tränenfluß, Krämpfe, in schweren Fällen Atemlähmung.

Kreuzkraut (Senecio): Verursacht Leberschädigung.

Küchenschelle (Pulsatilla vulgaris, P. pratensis): Verursacht Schleimhautreizung, Atembeschwerden, Nierenschädigung.

Lebensbaum (Thuja): Die gesamte Pflanze verursacht Reizungen der Schleimhäute, Koliken, Durchfall, Zittern, Leber- und Nierenschäden, Lähmung, Herzversagen.

Liguster, gemeiner (Ligustrum vulgare): Rinde, Beeren und Blätter verursachen Kreislaufstörungen, Durchfall, Magen- und Darmentzündung.

Lupinie (Lupinus polyphyllus u.a.): Der Samen verursacht Speichelfluß, Schluckbeschwerden, Unruhe, Krämpfe, Gelbsucht, Leberschädigung. Feuchtes Wetter steigert die Giftwirkung. Durch starken Pilzbefall Gefahr der Atemlähmung.

Lilien-, Amaryllis- und Irisgewächse: Wirken unterschiedlich, je nach Art.

Maiglöckchen (Convallaria majalis): Alle Teile giftig, insbesondere Blüten und Beeren. Verursacht Magen- und Darmentzündungen und starken Durchfall.

Mutterkornpilz (Claviceps purpurea): Findet sich auf verschiedenen Gräsern und Roggenähren. Verursacht Fieber, Zittern und Kreislaufbeschwerden.

Nachtschatten (Solanum nigrum): Alle Teile giftig, besonders die Beeren. Verursacht Durchfall, Erregung, Atemnot, Magen- und Darmentzündungen, Zerstörung der roten Blutkörperchen und in schweren Fällen Herztod.

Oleander (Nerium oleander): Alle Teile giftig. Verursacht Herz- und Kreislaufstörungen, Durchfall, Koliken, Atemnot und in schweren Fällen Herzlähmung. (Horse-Killer genannt.)

Osterluzei (Aristolochia): Vorwiegend die Wurzeln verursachen Inappetenz und Verstopfung.

Pfaffenhütchen (Euonymus): Alle Teile giftig, besonders die Früchte und Sommerblätter. Verursacht Kreislaufschwäche, Fieber, Koliken, Durchfall und Krämpfe.

Rainfarn (Tanacetum vulgare): Wird im allgemeinen von Pferden gemieden, verursacht ansonsten Atem-, Herzstörungen, Leber- und Nierenschädigungen.

Rhododendron (Rhododendron spec.): Insbesondere die Blätter verursachen Krämpfe, Atembeschwerden, nervöse Störungen.

Robinie, weiße (Robinia pseudo-acacia): Rinde, Samen und Blätter verursachen Durchfall, Koliken, Hufrehe und Lähmungen.

Saatblatterbse (Lathyrus sativus): Besonders die Samen verursachen Erregung, Schwächeanfälle, Lähmung der Beine.

Sadebaum, Stinkwacholder (Juniperus sabina): Alle Teile giftig, vor allem die Zweigspitzen. Verursacht Magen- und Darmentzündungen, blutigen Durchfall und Koliken. Vergiftungen bei Pferden sind selten.

Schneeball, gemeiner, wolliger (Viburnum opulus, V. lantana): Verursacht Erregung, Herzrhythmusstörungen, Atemnot, Nierenschädigung, Krämpfe.

Schierling, gefleckter (Conium maculatum): Alle Teile giftig, auch getrocknete Blätter und Früchte. Lähmendes Nervengift verursacht Muskelschwäche, Krämpfe, Tod durch Atemlähmung. Ab 100 g gefährlich für Pferde.

Schöllkraut (Chelidonium majus): Alles, besonders der orangefarbene Milchsaft ist giftig. Verursacht Darmentzündungen und Kreislaufstörungen.

Seidelbastarten, vor allem gemeiner (Daphne spec.): Alle Teile giftig, insbesondere die roten Beeren und die Rinde, auch getrocknet. Verursacht Schädigungen von Magen, Darm, Nieren, Kreislauf; zuletzt Kreislaufkollaps. Tödliche Dosis: 30 g Rinde.

Stechapfelarten, vor allem gemeiner (Datura spec.): Alle Teile giftig, besonders Wurzel und Samen. Verursacht starke Erregung, Muskelzittern, Zittern, Schüttelkrämpfe, Speichelfluß, Schwitzen, Lähmungen, erweiterte Pupillen, Atemlähmung.

Sumpfdotterblume (Caltha palustris): Geringe Giftwirkung, getrocknet nicht giftig. Verursacht Schwindel, Schleimhautreizung, Kolik, Nierenentzündung und Krämpfe.

Sumpfschachtelhalm (Equisetum palustre): Pflanze insgesamt, auch als Heu, giftig. Verursacht Taumelkrankheit, Erregbarkeit, Zittern, taumelnder Gang, Lähmung der Hinterbeine, hinstürzen, Tod infolge Erschöpfung.

Tabak (Nicotiana tabacum): Alle Teile, ausgenommen reife Samen, sind giftig. Verursacht Erregung, starken Speichelfluß, Krämpfe, Atemlähmung. Die tödliche Dosis beträgt 300 g, aber bereits 15-30 g verursachen Atemprobleme.

Tanne (Abies): Durch das enthaltene Tannin können bei tragenden Stuten zu frühe Geburten ausgelöst werden.

Taumelloch (Lolium temulenum): Besonders die Samen verursachen Zittern, Magen-Darmstörungen, ständiges, schmerzhaftes Harnen.

Tollkirsche, schwarze (Atropa belladonna): Die gesamte Pflanze wirkt mitunter tödlich und verursacht zunächst Erregung (ab 10 g) bis Tobsucht, erhöhte Atmung, starken Speichelfluß, Durst, Verstopfung, Zittern, Schwitzen, erweiterte Pupillen, Krämpfe und dann Atemlähmung. Die tödliche Dosis liegt bei 300 g.

Wicke (Lathyrus odoratus): Besonders die Samen verursachen Erregung, Schwächeanfälle, Lähmung der Beine.

Wolfsmilcharten, außer Christusdorn und Weihnachtsstern (Euphorbia spec., außer E. splendens und E. pulcherrima): Alle Milchsaft enthaltende giftig. Verursachen Schwindel, Herzrhythmusstörungen, blutigen Durchfall, Darmentzündungen. Tödliche Dosis 50 g.

Zaunrübe, rote (Bryonia dioica): Alle Teile giftig, insbesondere Wurzeln und Beeren. Verursacht Schwindel, Erregung, blutigen Durchfall, Koliken, in schweren Fällen (sehr selten) Tod durch Atemlähmung.

Diese Liste, zusammengestellt aus Büchern und Zeitschriften, ist mit Sicherheit nicht vollständig. Informieren Sie sich ständig weiter.

Hotte Hurtigs Hauspferde-Stundenplan

Pferde und Menschen haben recht unterschiedliche Lebensgewohnheiten. Sie lassen sich aber in Einklang bringen – vor allem, wenn ihr nicht gegen uns, sondern mit uns lebt. Ich möchte euch darum einen Stundenplan vorstellen, der sowohl unsere als auch eure Bedürfnisse berücksichtigt.

Auch wir haben Tageszeiten, zu denen uns das Training leichter fällt, und solche, in denen wir euch lieber von hinten sehen. Außer, wenn ihr uns mit Futter und nicht etwa mit einer Trense entgegenkommt. Sicher könnt ihr uns auch einmal zu anderen als zu den optimalen Zeiten reiten, aber unter Umständen nicht mit optimalem Erfolg. Auf mitternächtliche Springprüfungen auf Turnieren verzichten wir gern.

Auf jeden Fall möchten wir unmittelbar nach einer größeren Kraftfuttermahlzeit oder in der größten Mittagshitze in Ruhe gelassen werden, da müssen wir wirklich pausieren. Im Sommer dehnen wir unsere Mittagspause wegen der Insektenplage gern an schattigen Plätzen etwas aus.

Bringt bitte unseren Rhythmus nicht ständig durcheinander! – Vergleicht euren Tagesablauf doch einmal mit dem hier beschriebenen:

- Gegen 4.00 Uhr morgens ist es uns sehr genehm, wenn Rauhfutter bereitliegt oder wenn wir grasen können. Zu dieser Zeit fangen wir meist an umherzuwandern.
- Gegen 6.00 Uhr sind wir dann schon recht gut drauf, unser Bewe-

gungsdrang wird größer. Einen Ausritt mit euch können wir da schon verkraften.

- Gegen 7.00 Uhr ist unser Appetit noch nicht gestillt. Dann möchten wir unser Kraftfutter-Frühstück serviert bekommen und anschließend eine kleine Runde dösen.
- Gegen 9.00 Uhr sind wir munter und aufnahmebereit, so daß ihr recht gut mit uns trainieren könnt. Natürlich haben wir dann gegen 11.00 Uhr wieder Hunger, auf Gras oder Rauhfutter. Kraftfutter ist uns allerdings auch recht, so als kleiner Mittagsimbiß.
- Gegen 12.00 Uhr brauchen wir eine Mittagspause. Wir möchten dann nur noch dösen oder schlafen.
- Gegen 15.00 Uhr knabbern wir dann gern wieder ein wenig herum und fangen an uns zu bewegen. Der zunehmende Bewegungsdrang kann sich auch zu munteren Spielen führen.
- Gegen 17.00 Uhr sind wir richtig gut drauf, topfit und in der Lage, euch unsere ganze Leistungsbereitschaft zu beweisen. Aber einfach nur ein wenig Weitergrasen ist auch in Ordnung.
- Gegen 18.00 Uhr bekommen wir wieder mehr Hunger auf Gras und Rauhfutter. Mit Hereinbrechen der Dämmerung steigt unsere Aufmerksamkeit, denn schließlich weiß keiner, was sich so in den wachsenden Schatten verbirgt ...
- So gegen 21.00 Uhr werden wir ruhiger, bekommen gern noch Kraftfutter als Abendbrot *(Kraftfutter nur, wenn angebracht)*, weiterhin noch ein bißchen Gras oder Rauhfutter. Dann beginnen wir zu dösen. Schließlich schlafen wir bis etwa 4.00 Uhr.

Gibt es jahreszeitlich bedingt kein Gras, sind wir auch mit Rauhfutter zufrieden. Und wenn wir nicht auf die Weide können, dann laßt uns wenigstens in den Auslauf.

Wenn ihr uns allerdings 24 Stunden am Tag einsperrt, womöglich ohne Heu und Stroh und Artgenossen, solltet ihr euch lieber von uns trennen und uns anderswo ein besseres Leben ermöglichen. Das klingt hart, aber ständig gegen Gitterstäbe und Wände starren zu müssen, ist viel härter! Ein Leben im Stall, nur zur Reitstunde herausgeholt werden – und dann womöglich bloß in die Reithalle –, das macht uns verrückt und depressiv.

Geht verantwortungsvoll mit eurem Pferd um und bietet uns ein artgerechtes Leben. Ausreden gelten nicht! Denn nichts ist unmöglich.

Übrigens: Wenn der Tagesablauf eures Pferdes von meinem Stundenplan etwas abweicht, macht euch bitte nicht gleich Sorgen. Mein Plan ist nur ein Beispiel dafür, wie der durchschnittliche Tag eines Pferdes aussehen kann, kein Gesetz. Hauptsache, euer Vierbeiner hat überhaupt einen geregelten Tagesrhythmus und fühlt sich wohl.

Verhaltensstörungen und Verhaltensabweichungen
– aus der Sicht der Verhaltenstherapeutin und Ausbilderin

Pferde schreien nicht laut um Hilfe, sie flehen stumm. Es ist darum sehr wichtig, die stillen Akte der Verzweiflung zu erkennen. Die meisten Verhaltensstörungen bei Pferden sind gegen sie selbst gerichtet – seltener gegen Artgenossen. Niemals verhalten die Tiere sich hinterlistig oder heimtückisch. Viel zu oft aber leiden sie unter der Unkenntnis der Menschen, die meinen, es gehe auch einfacher, billiger, schneller und profitabler ...

Weil Pferde nicht reden können, ist es oft leicht, über ihre Verhaltensabweichungen und -störungen hinwegzusehen. Verhaltensänderungen, die sich hörbar Ausdruck verschaffen, werden eher beachtet, doch auch dann wird oft lediglich ›der Ton abgestellt‹ und nicht die Ursache. Das Leiden geht dennoch weiter, bloß unauffälliger.

Nach Zeeb gibt es zwei Gruppen von Verhaltensstörungen:
1. Echte Verhaltensstörungen mit Schadensfolge für das Pferd: Weben, koppen, an die Seitenwände schlagen, Fortbewegungsstereotypien, exzessives Scharren, ins Gitter beißen, Barrenwetzen, sich nicht legen, sich lecken, Automutilation.
2. Schadensvermeidende Reaktionen des Pferdes im Sinne von Anpassung an Haltung und Einwirkung (Einmischung) des Menschen: Scheuen, Bösartigkeit, Zungenstrecken, der gesamte Komplex der *Stätigkeit* (allgemeine Störrischkeit beim Reiten, beim Fahren usw., jede fortwährende Widersetzlichkeit wie Bocken, Kleben, Kopfschlagen, Sattelzwang, Steigen. Einmaliges Wehren oder Aufbegehren zählt nicht dazu.)

Ein Pferd, das Verhaltensstörungen aufweist, ist irgendwann psychisch zerstört worden, vielleicht sogar ständig und systematisch. Weil es verstört, gestört, verzweifelt und zermürbt war und seiner Lage nicht entfliehen konnte, hat es angefangen, sich abzureagieren oder sich aufzugeben.

Das klingt brutal und ist es auch.

In der Natur treten an sich keine Verhaltensstörungen auf – das sollte uns zu denken geben!

Zu oft werden die Anpassungsmöglichkeiten des Pferdes überfordert und seine Bedürfnisse ignoriert. Jede Aktivitätsänderung eines Pferdes – positiv oder negativ – hat ihren Grund. Beachten Sie, wenn neue Verhaltensmuster auftreten, alte sich verändern. Achten Sie auf Stimmungsschwankungen. So sind zum Beispiel verstärktes Unsicherheitsscharren und gesteigertes Suchen Übersprungshandlungen, in denen das Pferd Konflikte kompensiert.

Pferde können sehr rasch in Zwiespalt zwischen äußeren und inneren Antrieben geraten. Konfliktsituationen treten zwar auch in der Natur auf, sind dort jedoch leicht lösbar. Freilebende Pferde sind meist ausgeglichener als unsere Hauspferde, deren seelisches Gleichgewicht oftmals stark strapaziert wird.

Deutliche Konfliktsignale sind auch hastiges Fressen (meist bedingt durch Fehler in der Boxenhaltung, etwa die mangelnde Berücksichtigung der Individualabstände) oder Kopfschlagen aus Angst, zum Beispiel dann, wenn dem angeborenen Fluchtverhalten nicht Rechnung getragen wird.

Deprivation bedeutet das Entbehren von Zuwendung. Einzeln aufwachsenden Fohlen mangelt es an Zuwendung und an Sozialkontakten. Solche Fohlen bekommen später meist massive Probleme mit anderen Pferden, ihr Sozial- und Paarungsverhalten wird gestört sein. Angst und Aggression, auch psychische Störungen sind die Folge. Diese Art von Fehlentwicklungen werden auch Deprivationsschäden genannt. Sie sind durch die Zunahme von Laienzüchtern immer häufiger zu finden.

Frustration entsteht durch das Ausbleiben einer erwarteten triebverzehrenden Endhandlung, wird also durch den Mangel an Befriedigung hervorgerufen. Wenn ein Pferd ständig von außen gehindert wird, in Gang gesetzte Verhaltensweisen zu beenden, nimmt es psychisch Schaden.

Aus solchen Irritationen können Verhaltensstörungen und schadensvermeidende Reaktionen erwachsen. Die ständigen Begleiter heißen Angst, Aggression oder Resignation; nicht alle Pferde reagieren gleich.

Angstreaktionen können in übersteigerter Form auftreten. Auch Phobien gehören in den Bereich der Verhaltensstörungen und sind fast immer auf traumatische Erlebnisse zurückzuführen wie einen Unfall oder heftigste Prügel.

Unter einer Neurose versteht man eine funktionelle nervöse Störung infolge einer gestörten Erlebnis- oder Konfliktverarbeitung (funktionell = auf die Funktion bezogen, nicht organisch bedingt). Das Auftreten und die Intensität von Neurosen ist unterschiedlich. Nicht nur Dauerstörungen und sich häufig wiederholende Fehlbelastungen können eine Neurose auszulösen, sondern auch bereits ein einziges traumatisches Erlebnis.

Auch der Pferdeorganismus reagiert auf physische oder psychische Extrembelastung mit Streß. Die Streßreaktion kann durch einen Notfall ausgelöst werden, aber auch durch Dauerreiz. Durch einen Adrenalinschub ziehen sich die Blutgefäße der Haut und des Magen-Darm-Kanals zusammen, die Gefäße der Skelettmuskulatur des Herzens und des Gehirns werden dagegen erweitert. Das Blut wird so der zur Flucht benötigten Muskulatur zugeführt, auch das zentrale Nervensystem wird angeregt. Streß führt zu Erschöpfung, wenn schädliche Reize fortdauernd die Widerstandsfähigkeit überfordern.

Häufiger und anhaltender Streß ist auch in der Welt der Pferde von heute leider keine Ausnahme. Aber nicht nur Überreizungen, sondern auch Reizverarmungen provozieren Störungen.

Pferde (quer durch alle Rassen bzw. Typen!) können sehr unterschiedlich sein und reagieren auch so: Der heitere, lebhafte Sanguiniker kommt mit Konflikten besser zurecht als andere. Das phlegmatische Pferd schaltet eher ab. Der leicht erregbare cholerische Typus wird schnell aggressiv. Der Melancholiker ist sensibel, mitunter furchtsam, neigt zur Schwermütigkeit und verliert rascher an Selbstbewußtsein als andere.

Jeder Ursprungstyp wird natürlich durch seinen individuellen Lebensweg beeinflußt, sprich: durch Haltung, Fütterung, Umgang und Training, durch Krankheiten und auch Schmerzen.

Einiges läßt sich bereits am äußeren Erscheinungsbild ablesen. Größe, Form, Profil, Haltung, Ausdruck lassen in gewissem Grade eine Persönlichkeitsanalyse zu. Doch nur bei entsprechender Sachkenntnis und wenn die individuelle Vorgeschichte miteinbezogen wird (siehe Linda Tellington-Jones: Die Persönlichkeit Ihres Pferdes).

Die gängige Meinung, die schwerfällig wirkenden Kaltblüter seien dümmer als andere Pferde, ist etwa so plausibel wie die Aussage, daß dicke Menschen weniger intelligent seien als dünne ...

Aber ich fahre lieber fort, in Bezug auf die Pferdehaltung über Grundsätzliches zu sprechen. Denn nur ein Umdenken im traditionellen Umgang mit Pferden kann dazu beitragen, das Entstehen von folgenden Störungen und Verhaltensabweichungen zu verhindern.

Verhaltensabweichungen und -störungen im Stall

Funktionsbereich Fressen

Koppen

Das Koppen ist eine echte Verhaltensstörung und nahezu unheilbar. Lediglich im Frühstadium dieser krankhaften Angewohnheit besteht noch eine Chance.

Das koppende Pferd schluckt, indem es die vordere Halsmuskulatur zusammenzieht, zuerst Luft in die Schlundröhre, um sie anschließend, überwiegend durch den Schlund, wieder ausströmen zu lassen. Meistens ertönt dabei ein Rülpslaut, Kopperton genannt.

Sogenannte Krippensetzer erfassen mit den Oberkieferschneidezähnen, seltener auch mit den unteren, einen Gegenstand – zum Beispiel einen Trog, den sie zuvor gern belecken. Einige Kopper setzen die Zähne nicht auf, sie gelten als Freikopper. Weitere gebräuchliche Bezeichnungen sind »Luft- oder Windschnapper«. Das betroffene Pferd kann dieser Beschäftigung über einen langen zusammenhängenden Zeitraum hinweg nachgehen.

Eine immer wieder behauptete Kolikgefahr infolge von Gasansammlung im Magen durch das Koppen ist nicht bewiesen, denn es gelangt nur selten und dann nur geringfügig Luft in den Magen. Die Kopper, die ich im Stall aufgenommen habe, zeigten über Jahre hinweg in dieser Richtung keine Auffälligkeiten.

Das Krippensetzen allerdings schadet im Laufe der Jahre den Zähnen. Ein langjähriges Krippensetzergebiß zeigt an den Lippenseiten der oberen Schneidezähne verstärkte Abnutzungen. Mangelhafte Futterwertung kann eine Folge von Koppen sein, Leistungsabfall wäre nur eine Konsequenz daraus.

Entwicklungsstörungen bei koppenden Fohlen sind logisch, ein schon psychisch krankes Jungtier kann sich nicht gänzlich normal entwickeln.

Die Ursachen, die zum Koppen führen, sind unterschiedlich: Verfrühtes Absetzen des Fohlens von der Mutter, zu früher Trainingsbeginn oder zu hartes Training, Nichtbefriedigung des Freßtriebes durch zuwenig Rauhfutter, Langeweile, Spieltrieb, Bewegungsmangel, Angst, Probleme im Stall, Isolation, verschlechterte Unterbringung infolge eines Stallwechsels ...

Gerade leicht erregbare, temperamentvolle Pferde neigen eher zum Koppen.

Nachahmung kann dabei kaum eine Rolle spielen. Wenn mehrere Pferde in einem Stall koppen, wird das eher daran liegen, daß sie den gleichen Unzulänglichkeiten ausgesetzt sind. In unserem Stall hat sich noch kein Pferd das Koppen abgeguckt. Vorstellbar wäre aber, daß bei einer engen Mutter-Fohlen-Beziehung in Isolationshaltung ein Fohlen versuchen könnte, seine koppende Mutter zu imitieren.

Ein übermäßig entwickelter Saugtrieb wird ebenfalls als mögliche Ursache angenommen. Auch sollen Flaschenfohlen eher zum Koppen neigen als Saugfohlen.

Über eine Vererbung dieser Neigung wird noch gestritten. Sicher scheint dagegen zu sein, daß beim Koppen körpereigene Morphine ausgeschüttet werden.

Nachts wird selten gekoppt. Der Kopper tritt oft in Aktion, wenn reger Stallbetrieb herrscht, teils wenn er dann keine Beachtung findet, oft aber gerade dann, wenn man ihn streichelt oder putzt. Auch während oder nach den Mahlzeiten kann die Verhaltensstörung auftreten. Langjährige Kopper benötigen keine besonderen Auslösereize.

Aufsetzkopper bevorzugen Gegenstände in Brusthöhe. Werden diese entfernt, nehmen sie auch Objekte in anderer Höhe an oder beginnen letztendlich frei zu koppen. Anti-Kopp-Pasten, Elektrodrähte und ähnliches sind keine Heilmittel. Auch ein Kopperriemen ist nicht empfehlenswert, er ist für das Pferd überaus unbequem, beim Koppen selbst schmerzhaft und verursacht bereits Scheuer- und Druckstellen, wenn er nur geringfügig falsch angepaßt ist. Elektrohalsbänder sind tierschutzwidrig und sinnlos, und das Zungenbrennen stellt ebenso wie das Einbringen von Fremdkörpern ins Zahnfleisch nichts als grausame Tierquälerei dar. Aber der Einfallsreichtum der Menschheit kennt keine Grenzen, wenn es um Geld geht ...

Operationen an der Halsmuskulatur können zwar das Koppen bis zu einem gewissen Grad unterbinden, nicht aber die Ursache abstellen. Auch ist diese Maßnahme umstritten. In den meisten Fällen soll sie ohnehin nur den Profitwert des betroffenen Pferdes erhöhen. Denn Koppen gilt als Gewährsmangel. Stellt ein Pferdekäufer innerhalb von 14 Tagen fest, daß er unwissentlich einen Kopper erworben hat, darf er sein Recht auf Wandlung des Vertrages in Anspruch nehmen. Kopper sind somit schwer verkäuflich.

Die meisten Kopper, deren Vorgeschichte ich kenne, hatten unter sehr schlechten, unsensiblen und groben Reitern zu leiden. Die Kopper, die in unserem Stall geblieben sind, haben mich noch nie enttäuscht, weder in ihrer Art noch in ihrer Leistung.

Barrenwetzen und Gitterbeißen

Ein Barrenwetzer ist kaum zu überhören. Wenn er sein Gebiß rhythmisch auf einem stabilen Gegenstand hin- und herbewegt – gern auch auf Gitterstäben –, entstehen schrappende Geräusche.

Mögliche Ursachen dieser Verhaltensstörung sind Frust, Isolation, unbefriedigter Freßtrieb, Futterneid oder ein gestörtes Sozialverhalten, zum Beispiel durch Erfahrungsentzug.

Sind die Boxen zu klein, kann auch das Nichteinhalten des Individualabstandes ein Auslöser sein.

Es ist der cholerische Typus, der zu dieser Verhaltensstörung neigt.

Die Folgen können Zahnfleischentzündungen, ein abgenutztes Gebiß und Zahnverlust sein.

Einem Barrenwetzer einen Maulkorb zu verpassen, halte ich für falsch. Er ändert nichts an den Ursachen, verhindert zudem eine ausreichende Futteraufnahme und gegenseitiges Fellkraulen.

Es ist wichtig, daß sich nebeneinander aufgestallte Pferde mögen. Futterneidische Vierbeiner sollten vorn in der Boxenreihe stehen, zuerst gefüttert werden und nur auf einer Seite einen Nachbarn haben. Denn selbst bei guter Haltung und Fütterung legen beispielsweise Pferde, die einmal vor dem Verhungern standen, ihren Futterneid nie mehr ab.

Ein altes Lehrpferd von uns bestand beim Ankauf nur aus Haut und Knochen. Schließlich, als es wieder aufgefüttert und trainiert war, entwickelte es sich zu unserem liebsten und ruhigsten Pferd und hat vielen Anfängern die ersten Schritte in die Reiterei gezeigt. Doch die Angst um jeden Bissen ist ihm geblieben, es hat den einstigen Mangel an Futter nie vergessen.

Benagen von Holz

Pferde knabbern gern einmal an Holz und schälen Bäume. Das ist normal. Doch ständiges Benagen (und allmähliches Wegknabbern) von Boxenwänden ist verhaltensauffällig und kann mehrere Ursachen haben.

Erfahrungsentzug, Frust oder Langeweile zählen auch hier wieder zu den Gründen. Die Nichtbefriedigung des Freßtriebes durch zu wenig Rauhfutter gilt als einer der Hauptauslöser. Doch auch der Mangel an Mineralstoffen und Salzen kann zum ständigen Holznagen führen. Auch Schmerzen können ein Pferd dazu veranlassen, sich auf diese Art abzureagieren.

Es gibt Pferde, die eine große Abneigung gegen ihr Kraftfutter zeigen, während sie durchaus gerne ›rauhfuttern‹. Wenn solche Pferde stetig Holz benagen, deutet das darauf hin, daß sie im wahrsten Sinne des Wortes sauer sind, nämlich Übersäuerungsprobleme im Dickdarmbereich aufweisen. Eine Kotwasseranalyse kann hier Aufschluß geben.

Das Bestreichen der Nageflächen mit Holzteer, Senf oder Spezialpasten bremst das Verhalten nur begrenzt. Dasselbe gilt für Metallverkleidungen und das Spannen von Stachel- oder Elektrodrähten. Die Ursachen werden dadurch ohnehin nicht beseitigt.

Sandfressen

Jedes Pferd nimmt bei der normalen Futteraufnahme von Gräsern und Pflanzen ein wenig Sand auf, der an herausgerissenen Wurzeln haftet. Es gilt auch nicht als krankhaft, wenn ein Pferd ab und zu einmal etwas Sand leckt. Das Fressen von Sand ist allerdings etwas anderes und provoziert gefährlichste Koliken.

Sandfressen kann einen Mangel an Mineralstoffen oder Salzen anzeigen und schließlich zur dauerhaften Angewohnheit werden. Auch der unbefriedigte Freßtrieb spielt eine große Rolle.

Ein sandfressendes Pferd, das ich kenne, hat früher über längere Zeit hinweg hungern müssen. Mit kaum mehr als einem Halm auf seiner Weide war ihm fast nur der Sand geblieben. Eine mitleidige Seele rettete ihm durch einen Kauf das Leben. Nur kurze Zeit danach mußte er mit einer schweren Kolik in eine Klinik gebracht werden. Eine Operation, in letzter Sekunde, befreite ihn von pfundweise monatelang angesammeltem Sand. Ohne chirurgischen Eingriff hätte ihm die ›Versandung‹ den Tod gebracht.

Stereotypes Belecken von Gegenständen

Ein Pferd, das neugierig ist und etwas mit der Zunge untersucht und beleckt, verhält sich normal. Doch das ständige Ablecken von Mauern, Gittern, Stallwänden oder auch den eigenen Lippen ist auffällig.

Stereotypes Belecken hat ähnliche Auslöser wie das Koppen (u.a. nichtbefriedigter Freßtrieb, Langeweile).

Besonders häufig ist dieses abnorme Verhalten kurz vor oder nach einer Fütterung zu beobachten.

Ich habe das Entstehen einer solchen Angewohnheit auch bei einem Pferd erleben müssen, das aufgrund eines Hufschadens zu etlichen Monaten Boxenhaft verurteilt war.

Ein Fohlen, das unsicher ist, macht »Mäulchen«, auch unter Verwendung seiner Zunge. Auch beim Sortieren des Futters nimmt das Pferd die Zunge zur Hilfe. Das ist nicht ungewöhnlich. Ein »Zungenspieler« (nicht der »Zungenschlepper« beim Reiten) aber rollt die Zunge nach oben und vollführt begleitend Saugbewegungen oder zeigt mit heraushängender Zunge Leerlaufflecken ohne erkennbaren Grund, oft minutenlang und völlig geistesabwesend.

Die Ursachen sind immer wieder ähnlich, gerade Reizverarmung wirkt animierend. Rauhfuttermangel kann dieses Fehlverhalten verstärken.

Auch lautes und andauerndes Schmatzen habe ich schon bei Therapiepferden beobachten müssen. Bei einem Importpony, einem Hackney, dessen Vorbesitzer die Bewegungsaktivität des Tieres durch Isolationshaltung und Bewegungsmangel längerfristig eingeschränkt hatte, war dieses Verhalten besonders ausgeprägt: Er schmatzte Stunde um Stunde. Nachdem es ihm bei uns besser ging,

schmatzte er nur noch, wenn ich mich seiner Meinung nach zu lange mit anderen Pferden beschäftigte.

Zungenrollen kann gerade auch bei Pferden auftreten, die weben (darauf komme ich später noch zu sprechen). Verschiedene Verhaltensabweichungen und -störungen können also auch zusammen vorkommen.

Eine ehemalige Therapie-Ponystute, die durch Hufrehe vorübergehend kaum fähig war, sich fortzubewegen, hatte das Zungenrollen und Schmatzen bis zum schweineähnlichen Grunzen ausgebaut. Wann immer sie in Aufregung geriet, war sie deutlich zu vernehmen. So mancher Gast fragte damals nach, wo wir denn das Schwein versteckt hielten, das sie gehört hätten. Wieder schmerzfrei, grunzte die Stute schließlich nur noch bei extrem großer Aufregung.

Funktionsbereich Bewegung

Weben

Weben, die bekannteste Bewegungsstörung, ist im fortgeschrittenen Stadium unheilbar.

Auch der Zooelefant schaukelt im Stehen mit Kopf und Hals gleichmäßig von einer Seite auf die andere, die Vordergliedmaßen leicht auseinandergestellt – er webt.

Kopf und Hals hält das webende Tier vorwärts und abwärts gedehnt oder aufgerichtet, wie ›beigezäumt‹ mit angezogenem Haupt. Manche Weber halten den Kopf auf ein und derselben Höhe, andere pendeln sozusagen in Schlangenlinien, zeichnen einen Bogen von unten nach oben nach unten, oder umgekehrt. Einige wippen und nikken dabei noch gleichmäßig, andere schlagen den Kopf seitlich hoch. Die Vorderbeine bleiben stehen oder werden wechselseitig, wie in einer Schrittbewegung, ungefähr eine Handspanne hoch angehoben.

Weber schotten sich mit diesem Verhalten von der Außenwelt ab. Durch das Weben werden körpereigene Morphine ausgeschüttet. Das Tier verfällt in einen tranceähnlichen Zustand. Es kann dabei auf einige hundert bis weit über 10.000 Webbewegungen pro Tag kommen.

Wir Menschen schütten zum Beispiel beim Tanzen Endorphine aus und fühlen uns dann besser – vorausgesetzt, wir tanzen mit dem richtigen Partner. Die Mutter, die ihr Kind im Arm wiegt wie in Webbewegungen, vermag es so zu beruhigen.

Durch starkes Weben können die Vorderbeine Schaden nehmen. Häufig tritt beim Weben erhöhter Kotabsatz auf – wohl nicht als Auslöser, sondern als Folge dieses Fehlverhaltens.

Viele Pferde weisen während des Webens oder zusätzlich weitere Störungen auf wie Lippenlecken, Zungenrollen oder Kopfschlagen. Solche Tiere haben oder hatten massive Probleme.

Eine einschneidende Veränderung der gewohnten Lebensumstände kann Pferde dauerhaft verstören und Weben hervorrufen. Ein derart erregtes Pferd möchte der Irritation entfliehen. Wenn Weglaufen aber nicht möglich ist, sucht es nach einer Ausgleichsbefriedigung.

Weben ist aber auch eine Folge von Langeweile und Unterforderung wie von Bewegungsmangel bei überwiegender Boxen- oder Ständerhaltung.

Auch im Zusammenhang mit dem Weben wird über Vererbung diskutiert, da überwiegend hoch im Blut stehende Pferde von dieser Verhaltensstörung betroffen sind. Kaltblüter neigen nicht zum Weben. Doch bevor den Tieren eine Neigung zur Vererbung abnormer Verhaltensmuster zugesprochen wird, sollte zunächst die Art der Pferdehaltung hinterfragt werden.

Nachahmung käme ebenfalls als Erklärung in Frage, aber auch hier gilt: Gibt es mehrere Weber in einem Stall, dann sind sie nahezu gleichen Bedingungen und Unzulänglichkeiten ausgesetzt. Noch keines unserer Pferde hat sich das Fehlverhalten bei zugekauften Webern abgeschaut. Dagegen habe ich einmal einen ›hochmodernen‹ Vollblutstall besichtigt, in dem sämtliche Pferde – beinahe zwanzig! – zu Webern gemacht worden waren. Hochgezogene, gemauerte Boxenwände verboten den Tieren jeden Sozialkontakt untereinander. Lediglich durch die Boxentüren durften die Pferde einen Blick auf ihre jeweils schräg gegenüber untergebrachten Kollegen werfen. Ihre Boxen konnten sie nur zum Training verlassen.

Ein Weber verfällt meistens in seine monotonen Bewegungen, sobald er in erwartungsvolle Aufregung versetzt wird. Der Beginn der Fütterung und andere Tätigkeiten im Stall können als Auslöser wirken.

Ich kenne Pferde, die zu Webern wurden, weil ihre Besitzer nach anfänglicher Begeisterung und täglichem stundenlangem Betüdeln plötzlich die Lust verloren und sich nicht mehr um ihre Pferde kümmerten, sie nicht mehr ritten und auch nicht für Ausgleichsbewegung sorgten, sondern sie fast ausschließlich im Stall hielten. Neue Spielzeuge waren wichtiger geworden ...

Sandsäcke oder Ziegelsteine, die genau dort von der Stalldecke baumeln, wo das Pferd gern seinen Kopf hinhält, sind sinnlos und beeinträchtigen die Haltungsbedingungen, also abzulehnen. Auch gestreift bemalte und verspiegelte Boxenwände oder Flattervorhänge bringen nichts. Das Fesseln eines Pferdes ist tierschutzwidrig, schränkt seine Bewegungsfreiheit ein, hindert es daran, sich abzulegen und birgt zudem Verletzungsgefahr.

Fortbewegungsstereotypien

Pferde, die stundenlang stereotyp im Schritt in ihrer Box herumlaufen wie der sprichwörtliche Tiger im Käfig, sind verhaltensgestört. Auch ständiges scheinbares Weiden, das sogenannte Leerlaufgrasen, gehört in den Bereich dieser Anomalie.

172

Insbesondere einzeln gehaltene Pferde, denen lediglich ein kleiner Auslauf zur Verfügung steht, neigen dazu, zu »Bewegungsidioten« zu werden. Unbefriedigter Freßtrieb fördert ebenfalls solche Verhaltensweisen.

Schlagen an die Seitenwände

Jedes Pferd kann einmal schlecht gelaunt gegen seine Boxenwand schlagen. Doch wenn es mit Hinter- oder Vorderbeinen permanent gegen die Stallwände trommelt, ist etwas nicht in Ordnung.

Übermäßige Erregung und auch zurückliegender Streß können dieses Verhalten auslösen. Ständige Boxenhaltung fördert das »Stall-Kicking«. Es kann auch sein, daß ein Pferd seinen Boxennachbarn einfach – im wahrsten Sinn des Wortes – nicht ausstehen kann oder der Individualabstand unterschritten ist.

Oftmals beginnen Kicker vor der Fütterung gegen die Boxenwand zu treten. Diese Angewohnheit schädigt die Beine des Pferdes. Und natürlich auch die Boxenwände.

Exzessives Scharren
(Funktionsbereiche Bewegung und Fressen)

Das Scharren ist ein natürliches Verhalten des Pferdes: bei der Untersuchung des Bodens, der Futtersuche, vor dem Wälzen oder als Ausdruck der Erregung beim Drohen oder Imponieren. Scharren tritt auch als Übersprungshandlung auf oder kann eine Kolik begleiten.

Wenn ein Pferd allerdings zehn oder gar dreißig Minuten ohne Unterbrechung scharrt, leidet es ohne Zweifel an einer Verhaltensstörung. Ursachen hierfür können akute oder auch zurückliegende Überforderungen, Übererregung und Fütterungsfehler sein. Einzelhaltung verstärkt stereotypes Scharren.

Die betroffenen Pferde können von einer bevorstehenden Fütterung zum Scharren animieren werden oder auch durch ständiges Kommen und Gehen, besonders in Boxenställen.

Fortgesetztes Scharren verursacht Schäden an den Vorderbeinen. Die Hufe schleifen sich vorne schneller ab, besonders dann, wenn häufig auf Zement oder ähnlichen Böden gekratzt wird. Gerade harter Untergrund animiert aber besonders zum Weitermachen, denn die Geräuschkulisse, die hartnäckige Scharrer erzeugen, bringt ihnen häufig die gewünschte Beachtung.

Geben Sie Pferden, die durch gelegentliches Scharren auf sich aufmerksam machen wollen, keine Leckerli. Sonst werden Sie unangenehm überrascht sein, wie schnell Ihr Vierbeiner sein putziges ›Bittebitte‹ zum Bettelscharren perfektioniert!

Wenn zwei Pferdefreunde getrennt werden, weil eines von ihnen zum Training aus dem Stall geholt wird, beginnt das Zurückbleibende häufig zu scharren. Pferde, die noch nie getrennt waren, muß man erst nach und nach daran gewöhnen. Das Verlassene darf nicht ohne Aufsicht zurückbleiben, denn Pferde können in solchen Situationen vor Erregung schier ausflippen und sich verletzen.

Pferde ›sicherheitshalber‹ zu fesseln, ist immer der falsche Weg!

Funktionsbereich Hautpflege

Schweifreiben

Pferde reiben öfters ihre Schweifrübe an einem geeigneten Kratzbaum. Das gehört zu ihrem normalen Komfortverhalten. Während des Fellwechsels kommt das Schubbern öfter vor, vor allem wenn nicht täglich ordentlich geputzt wird. Stuten neigen während der Rosse vermehrt dazu, sich zu scheuern.

Ein Pferd, das seinen Schweif ständig an Stallwänden, Bäumen oder Zaunpfählen scheuert, hat allerdings ein Verhaltensproblem. Abgebrochene Schweifhaare lassen seine Schweifrübe zudem schnell wie einen explodierten Schrubber aussehen. Kahlgescheuerte Stellen neigen zu Entzündungen.

Vermehrtes Schweifscheuern kann auch körperliche Ursachen haben. Eventuell liegt ein Wurmbefall vor, der Juckreiz am After mit sich bringt. Milben und Haarlinge leben, wenn sie Pferde befallen, auf oder in der Haut und verursachen ebenfalls Juckreiz. Gerade Parasiten sind oft für Hauterkrankungen verantwortlich, die Schweif- und auch Mähnescheuern provozieren.

Auch allergische Reaktionen, die auf Fütterungsfehler zurückgehen, können zu übermäßigem Schweifreiben führen.

Die hohe ›Sommerekzem‹-Rate bei importierten Islandpferden hängt unter anderem mit einer in unseren Breiten ansässigen Mückensorte zusammen, die in Island nicht vorkommt. Hier stellt sich die Frage, ob auf der Insel geborene Pferde auf das Festland gehören.

Handelt es sich aber um stereotypes Scheuern, ohne daß einer der oben aufgeführten Gründe zutrifft, liegt auch hier ein gestörtes Verhalten vor. Als Ursachen können Frustration, Angst oder andere Konflikte eine Rolle spielen. Auch Nachahmung ist möglich, insbesondere, daß ein Fohlen seine scheuernde Mutter imitiert.

Auch Kummer, vielleicht infolge einer Trennung, kann ein solches Verhalten provozieren. Ich kenne einen Wallach, der mit Scheuern begann, weil sein Besitzer sich plötzlich nicht mehr um ihn kümmerte. Für einen anderen Wallach war ein Stallwechsel der Auslöser – trotz seines wirklich liebevollen Besitzers und guter neuer Haltungsbedingungen. Pferde sind nun einmal Gewohnheitstiere.

Bei einem anderen Pferd kam alles zusammen: Es gilt heutzutage als chic, einen Hengst zu besitzen. Reithengste sind in, doch deshalb sind ihnen noch längst nicht alle Hengstreiter gewachsen. Oft dauert es lange, bis schlechte Reiter sich ihr Unvermögen eingestehen. Eher geben sie dem Hengst die Schuld – und lassen ihn eben kastrieren. Wenn ein erwachsener Hengst, der womöglich schon im Deckeinsatz gewesen ist, gelegt wird, bedeutet das einen enormen Eingriff in seine Psyche. Ich habe aus der Ferne mitansehen müssen, wie einem vierzehnjährigen Deckhengst durch unsachgemäße Haltung und unprofessionelles Reiten das Leben schwer gemacht wurde. Kaum ein Hilfszügel, der nicht zum Einsatz gekommen wäre. Dieser Hengst – ein wahres Traumpferd im andalusischen Typ, das ich selbst für kurze Zeit mit Begeisterung reiten durfte – war ein echter Bilderbuch-Macho, strotzend vor Ausstrahlung und Selbstbewußtsein. Bis zum Schluß widersetzte er sich dem falschen Verhalten seiner Besitzer. Dann wurde er kastriert. Das Pferd war danach nicht mehr wiederzuerkennen, ein Schatten seiner selbst.

Mit dem verstörten Tier wußten seine Besitzer erst recht nicht mehr umzugehen. Sie verbannten den Verängstigten allein auf eine Weide, wo ich ihn regelmäßig besuchte. In seiner Einsamkeit und Verzweiflung scheuerte er sich seine wallende Mähne ab. Als ich ihn endlich zu mir holen durfte, dauerte es Monate, ihn wieder aufzubauen. Er führt heute ein artgerechtes Leben in einer Herde. Doch sein einstiger Glanz und seine Ausstrahlung schimmern nur noch matt.

*Karatschi vor und nach seiner Kastration. Er war schon vierzehn, als er ge-
legt wurde.*

Selbstverstümmelung oder Automutilation
(Funktionsbereiche Hautpflege und Bewegung)

Ein Pferd, das seine Aggression gegen den eigenen Körper richtet, sich in die Brust, die Flanken oder auch in die Beine beißt, ist stark verstört. Schlimmste Verletzungen können die Folge sein.

Selbstverstümmelung ist ein Verhalten, das vermehrt bei Hengsten auftritt. Allerdings nicht, weil sie komplizierter sind als Stuten oder Wallache, sondern weil gerade sie häufig unter nicht artgerechter Haltung leiden. Von anderen isoliert untergebracht, vermissen sie den sozialen Kontakt zu ihren Artgenossen, auch die normalen sozialen Auseinandersetzungen.

Bei vorbelasteten Tieren kann eine starke Erregung autoaggressives Verhalten auslösen. Ein Hengst, der daran gehindert wird, Stuten in seiner Nähe zu erreichen, kann eine massive Aggressivität entwickeln. Er muß sich abreagieren.

Ich habe einen Fall erlebt, in dem eine alte Stute eine geringfügige Wunde unter großen Verrenkungen durch Lecken und Knabbern derart vergrößert hat, daß man von Selbstverstümmelung sprechen kann. Der Grund dafür war, daß der Besitzer die Stute aufgrund ihrer kleinen Verletzung nicht mehr aus der Box gelassen hatte. Sie sollte sich nicht schmutzig machen, keinen Sand in die Wunde bekommen. Die an sich sehr aktive Stute hielt diese Einschränkung nicht aus und begann sich selbst zu zerfleischen. Als sie auf unser Drängen hin wieder nach draußen und in die Herde durfte, hatte das tragische Selbstbeißen ein Ende und die Wunde verheilte relativ schnell.

Autoaggressives Verhalten bei Pferden ist nicht selten die Folge von allzu übertriebenem Hygieneaufwand ihrer Besitzerinnen und Besitzer.

Ein Maulkorb ist keine Lösung, um die Selbstverstümmelung eines Pferdes zu verhindern, er fügt ihrem Leid allenfalls ein weiteres hinzu: Der Freßtrieb wird nicht befriedigt.

Erregte Hengste masturbieren häufig, indem sie ihren erigierten Schlauch gegen die Bauchdecke klatschen lassen. Das ist ein natürliches Verhalten, das keinesfalls bestraft werden darf. Es gibt tatsächlich immer noch Menschen, die die natürlichsten Vorgänge als unmoralisch ansehen. Übrigens onanieren auch Wallache hin und wieder.

Funktionsbereich Ruhen

Sich nicht legen

Fluchttiere legen sich nur ab, wenn sie sich sicher fühlen. Der Stallwechsel eines Pferdes kann sein Sicherheitsbedürfnis stören; Isolationshaltung läßt erst gar keines aufkommen. Die falsche Zusammensetzung einer Gruppe kann durchaus dazu führen, daß ein Tier
sich nicht abzulegen traut. Doch Sozialkontakt ist nun einmal unent-
behrlich. Auch wenn ein Pferd sich aus Angst vor anderen nicht legt,
ohne Herde wird es dies gewiß ebensowenig tun. Denn – sichere? –
Entfernung hin und her, weit weg von seinen Artgenossen und ohne
deren Wachschutz läßt ein Pferd sich nicht nieder.

Zu kurzes Anbinden in Ständern, mangelnder Platz in Boxen oder
rutschiger Boden verhindern das Hinlegen, und auch eine – meist
durch mangelnde Einstreu entstandene – Jaucheboxe lädt nicht gerade dazu ein.

Bei Beinproblemen wie Arthrosen, Rückenproblemen und diver-
sen Verschleißerscheinungen ist das Hinlegen und Aufstehen zu anstrengend.

Pferde aber, die sich nicht flach ablegen, können nicht tiefschlafen. Wer nicht tiefschläft, erholt sich nicht, kann infolgedessen keine
volle Leistung erbringen und entwickelt sich allmählich zum seelischen Wrack.

Schädlich ist aber auch zu langes Flachliegen. Wenn ein Pferd aufgrund beengter Verhältnisse, vor allem in Boxenhaltung, festliegt
und nicht mehr hochkommt, drohen Panik und eine gefährliche
Kreislaufbelastung.

Wenn neu im Stall aufgenommene Pferde tiefschlafen, ist das für
mich immer ein gutes Zeichen für ihre Eingewöhnung. Vor allem
dann, wenn sie sich auch in unserer Gegenwart völlig ungezwungen
ablegen.

Verhaltensabweichungen im Stall und bei der Nutzung

Kopfschlagen und Schweifschlagen

Keine Sorge, wenn Ihr Pferd einmal heftig den Kopf schüttelt, es ver-
scheucht so vielleicht nur die lästigen Insekten. Sollte es aber ohne

erkennbaren äußeren Anlaß ständig mit dem Kopf schlagen, ist Ursachenforschung angesagt.

Das Heben des Kopfes kann bedeuten, daß das Pferd sichern will. Ein in der Reithalle gerittenes Pferd möchte den Kopf hochnehmen, wenn es ein auffälliges Geräusch von draußen wahrnimmt. Meist versucht es auch, in die Richtung des Geräusches zu blicken. Hindert man das Pferd daran, kann das kurzfristiges Kopfschlagen provozieren.

Ein stereotyp kopfschlagendes Pferd versucht unter Umständen, sowohl im Stall als auch beim Reiten, seinen Erregungspegel zu senken.

Besorgniserregende Gründe für Headshaking können Erkrankungen sein. Wenn ein Pferd im Nacken- oder Rückenbereich Schmerzen verspürt, die sich beim Reiten natürlich verstärken, versucht es sie durch ständig wechselnde Kopfhaltungen zu verringern. Auch Erkrankungen der Nase, der Nebenhöhlen oder der Stirnhöhle, Juckreiz, Pollenallergien, Ohrprobleme, Erkrankungen der Augen und Gleichgewichtsorgane können zum Kopfschlagen führen.

Schmerzen können von Verletzungen, aber auch von Verspannungen herrühren. Verspannungen sind aber bereits die Folge von etwas, das zu ergründen ist. Häufig beginnt der Schmerz im Kopfbereich. Manche Pferde mögen ihren Kopf dann gar nicht mehr bewegen, sondern gerade noch mit den Augen zu rollen. Werden deshalb Augenroller fälschlicherweise als gefährlich eingestuft?

Neuere Untersuchungen beschäftigen sich mit der Lichtabhängigkeit, da Headshaking bei einigen Pferden im Winter nachläßt.

Kopfbewegungen beim Reiten und Abwehr gegen das Trensengebiß können auch auf Zahnprobleme hindeuten – und genausogut auf schlechte Reiterinnen und Reiter ... Beim Auftrensen kann ungeschicktes Hantieren Kopfschlagen auslösen, vielleicht hat das Pferd aber auch Schmerzen oder früher mal schlechte Erfahrungen gemacht. Auch drückende, scheuernde, schlecht verpaßte Zäumung (zum Beispiel ein zu enger Stirnriemen) kann zum Kopfschlagen führen. Achten Sie darauf, daß Pferde am Kopf ohnehin berührungsempfindlicher sind als an den meisten anderen Körperstellen.

Ganztägige Boxenhaltung fördert ebenfalls Kopfschlagen. Ich kenne ein sehr dominantes und aktives Pferd, daß diese Verhaltensstörung entwickelt hat, als es wegen eines Strahlbeinanbruches vier Monate in der Box bleiben mußte.

Einen Headshaker tagelang ausgebunden in der Box stehen zu lassen, bedeutet Tierquälerei und verstärkt das Fehlverhalten nur. Das gilt auch für extrem scharfe Gebisse beim Reiten – etwa mit Draht umwickelte Eigenkonstruktionen oder gar Fahrradketten.

Schweifschlagen unter dem Reiter – sofern es nicht den Fliegen gilt – ist ein Anzeichen von Abwehr oder Erregung. Natürlich ist auch ein drückender oder ungewohnter Schweifriemen als Auslöser in Betracht zu ziehen – oder wieder ein schlechter Reiter.

Ein junger Araber wurde mir unter anderem wegen seines Kopfschlagens zur Therapie gebracht. Dieses damals vierjährige, hochsensible Pferd ließ sich überhaupt nicht am Kopf berühren. Der Grund seines Verhaltens war schnell erfragt. Auf weiten Wegen aus dem Ausland importiert, hatte ihm bereits der Transport zu schaffen gemacht. Ohne Eingewöhnungszeit sollte er dann zugeritten werden. In seiner Nervosität und Unerfahrenheit wehrte er sich gegen das Auftrensen. Deshalb befestigte man links und rechts an seinem Halfter zwei Eisenketten und band ihn auf der Stallgasse damit an. Beim Versuch, sich loszureißen, geriet er mit dem Kopf unter die Ketten und skalpierte sich beinahe. Große Teile seiner Stirnhaut wurden in Mitleidenschaft gezogen. Das Pferd ließ sich danach erst recht nicht trensen, auch nicht halftern und nur schwer einfangen. Das Kopfschlagen kam noch hinzu.

Heute geht es ihm wieder gut, wir haben ihn gekauft und von seinen Ängsten befreien können. Er hat noch Glück gehabt.

Wir haben auch schon mehrmals ›vergessene‹ Pferde gekauft, deren zu eng verschnallte Halfter kein normales Fressen zuließen oder sogar eingewachsen waren. Daß diese Pferde kopfscheu waren, verwundert wohl kaum. An vielen Pferden weisen ›unechte Abzeichen‹, nicht angeborene weiße Haarflecken auf erlittene Verletzungen durch eingewachsenen Halfter, zu enge Nasenriemen, scheuernde Sättel, nicht passende Geschirre hin ...

Dauerrosse

Eine Stute, die unter Dauerrosse leidet, wirkt oft hochmütig und stolz. Ihre Stimmung schlägt schnell um, von gereizt, aggressiv hin zu unruhig oder depressiv.

Wie ihre anderen rossigen Geschlechtsgenossinnen stellt sie den Schweif hoch, blitzt mit der Scham und spritzt häufig Urin ab. Sexuell übererregt, sind ihre Sexualorgane jedoch oft sehr empfindlich, so daß sie einen Hengst mitunter nicht an sich heranlassen will.

Eine solche rosskollerige Stute führt einen fortlaufenden Kampf um ihren Platz innerhalb der Rangordnung und präsentiert sich als überaus ›schlagfertig‹. Sie läßt sich in der Regel schlecht anfassen, anschirren oder reiten.

Dauerrosserinnen gehören in tierärztliche Behandlung, wobei sich Rektaluntersuchungen meist als schwierig erweisen. Eine mögliche Ursache ihres Verhaltens können Veränderungen an den Eierstöcken, zum Beispiel Zysten, sein. Finden sich keine Zysten oder ähnliches an den Eierstöcken, kann möglicherweise Virilismus diagnostiziert werden: Vermännlichung durch krankhafte Überproduktion von Hormonen.

Künstlich befruchtete dauerrossige Stuten nehmen ihre Fohlen bisweilen nicht an, wenn sie überhaupt aufnehmen. Abgesehen davon sollte man solche Stuten nicht zur Zucht zwingen.

Klopphengste (Kryptorchiden, Spitzhengste)

Die Hoden eines Hengstfohlens wandern während seiner Entwicklung von der Bauchhöhle in den Hodensack. Bei einem Klopphengst verbleiben einer oder beide Hoden dauerhaft im Leistenkanal oder in der Bauchhöhle. Klopphengste können im entsprechenden Alter den Deckakt zwar ausführen, aber keine befruchtungsfähigen Samenzellen entsenden.

Klopphengste werden manchmal bösartig. Eine – nicht immer unkomplizierte – Operation schafft nicht unbedingt gänzlich Abhilfe. Wird bei einem solchen Hengst die Aggressivität zusätzlich geschürt, weil sein Verhalten mit Schlägen beantwortet wird, ist der Weg zu normalem Verhalten oft verbaut.

Wenn zweijährige Hengste noch nicht beide Hoden erkennen lassen, ist es höchste Zeit für eine Untersuchung.

Fehlprägungen

Wird ein Fohlen stärker auf den Menschen als auf seine Mutter geprägt, zeigt sich das später an einem gestörten Sozial- und Sexualverhalten gegenüber Artgenossen.

Es kann sogar dazu kommen, daß ein fehlgeprägter Junghengst einen Menschen zu besteigen versucht.

Mutterlos aufwachsende Fohlen haben oft eine sehr enge Bindung zu den Menschen, die es aufgezogen haben. Nicht immer ist eine Ammenstute zu finden. Waisenfohlen benötigen spezielle Saugtränken und Kontakt zu anderen Fohlen und deren Müttern. Ich habe erlebt, wie eine Stute mit Fohlen bei Fuß ein Waisenkind quasi adoptiert hat. Sie hat es zwar nicht ernährt, aber liebe- und verantwortungsvoll beaufsichtigt. Auch manche Wallache eignen sich als Ziehväter.

Geht wirklich kein Weg am Einsatz einer Saugflasche vorbei, achten Sie unbedingt darauf, daß das Füllen die typische Saughaltung einhalten kann: Sein Kopf darf nicht hochgezwungen und dadurch das Abschlucken der Milch verhindert werden.

An einer Störung in der Prägephase eines unserer Pferde waren wir einmal selbst schuld. In einer unserer kleinen Ponyherden lief die Warmblutstute Arabella als Gnadenbrotpferd mit. Alle Pferde verbrachten den Sommer auf einer Weide mit Offenstall. Samba, eine Reitponystute, stand kurz vor der Geburt. Spät abends kontrollierte mein Vater noch einmal die Weide. Es gab keinen Grund zur Beunruhigung. Samba hatte stets problemlos und alleine gefohlt. Auch in dieser Nacht brachte sie ohne Hilfe ein Fohlen zur Welt. Morgens um sieben Uhr fuhr mein Vater zur Koppel und entdeckte, daß Arabella das Neugeborene »gestohlen« hatte. Sie stand mit gefletschten Zähnen über ihm und ließ der kleinen Samba keine Chance, heranzukommen. Auch meinen Vater wollte Arabella mit Hufen und Zähnen vertreiben, obwohl sie sonst ein sehr sanftes, umgängliches Pferd ist. Buchstäblich unter Einsatz seines Lebens nahm mein Vater das Fohlen unter den Arm und rannte mit ihm von der Weide. Hinter dem Zaun legte er das Neugeborene ab, um Samba zu holen. Es war alles noch einmal glimpflich ausgegangen. Samba nahm ihr Fohlen problemlos an, und Arabella beruhigte sich wieder. Ausgelöst hatten wir dieses Drama, nicht Arabellas starke Muttergefühle. In einer Herde gleichgroßer Pferde wäre Samba nicht die Unterlegene gewesen. Wir haben daraus gelernt.

Verhaltensabweichungen bei der Nutzung

Beißen

Zu Rangordnungskämpfen gehören auch Bisse. Wenn ein Pferd nach dem Menschen beißt, kann die Ursache allerdings in einer fehlerhaften Ausbildung, Haltung und Nutzung liegen. Kein Pferd beißt ohne Grund, wie auch alle anderen beschriebenen Störungen und Abweichungen nicht ohne Ursache auftreten. Schlechte Erfahrungen mit Menschen können das Pferd in die Abwehr treiben und zu Verteidigungsangriffen veranlassen. So kann Angst dazu führen, daß es zufaßt, insbesondere wenn keine Fluchtmöglichkeiten vorhanden sind.

Ein bissiges Pferd greift einen Menschen vor allem dann an, wenn sein Individualabstand unterschritten wird.

Zwar wird über Vererbung von Bösartigkeit diskutiert, aber in fast allen Fällen liegt menschliches Versagen wohl näher, beispielsweise können isoliert gehaltene Hengste aus Frust beißwütig werden.

Unter ›Pferdekennern‹ zählt es immer noch zu den gängigen Hausmitteln, einen Beißer dazu zu animieren, in eine heiße Rübe oder ein Nagelbrett zu schnappen. Das ist Tierquälerei und fördert nur Aggressionen!

Wird ›normal‹ aggressives Abwehrverhalten eines Pferdes von Erfolg gekrönt, weil der Mensch sein Vorhaben abbricht oder zur Besänftigung gar Leckerbissen verabreicht, besteht die Gefahr, daß es auf Dauer gefährlich provokant wird.

Bocken

Ein Pferd bockt und buckelt unter dem Reiter schon mal aus Übermut und Spieltrieb, je nach Temperament und Alter. Es kann auch vorkommen, daß es »der Hafer sticht«, also daß es im Zusammenhang mit Futter bockt. Auch überschüssige Energie infolge fehlerhafter Haltung und mangelnder Bewegung kann die Ursache sein.

Schmerz ist ein häufiger Auslöser, z.B. durch Rücken- oder Hautprobleme in der Sattellage. Womöglich hat das Pferd verbogene Wirbel oder eine Allergie gegen synthetische Satteldecken. Schlechte Ausrüstung wie ein drückender Sattel, ein zu eng geschnallter oder scheuernder Gurt – viele Pferde sind in der Gurtlage empfindlich –, ein zu früh fest ›zugeknallter‹ Bauchriemen oder eine faltige Satteldecke kann Bocken hervorrufen.

Auch eine Stute, deren Fohlen frisch abgesetzt wurde, kann bok-
kend auf einen Reiter reagieren, weil sie ein prall gespanntes Euter
hat und voll innerer Unruhe ist.

Reiter mit harter Hand und steifem Sitz können Abwehrreaktionen provozieren. Ein Pferd kann vor Angst bocken – auch aus Angst
davor, geritten zu werden. Grobes und unvorbereitetes Zureiten
führt zu bleibenden Ängsten. Ein Pferd kann Bocken als erlernte Abwehrreaktion beibehalten, sogar dann wenn nach einem schlechten
Reiter ein guter in den Sattel steigt. Stundenlanges Müdereiten solcher Pferde ist keine Lösung.

Klopphengste und Stuten, die unter Dauerrosse leiden, neigen
mehr zum Bocken als andere Pferde. Pferde, die einmal massive Abwehrreaktionen erlernt haben, erfordern immer eine »Gebrauchsanweisung«; es sind immer wieder einmal knifflige Situationen zu erwarten, die von Anfängern nicht zu meistern sind.

Ein ehemaliges Therapiepferd, ein hochgradig gestörtes Vollblut,
zeigte allerheftigste Abwehr gegen jeden Reiter. Nach erfolgreicher
Therapie habe ich das Pferd nur ungern zurückgegeben, weil ich den
Besitzer für unfähig hielt. Doch er wollte sich angeblich nie von seinem Tier trennen. Ich habe an sein Verantwortungsbewußtsein zu
appellieren versucht und ihm versprochen, einen passenden Halter
zu finden. Vergeblich. Monate später habe ich das Tier in einem
›Pferde-Verkauf-Magazin‹ entdeckt: Inseriert als »hervorragendes
Pferd, ausgestattet mit überragenden Grundgangarten, geeignet für
den anspruchsvollen Reiter …«. Die Summe, die ich für sein Pferd
geboten hatte, war ihm offenbar zu gering gewesen – eine Null zu
wenig.

Kleben

Pferde möchten immer gern in der Gruppe bleiben, schließlich bietet
sie Sicherheit. Wenn eines sich beim Führen oder Reiten aber partout
nicht von anderen Pferden entfernen will, können Angst, mangelndes Selbstbewußtsein, unzureichendes Training, fehlendes Vertrauen
oder schlechte Erfahrungen die Gründe sein.

Auch übermäßiger Stalldrang, regelmäßiges Durchgehen in Richtung Heimat, hat die gleichen Ursachen, zu denen noch die Angst vor
dem Reiter hinzukommen kann.

Ein Pferd, das klebt, womöglich mit dem Traktor an einer Kette vom Hof zu ziehen, beschert ihm eine traumatische Erfahrung (mehr) und ist außerdem lebensgefährlich.

Sattelzwang

Ein Pferd mit Sattelzwang wehrt sich mit allen Mitteln gegen den verhaßten Sitz, mitunter schon beim Auflegen oder beim Angurten. Vielleicht wurde es nie richtig an den Sattel gewöhnt, schon beim allerersten Auflegen überrumpelt. Manche ›Spezialisten‹ halten Sattelwurf für eine sportliche Übung. Wer seinen Sitz mit ›Hauruck‹ auf den Pferderücken wirft, plötzlich und womöglich noch heftig festzurrt und sich selbst dann noch gefühllos obendrauf plumpsen läßt, muß sich über tiefsitzende Abneigungen nicht wundern. Aufsteigen heißt nicht, dem Pferd ins Kreuz zu fallen. Wenn der Sattel nicht einmal paßt, sondern drückt und scheuert, wenn die Satteldecke Falten schlägt, ist das Maß endgültig voll. Ganz zu schweigen von Menschen, die ein Pferd tagelang aufgesattelt in der Box angebunden stehenlassen, damit es sich »dran gewöhnt« ...

Wehrt sich ein Pferd auch bei sensiblerem Umgang gegen das Aufsatteln, sollte es unbedingt auf Schmerzpunkte hin untersucht werden.

Die meisten ›Sattelopfer‹, die letztendlich bei mir landeten, sind einst in gängigen Schnellverfahren ausgebildet worden – und zwar fast immer von Männern.

Eines der schwierigsten Pferde, das unter Sattelzwang litt und zu mir in Therapie kam, war eine vierjährige Warmblutstute, die fast nur in der Box gehalten wurde. Sie war zu fett gefüttert, hatte eine Hufrehe hinter sich, koppte und barrenwetzte zudem. Nach fehlgeschlagenen Versuchen, sie anzureiten, brachte ihr Besitzer sie zu mir. Er nahm sich nicht ein einziges Mal die Zeit, beim Training dabei zu sein, und war, nachdem sie sich zu einem guten Reitpferd entwickelt hatte, nicht bereit, die Haltungsbedingungen im heimischen Stall zu ändern. Ein Vierteljahr später rief er an, weil sie beim Reiten gebockt hatte. Auf meine Nachfrage hin erklärte er mir, daß er die Stute nach der Therapie drei Monate in den Stall gestellt hatte und der Reitversuch am Vortag der erste seit ihrem Aufenthalt bei mir gewesen sei. Na dann. Es gibt Tage, an denen ich an meinem Beruf verzweifeln könnte.

Für das Fluchttier Pferd ist es arttypisch, zu scheuen, sobald es sich in Gefahr wähnt. Gelegentliches Scheuen unter dem Reiter gehört also zum normalen Verhalten. Jedes Pferd kann sich einmal erschrekken. Für Reiterinnen und Reiter bedeutet das: Sie müssen mit Scheuen rechnen und damit umgehen lernen.

Viele Menschen kriegen unverhofft ein mulmiges Gefühl im Sattel, weil der Vierbeiner scheut. Wichtig ist: Konzentrieren Sie sich dann darauf, selbst wieder zur Ruhe zu kommen, statt das Pferd anzuhalten und überschwenglich zu beruhigen – womöglich mit Leckerbissen! Denn wenn Sie Ihr Pferd nach jedem kleinen erschreckten Seitenhopser belohnen, lernt es, absichtlich zu scheuen.

Fehler beim Reiten können die Neigung zum Scheuen ebenso verstärken wie fehlende Bewegung. Nicht artgerechte Haltung wie beispielsweise Dunkelhaltung schränkt die Wahrnehmungsfähigkeit der Pferde ein und läßt sie ebenfalls eher scheuen.

Möglicherweise scheut ein Tier aus Angst vor dem Reiter oder Fahrer, vor seiner Einwirkung, vor Sporen, Peitsche und Gebiß.

Umgekehrt dürfen Reiterinnen und Reiter, die selbst ständig Angst haben, sich nicht wundern, wenn sich ihr Pferd anstecken läßt und mangelndes Vertrauen zeigt. Ich erlebe es immer wieder im Reitunterricht, daß einige Pferde unter ängstlichen Menschen ständig scheuen. Von einem angstfreien Menschen geritten, zucken sie in gleichen Situationen nicht einmal mit der Wimper. Überängstliche halten häufig die Luft an und verspannen sich. Diese Reaktionen übertragen sich auf das Pferd und mahnen es zu übertriebener Vorsicht.

Auch ein Sehfehler kann zum Scheuen führen. Augenkrankheiten verursachen manchmal eine überhöhte Empfindlichkeit gegenüber Geräuschen.

Alles was dazu führt, daß das Pferd sich unwohl fühlt, etwa Rükkenschmerzen beim Reiten oder Atemprobleme, kann die Fluchtbereitschaft erhöhen.

Schlechte Erfahrungen bleiben im Gedächtnis des Pferdes haften und lassen es an bestimmten Orten angstvoll reagieren. Ein bestimmtes Geräusch oder Objekt genügt manchmal schon. Panisches Scheuen deutet möglicherweise auf eine Phobie hin, hervorgerufen durch ein traumatisches Erlebnis.

Wird ein scheuendes Pferd brutal bestraft, verstärkt sich seine

Angst. In einer ähnlichen Situation wird es wieder scheuen. Durch eine heftige Maßregelung verliert das Pferd die Möglichkeit, Ursache und Wirkung zu unterscheiden. Ein Pferd, das sich vor einer flatternden Fahne erschrickt und nicht gleich weitergehen möchte und deshalb grob verprügelt wird, merkt sich, daß Fahnen Schmerzen verursachen.

Heftige Angst schränkt das Pferd in seiner Wahrnehmung so sehr ein, daß eine Verständigung zwischen ihm und dem Reiter zeitweise unmöglich wird.

Ein Pferd, das in Angstsituationen immer wieder bestraft wird, ängstigt sich bald vor allem und jedem. Kleinste Anlässe können schließlich genügen, um eine Flucht auszulösen.

Problempferde verkauft man gern. Eine einfache Lösung – für den Besitzer. Ein Pferd, das wegen einer Phobie auf unserem Hof landete, hatte innerhalb von zwei Jahren achtmal den Besitzer gewechselt. Von einigen war mir berichtet worden, von anderen hörte ich, nachdem ich das Tier in einem Fernsehbericht vorgestellt hatte. Eine erschütternde Bilanz. Wir haben diesem Pferd im Anschluß an seine Therapie eine ›Lebensstellung‹ verschafft.

Ein kleiner angeblicher Problem-Wallach mit riesiger Angst vor allem hatte jahrelang unbemerkt unter Schmerzen gelitten, hervorgerufen durch Wucherungen an seiner Kastrationsnarbe. Erst als eine sehr umsichtige Reiterin ihn erwarb und ihn untersuchen und schließlich operieren ließ, wurde sein Leben wieder lebenswert. Eine Therapie bei uns konnte ihm schließlich auch bei der Überwindung seiner Angst helfen.

Ein anderer Wallach – ein wahres Angstbündel – war als angeblich altes, sehr erfahrenes Pferd an einen Anfänger verkauft worden. Wie sich später herausstellte, war das Tier fünf Jahre jung, importgeschädigt und nicht zugeritten. Der neue Besitzer hatte sich unbedarft in den Sattel geschwungen und das Unheil seinen Verlauf genommen. Es hätte schlimmer ausgehen können. Auch diesem Pferd geht es heute glücklicherweise wieder gut. Dazu brauchte es immerhin ein volles Jahr.

Ein anderer Anfänger wollte sein unausgebildetes zweijähriges (!) Barockpferd zum Fahrpferd ausbilden: Geschirr rauf, Baumstamm dahinter, Peitsche hoch. Das Resultat war ein verletztes, verängstigtes Tier, ein kaputtes Geschirr und eine demolierte Stallwand. Da dieses Pferd sich, wie der Besitzer fand, einfach nicht zum Fahren

eignete, beschloß er es dann eben anzureiten: Trense und Sattel rauf, Pferd an einen Baum gebunden und aufgesessen. Endergebnis: ein restlos gestörtes Pferd, eine kaputte Trense und ein fünfmal abgestürzter, leicht lädierter Möchtegern-Reiter. Es fällt schwer, beim Anhören solcher Geschichten nicht gleich die Beherrschung zu verlieren. Doch ich muß mich zusammenreißen, weil ich den Pferden helfen möchte. Den Besitzer versuche ich im Verlauf einer Therapie durch die sichtbaren Fortschritte der Pferde zum Umdenken zu bewegen. Erst wenn das nichts hilft, muß ich schonungslos deutlich werden und ›den Holzhammer hervorholen‹.

Kaufen und reiten Sie als Laie kein Pferd, ohne einen fachlich kompetenten Menschen an der Seite zu haben. Und scheuen Sie sich nicht, ihn um Rat zu fragen.

Schlagen

Es ist normal, wenn ein Pferd bei Rangauseinandersetzungen ausschlägt oder um sich bei Gefahr zu verteidigen, wenn keine Fluchtmöglichkeit vorhanden ist.

Auch ein vor Übermut buckelndes Pferd schlägt gern einmal aus oder eines, das frisch auf die Weide kommt. Drehen Sie beim Abhalftern den Pferdekopf deshalb immer in Richtung Tor und klatschen Sie dem Pferd zur Verabschiedung nicht das Halfter auf den Hintern, erst recht nicht, wenn Sie im toten Blickwinkel stehen.

Falscher Umgang mit dem Pferd kann Aggressions- oder Angstschlagen provozieren.

Ein übermüdetes Pferd tritt bei Störungen schon einmal gereizt zu.

Schmerz, beispielsweise beim Hufegeben (bei Beinproblemen wie Spat, Arthrose) löst Schlagen aus. Auch zu späte oder unzureichende Gewöhnung an das Geben der Beine, vor allem dann, wenn der Mensch rangniedriger ist als das Pferd. (Aus Sicherheitsgründen sollten die Beine beim Putzen solcher Tiere unter dem Pferdebauch hindurch angefaßt werden. Fassen Sie das rechte Bein von der linken

Seite her und das linke von rechts, das verringert die (mögliche) Trefferquote. Aber nur dann, wenn sich der Schläger auch sonst am Bauch und den anderen Körperregionen problemlos streicheln, abtasten und putzen läßt.) Eine weitere Sicherheitsmaßnahme ist es, zwischen sich und das Pferdebein beim Üben einen Strohballen zu stellen. Und setzen Sie ruhig eine Reithappe auf.

Ein Pferd kann vor Schreck ausschlagen, besonders in eingeengten Verhältnissen. Es reagiert dann nach dem Motto »Erst treten, dann gucken«. Vielleicht hat es Sie auch gar nicht sehen können, weil Sie gerade in einer seiner blinden Zonen waren?

Die Abneigung gegen das Nachbarpferd kann zum Austreten anregen oder Futterneid schlagende Beweise fordern.

Stuten zeigen sich in der Vorrosse mitunter schlagfertiger als sonst.

Es ist keine Lösung, Schläger zu fesseln. Das ist gefährlich, schränkt die Bewegungfreiheit brutal ein und hindert am Ablegen. Vorhandene Ängste und Aggressionen werden geschürt, das Pferd wird seelisch gebrochen.

Wir hatten eine Stute in Therapie, die so massiv und gezielt nach Menschen geschlagen hat, daß ihr Besitzer drohte, sie bei erfolgloser Behandlung zum Abdecker zu bringen. Ihre Leidensgeschichte begann mit einer Scheidung. Das Familienpferd war nach einem Ehekrieg übriggeblieben. Die Stute vereinsamte in einem Pensionsstall, alle anderen Pferde dort wurden von ihren Besitzern betreut. Sie bekam gerade noch vom Stallbesitzer ihr Futter in die Box geworfen. Weil sich niemand mehr um sie kümmerte, begann sie gegen die Wände zu schlagen. Das brachte ihr den Ruf ein, gefährlich zu sein. Nur mit Mistforken oder Gerten bewaffnet, wagte man sich zum Einstreuen in ihre Box. Bei der geringsten Bewegung bekam sie vorsichtshalber Schläge. Sie begann sich zu wehren und gab niemals auf. Wegen ihrer vermeintlichen Aggressivität wurde sie schließlich nicht mehr nach draußen gebracht. Eineinhalb Jahre verbrachte sie eingesperrt. Lediglich zum Hufe ausschneiden wurde sie, vollgedröhnt mit Beruhigungsmitteln, zweimal in eine Klinik gefahren und unter Vollnarkose behandelt.

Nach erfolgreicher Therapie gelang es uns, sie an einen vernünftigen Menschen zu vermitteln.

Ein Pferd, das unter dem Reiter steigen will, wird vorher langsamer, um Kraft zu sammeln.

Ein schlechter Reiter mit harter Hand und katastrophalem Sitz kann ein Pferd zum Hochgehen veranlassen, zum Beispiel beim Rückwärtsrichten, wenn der Pferdekopf gewaltsam hochgezogen wird.

Angst vor dem Reiter kann ebenso zum Steigen führen wie ein Schmerz aufgrund körperlicher Schäden oder etwa ein schlecht sitzender, drückender oder zu eng geschnallter Sattel.

Daß Hengste, Klopphengste und spät gelegte Wallache häufiger zum Steigen neigen als Stuten, hängt sicherlich zum Teil mit dem geschlechtsabhängigen Kampfverhalten zusammen.

Steigen kann als erlernte Abwehrreaktion beibehalten werden, wenn man als Reiter aus Angst, mit dem Pferd nach hinten umzukippen, beim leichtesten Steigeansatz abspringt und den Ritt beendet.

Zu den gängigen »Geheimtips« unter Pferdeleuten gehört es, einem steigenden Pferd eine mit Blut gefüllte Schweinsblase auf dem Schädel zerplatzen zu lassen oder gleich eine Flasche auf dem Schädel zu zertrümmern. Das ist Tierquälerei.

Ich habe Dauersteiger in Therapie bekommen, die durch wiederholte Überforderung dazu geworden waren. Hauruck-Methoden in der Ausbildung, zu frühe und zu häufige Turniereinsätze, Streß im Sp(r)itzensport oder unsensible Auktionsvorbereitung zählten mit zu den Auslösern. Eines dieser angeblich unreitbaren Pferde geht bei uns heute als Lehrpferd mit.

Einem anderen Pferd habe ich, auf lange Sicht gesehen, nicht helfen dürfen. Es war als Dressurpferd für den Leistungssport vorgesehen. Sein Besitzer brachte es mir nach telefonischer Absprache wegen seines ständigen und gefährlichen Steigens. Er versicherte mir vorab, daß das Pferd körperlich in einwandfreiem Zustand sei. Doch wie sich herausstellte, war dieses Pferd aufgrund seiner fehlgestellten Hinterbeine nicht in der Lage, sich zu versammeln, das heißt viel Last auf die Hinterhand zu nehmen. Es drehte so stark in den Sprung- und Fesselgelenken nach außen, daß es überwiegend auf den äußeren Hufkanten zum Aufsetzen kam. Beim Hufe auskratzen hatte es Mühe, sein Gleichgewicht zu halten. Auf meine Nachfrage hin bezeichnete der Besitzer diesen Zustand als »leichtes Eiern«. In Absprache mit einem orthopädischen Hufschmied und einem Tierarzt versuchte ich dem Mann klarzumachen, daß dieses junge Vollblutmix nicht für den Hochleistungssport geeignet ist. Umsonst. Nach vier Wochen Therapie und einer kleinen Korrektur durch den Hufschmied ließ sich der Wallach problemlos reiten – auf einem niedrigeren Niveau als geplant. Er ging eine saubere A-Dressur und hervorragend im Gelände. Nichts vermochte ihn bei uns zu erschüttern. Ich erklärte dem Besitzer, daß er sein eigentlich sehr vielseitiges Pferd nicht wieder überfordern dürfte, weil sonst dieselben verständlichen Abwehrreaktionen wieder eintreten müßten. Denn auch der beste Hufschmied kann nur unterstützend wirken und schließlich keine neuen Beine einschrauben.

Aber auch die beste Therapie nützt nichts, wenn Ratschläge nicht angenommen werden. Meine Worte sind unnütz verhallt. Das Pferd mußte wieder in den alten Drill zurück und begann erneut zu steigen. Ich konnte nichts mehr für das Tier tun.

Doch nicht nur beim Reiten selbst kann Steigen zum Problem werden. Einmal wurde mir eine gänzlich unerzogene sechsjährige Stute, die den ganzen Winter eingesperrt im Stall verbracht hatte, zum Anreiten gebracht. Sie ging in den ersten Trainingstagen grundsätzlich auf alle Menschen steigend los, denn sie war es gewohnt, daß die ihr dann auswichen. Eigentlich ein untypisches Verhalten für Stuten. Wäre auch ich ihr ausgewichen, hätte ich das nicht ungefährliche Spiel verloren.

Zungenschleppen

Ein Zungenschlepper läßt seine Zunge oft während des Reitens oder schon nach dem Auftrensen ununterbrochen seitlich aus dem Maul heraushängen. Erst nach dem Abtrensen plaziert er sie wieder an der richtigen Stelle.

Ist eine Trense schlecht angepaßt, das Trensengebiß falsch gewählt, zu klein, zu scharf, mit unangenehmen Scheuerkanten, oder hat der Reiter eine grobe, unruhige Hand, die er womöglich mit anderen Reitfehlern kombiniert, dann wehrt sich sein Pferd unter Umständen auch mit der Zunge. Es versucht so das Trensengebiß loszuwerden. Ohne Erfolg. Denn der unsensible Reiter wird als nächstes den Sperriemen enger schnallen.

Aus der andauernden Gegenwehr mit der Zunge, in der Hoffnung, daß mal jemand wirklich ›was schnallt‹, kann sich ein Zungenschlepper entwickeln.

Natürlich müssen beim Auftreten von Zungenspielen auch die Zähne sorgfältig überprüft werden. Dasselbe gilt für die Zunge selbst.

Ich kenne leider einen Mann, der vor jedem Turnierstart (Dressur) den Sperriemen mit der Zange zugezogen hat, weil er verhindern wollte, daß sein Pferd das Maul aufsperren und dadurch womöglich den Eindruck erwecken könnte, es bestünden ›Durchlässigkeitsprobleme‹. Und ein branchenbekannter Pferdehändler bindet Zungenschleppern Gummibänder oder Haare um die Zungen, um sie fehlerfrei präsentieren zu können.

Ich habe einen Zungenschlepper gesehen, der mit einem Drahtgebiß geritten wurde – breite und tiefe Einschnitte in der Zunge waren die Folge. Die meisten Zungenschlepper entdecke ich in schlechten Schulbetrieben. Nicht alle Lehrställe sind zu empfehlen ... es gibt auch Leerställe.

Widersetzlichkeiten beim Führen und Verladen

Wenn ein Pferd sich weigert, einen Hänger zu betreten, hat es Angst – also schlechte Erfahrungen.

Wie viele Fohlen werden, ohne jemals an das Aufhalftern oder Führen gewöhnt worden zu sein, abrupt von ihrer Mutter getrennt, verkauft und in einen Hänger bugsiert? Dieser schmale, dunkle Kasten bereitet jedem Fluchttier schon beim Hineinsehen Unbehagen. Die Rampe ist oft wacklig und klingt beim Betreten dumpf. Und wie viele Fohlen bekommen wegen ihrer verständlichen Gegenwehr einen Sack über den Kopf gestülpt?

Wenn dann nicht einmal ein vertrauter Gefährte mitreist, das Fohlen die Menschen nicht kennt, die es ungeduldig, gar grob anpacken, wenn nichts mehr Vertrauen einflößt, dann ist schon zuviel falsch gelaufen.

Merkt das Fohlen dann, daß es sich während der Fahrt nicht auf die Kurven einstellen kann, die es nicht sieht (Auge und Gleichgewicht gehören zusammen), und fährt der Mensch hinterm Steuer womöglich noch wie ein Henker, wird das Tier nie wieder einen Transporter betreten wollen. Auch das Abladen wird für das Fohlen dann problematisch verlaufen.

Wen wundert es, wenn auf diese Weise eine Transport-Phobie entsteht und wahrscheinlich weitere tiefsitzende Ängste, die späteren Besitzern noch einige Rätsel aufgeben.

Man muß mit dem Üben von Selbstverständlichkeiten früh anfangen. Das beginnt bereits beim Hufeheben, Aufhalftern, Führen. Ich habe einmal von einem Reitanfänger ein Pferd zum Anreiten bekommen, das mit fünf Jahren noch nicht einmal gelernt hatte, am Halfter zu gehen. In seinem Zuhause hatte es immer frei laufen können. Daher verfügte das Pferd über ein grenzenloses Selbstbewußtsein und war es zudem gewohnt, daß alle ihm Platz machten. Bei den ersten Versuchen, ihm die Hufe auszukratzen, setzte es sich einfach auf den Hintern. Es war anfangs nicht einfach, ihm zu verdeutlichen, daß es eine gewisse Disziplin zu lernen hatte – immerhin handelte es sich um einen überaus kräftigen Kaltblutmix von 1,85 m Stockmaß, einen richtigen ›Reitelefanten‹. Hätte dieses Pferd schon als Fohlen die Grundregeln im Umgang mit Menschen gelernt, wäre es für alle leichter geworden. Wenn Sie noch reitunerfahren sind, sollten Sie mit einem erfahrenen Pferd beginnen! Bitte.

Fazit

Ich hoffe, daß ich mit dem Vorstellen dieser Fülle von Verhaltens-abweichungen und -störungen schockieren konnte – im Interesse einer verantwortungsbewußteren Pferdehaltung.

Häufig sind meine Therapiepferde Traber und Galopper, die von der Rennbahn kommen, oder Import-, sprich Modepferde oder einzeln, ohne Artgenossen gehaltene Tiere.

Die leidgeprüften sogenannten Problempferde, die ich erwerbe oder zur Therapie bekomme, fordern mich. Doch mein Hauptproblem sind die Menschen.

Die ›Besitzer-Therapie‹ erweist sich oft als schwieriger als die der Vierbeiner, obwohl Menschen doch in der Lage sein sollten, durch Einsicht zu lernen.

Die Aussage »Das habe ich nicht gewußt!« hinterläßt bei mir immer wieder ein beklommenes Gefühl. Bedeutet das doch, daß die herkömmlichen Reitschulen immer noch zu wenig Kenntnisse über das Tier vermitteln, nur das Sich-im-Sattel-Halten, nicht aber das Halten eines Pferdes beibringen. Sich ein Pferd leisten zu können kann doch nicht alles sein. Ist es nicht mehr, ein Pferd auch mit Sinn und Verstand zu halten?

Es ist nicht immer auf den ersten Blick zu erkennen, inwieweit körperliche und seelische Störungen vorliegen. Körper und Seele gehören zwar zusammen, aber hinsichtlich der Therapiemaßnahmen muß eine sorgfältige und differenzierte Diagnose getroffen werden. Ein Pferd, das körperlich krank und gestört ist, braucht tierärztliche und psychologisch therapeutische Hilfe.

Sie, liebe Leserinnen und Leser, können dafür sorgen, daß die Pferde, die in Ihrer Obhut leben, niemals Gefahr laufen, ge- oder zerstört zu werden. Wer aber bedauernswerten Geschöpfen begegnet, sollte nicht aus Mitleid oder Vermenschlichung weitere Fehler begehen.

Gebrochene Pferde gehören in die Hände von Fachleuten. Ein Alleingang kann leicht zum Scheitern verurteilt sein und der geschundenen Kreatur den Rest geben. Arroganz ist hier fehl am Platze. Wer Hilfe annimmt, hilft auch den Pferden.

Oft können verschiedene Lerntherapien helfen, wenn die Ursachen, die zu dem Leid geführt haben, erst abgestellt sind. Als Therapeutin sehe ich nicht durch die ›rosarote Besitzerbrille‹, sondern zuallererst aufs Pferd.

Pferdebesitzer werden in Therapiemaßnahmen einbezogen, um das Andauern der Therapieerfolge zu sichern. Doch habe ich auch schon mehrmals zu einem Besitzer- bzw. Pferdewechsel geraten – zum Wohle des Tieres.

Pferde dürfen sich ihre Menschen leider nicht aussuchen. Hätten sie die Wahl, würde manches anders aussehen. Ein Pferdebesitzer muß nicht nur seine Pferde beobachten, sondern auch stets sich selbst.

Ich teile mein Wissen und meine Erfahrungen gern, weil in diesem Fall das Teilen keinen Verlust bedeutet, sondern eine Vervielfältigung erfährt. Hier habe ich allerdings noch keine Therapiemaßnahmen niedergeschrieben, weil ich erst einmal das Pferd als solches erklären wollte. Doch gehören die unter dem Kapitel »Vom Lob zum Begriff« erläuternden Lehr- und Lernmethoden natürlich auch in den therapeutischen Bereich.

Eigentlich sind die Pferde die Therapeuten – Geschöpfe, die uns eine bessere Lebensqualität schenken können. Vielen Menschen haben sie schon Glück und Zufriedenheit gebracht, das Leben schöner und sinnvoller gemacht und neue Empfindungen geweckt. Die Einzigartigkeit der Pferde, ihre Gegenwart, ihre Körperwärme und ihre Anmut haben ihnen den Ruf als ›zärtliche Therapeuten‹ eingebracht.

Eine Welt ohne Pferde wäre ungleich ärmer.

Das Sterben und der Tod – *Anmerkungen von Hotte H.*

Der Tod schreckt uns nicht, denn er ist etwas Natürliches. Aber das Sterben kann schlimm sein, zumal es heute oft künstlich verlängert wird.

Denkt daran, daß ihr eine große Verantwortung übernommen habt, wenn ihr ein Tier besitzt. Wer Tiere hält, muß sich auch mit ihrem möglichen Tod auseinandersetzen und loslassen können. Denn der Tod kann auch eine Erlösung sein. Bei schwerer Krankheit ist er manchmal dem Leben vorzuziehen.

Manche Pferdebesitzer lassen ihr Pferd aus purem Egoismus nicht sterben, obwohl es unter natürlichen Umständen längst nicht mehr leben würde und nur mit Medikamenten stabilisiert werden kann. Liebe soll doch aber sein, nicht nur an sich, sondern auch die anderen zu denken!

Wenn ihr euch nicht sicher seid, ob die Zeit gekommen ist, fragt den Tierarzt um Rat. Er kann beurteilen, ob wir leiden oder Schmerzen haben. Wenn ihr eurem Pferd eng verbunden seid, dann müßtet ihr eigentlich, wenn ihr tief in euch hineinhorcht, von selbst die Antwort finden.

Viele Pferde müssen jung sterben. Die Ursachen sind oft Unfälle, Krankheiten oder der Verschleiß im Leistungssport. Pferdebeine halten nicht allen Belastungen stand.

Andere Pferde müssen sterben, weil sie im Alter nicht mehr voll leistungsfähig sind. Da geht's dann bloß noch um den Schlachtpreis und darum, Futtergeld zu sparen. Völlig gesunde Pferde sind ihren Besitzern auf einmal nichts mehr wert. Es kommt sogar vor, daß Menschen versuchen, einen Versicherungsschaden zu konstruieren, um so noch ein bißchen mehr Geld aus uns herauszuschlagen.

Manchmal werden alte Artgenossen billig verkauft oder vielleicht sogar verschenkt. Das ist nicht immer eine glückliche Lösung. Wir

Pferde sind doch Gewohnheitstiere! Das Einleben an einem fremden Ort fällt uns im Alter schwer. Und wenn so etwas nur geschieht, um jemand anderem die Verantwortung über Leben und Tod zuzuschanzen, ist das auch nicht gerade fair. Doch ihr Menschen schiebt ja auch mitunter eure alten Eltern und Verwandten ab, habe ich gehört ...

Wir können doch im Alter noch aktiv sein und unser Leben genießen! Die meisten von uns sind bis zum Schluß rüstig genug, um Spazierritte mitzumachen. Wir laufen auch mal als Hand- oder Packpferd mit oder spielen den Gesellschafter. Kinder freuen sich immer, wenn sie einmal eine Runde auf der Weide mit uns drehen dürfen. Oft sind sie schon froh, wenn sie uns nur putzen und streicheln dürfen. Gegen ein bißchen Dressur- oder interessante Bodenarbeit haben wir auch als »Gruftis« meist nichts einzuwenden. Den urwüchsigen Rasen vorm Haus mähen wir auch noch einmal so nebenbei ab, umweltfreundlich und leise, inklusive biologischer Düngung. Wir können auch jungen Kollegen noch einiges beibringen: Wenn sie Angst haben, irgendwo entlangzugehen, können wir helfen, ihnen die Angst zu nehmen. Wir haben alles schon einmal gesehen und sind nicht mehr so leicht zu erschüttern. Unerfahrene Pferde ahmen uns nach und gewöhnen sich so schneller an Neues. Solche Aufgaben bewahren uns davor, in ein »Rentnerloch« zu fallen.

Wenn uns kein natürlicher, friedlicher Tod vergönnt ist, müßt ihr entscheiden, wie ihr uns auf die letzte Reise schickt.

(Es gibt verschiedene Möglichkeiten: einschläfern, erschießen oder schlachten. Die ersten beiden Methoden sind vertretbar. Einschläfern scheidet allerdings dann aus, wenn der Kreislauf bereits kollabiert und das Blut eingedickt ist. Da bleibt dann nur noch das Erschießen. – Pferde dürfen nach medikamentöser Behandlung, bei Infektionen und sehr hohem Alter nicht zur Fleischverwertung geschlachtet werden.)

Auf keinen Fall will ich den Gang zum Schlachthof erleben müssen – schon wegen der Atmosphäre. Ich möchte ohne Angst sterben dürfen – zu Hause. Außerdem ist manches kranke Pferd, das vorne in den Schlachthof geführt wurde, um zu sterben, hinten wieder herausgeführt und verkauft worden. Das geht, weil manche Beschwerden auf den ersten Blick nicht sichtbar sind, vor allem aber, wenn ein Besitzer Angst hat, sein Pferd bis zum Ende zu begleiten. Wenn das Leiden keinen Schluß findet, ist das schlimm. Wenn wir nicht auf natürlichem Wege sterben können, gesteht uns bitte einen vertrauenswürdigen Sterbebegleiter zu.

Einschläfern und erschießen kostet Geld. Ich weiß. Aber sind wir das nicht wert? Oder sind wir nur eine Sache, die irgendwann möglichst noch gewinnbringend entsorgt werden muß?

Denkt einmal über euren eigenen Tod nach und darüber, wie ihr euch das Sterben wünscht.

Ich habe schon viele meiner Artgenossen sterben sehen: einen natürlichen Tod, aber auch durch Einschläfern oder Erschießen. Ich habe um einen richtigen Freund getrauert, aber das Leben ging weiter. Ich habe den Kummer überwunden und neue Freunde gefunden. Die Gewißheit über den Tod war leichter zu ertragen als die Ungewißheit über das Schicksal eines Liebgewonnenen, der fortgeführt wurde, ohne wiederzukommen.

Merkwürdig ist es, wenn ein totes Pferd abtransportiert wird. Beim Wegschleifen sieht es manchmal so aus, als ob es sich noch bewegt. Stuten, die ein Fohlen verloren haben, wollen dann hinterher. Ihr Mutterinstinkt, der eigentlich durch den Anblick des nicht mehr atmenden Fohlens schon erloschen war, kann wieder aufflackern. Wenn der tote Körper mit einer Decke abgedeckt wird, erspart man der Stute diese Aufregung: So bleibt der Tod für sie endgültig. (Dies entspricht der Erfahrung von Dr. Michael Schäfer; siehe sein Buch »Die Sprache des Pferdes«, S. 158.)

Ein entsetzliches Thema sind die Schlachtpferdetransporte ...

SCHLACHTVIEH-TRANSPORTBEDINGUNGEN sind zwar nach den Richtlinien der Europäischen Union strenger geworden, doch stellt sich die Frage, ob es denn überhaupt nötig ist, lebende Tiere über längere Strecken zu befördern, nur um sie am Ziel zu töten. Tiefgefrorenes Fleisch läßt sich schließlich auch transportieren.

Vor den neueren Bestimmungen wurden Pferde ganz selbstverständlich fünfzig Stunden ohne Wasser und Futter in engen, zugigen Wagen, bei Hitze und Kälte zu ihrem Schlachtort gefahren. Schwach, erschöpft, teilweise verletzt oder gar tot kamen sie dort an. Eine gewisse Todesrate wurde von vornherein einkalkuliert.

Wenn in Deutschland die Fahrt in Normaltransportern heute nicht länger als acht Stunden dauern darf, ist das zwar ein Fortschritt, aber immer noch kein wünschenswerter Zustand. Außerdem gibt es Ausnahmeregelungen wie beispielsweise für Spezialfahrzeuge mit Belüftung, Einstreu, Tränkvorrichtungen und ausreichend Platz.

Genügen diese Verordnungen? Kommen alle Tiere an die Tränken? Wie häufig sind die Kontrollen? Wie gehen die Fahrer mit den Tieren um? Wie sieht es außerhalb von Deutschland aus? Hier ist informieren, kontrollieren, sich engagieren und gegebenenfalls protestieren angesagt!

»Gebet eines Pferdes«
(Aus einem alten englischen Stall)

*»Gib mir zu fressen, gib mir zu trinken und sorg für mich, und wenn
des Tages Arbeit getan ist, gib mir ein Obdach, ein sauberes Lager
und einen nicht zu kleinen Platz im Stall. Rede mit mir, denn oft ersetzt mir Deine Stimme die Zügel, sei gut zu mir und ich werde Dir
noch freudiger dienen und Dich gern haben. Reiß nicht an den Zü-
geln, greif nicht zur Peitsche, wenn es aufwärts geht, schlage und
stoße mich nicht, wenn ich Dich mißverstehe, sondern gib mir Zeit,
Dich zu verstehen. Halte mich nicht für ungehorsam, wenn ich Dei-
nen Willen nicht erfülle: vielleicht sind Sattelzeug und Hufe nicht in
Ordnung. Prüfe meine Zähne, wenn ich nicht fressen mag – vielleicht tut mir ein Zahn weh. Du weißt, wie das schmerzt. Halte mich
nicht zu kurz und kupiere meinen Schweif nicht, er ist meine einzige
Waffe gegen Fliegen und Moskitos.*

*Und wenn es zu Ende geht, geliebter Herr, wenn ich Dir zu nichts
mehr zu nützen vermag, lasse mich bitte nicht hungern und frieren
und verkaufe mich nicht.*

*Gib mir nicht einen fremden Herrn, der mich langsam zu Tode quält
und mich verhungern läßt, sondern sei gütig und bereite mir einen
schnellen und barmherzigen Tod, und Gott wird es Dir lohnen, hier
und in Ewigkeit.*

*Laß mich dies von Dir erbitten und glaube nicht, daß es mir an Ehr-
furcht gebricht, wenn ich es in seinem Namen tue, der in einem Stall
geboren ist.*

Amen.«

200

Auszüge aus dem Tierschutzgesetz

Nachstehendes sollte selbstverständlich sein, doch es ist beruhigend, es auch gesetzlich verankert zu wissen. Wenn sich nur jeder bloß dran halten würde!

Auszüge aus der Neufassung des Tierschutzgesetzes
vom 25. Mai 1998 (BGBl. I. S. 1094)

»Erster Abschnitt
Grundsatz
§ 1

Zweck dieses Gesetzes ist es, aus der Verantwortung des Menschen für das Tier als Mitgeschöpf dessen Leben und Wohlbefinden zu schützen. Niemand darf einem Tier ohne vernünftigen Grund Schmerzen, Leiden oder Schäden zufügen.

Zweiter Abschnitt
Tierhaltung
§ 1

Wer ein Tier hält, betreut oder zu betreuen hat,
1. muß das Tier seiner Art und seinen Bedürfnissen entsprechend angemessen ernähren, pflegen und verhaltensgerecht unterbringen,
2. darf die Möglichkeit des Tieres zu artgemäßer Bewegung nicht so einschränken, daß ihm Schmerzen oder vermeidbare Leiden oder Schäden zugefügt werden,
3. muß über die für eine angemessene Ernährung, Pflege und verhaltensgerechte Unterbringung des Tieres erforderlichen Kenntnisse und Fähigkeiten verfügen.«

In §3 heißt es under anderem:

»Es ist verboten,

1. einem Tier außer in Notfällen Leistungen abzuverlangen, denen es wegen seines Zustandes offensichtlich nicht gewachsen ist oder die offensichtlich seine Kräfte übersteigen,

1a einem Tier, an dem Eingriffe und Behandlungen vorgenommen worden sind, die einen leistungsmindernden körperlichen Zustand verdecken, Leistungen abzuverlangen, denen es wegen seines körperlichen Zustandes nicht gewachsen ist,

1b an einem Tier im Training oder bei sportlichen Wettkämpfen oder ähnlichen Veranstaltungen Maßnahmen, die mit erheblichen Schmerzen, Leiden oder Schäden verbunden sind und die die Leistungsfähigkeit von Tieren beeinflussen können, sowie an einem Tier bei sportlichen Wettkämpfen oder ähnlichen Veranstaltungen Dopingmittel anzuwenden,

2. ein gebrechliches, krankes, abgetriebenes oder altes im Haus, Betrieb oder sonst in Obhut des Menschen gehaltenes Tier, für das ein Weiterleben mit nicht behebbaren Schmerzen oder Leiden verbunden ist, zu einem anderen Zweck als zur unverzüglichen schmerzlosen Tötung zu veräußern oder zu erwerben; dies gilt nicht für die unmittelbare Abgabe eines kranken Tieres an eine Person oder Einrichtung, der eine Genehmigung nach §8 und wenn es sich um ein Wirbeltier handelt, erforderlichenfalls eine Ausnahmegenehmigung nach §9 Abs. 2 Nr. 7 Satz 2 an solchen Tieren erteilt worden ist, [...]

5. ein Tier auszubilden oder zu trainieren, sofern damit erhebliche Schmerzen, Leiden oder Schäden für das Tier verbunden sind,

6. ein Tier zu einer Filmaufnahme, Schaustellung, Werbung oder ähnlichen Veranstaltung heranzuziehen, sofern damit Schmerzen, Leiden oder Schäden für das Tier verbunden sind, [...]

Bundesministerium für Ernährung, Landwirtschaft und Forsten«

Bei Zuwiderhandlung werden Geld- oder Freiheitsstrafen verhängt. Auch kann ein Verbot zur Tierhaltung ausgesprochen werden.

(Der häufigste Verstoß ist Überforderung jeglicher Art, auch die Überforderung des Anpassungsvermögens).

Brigitte darf das letzte Wort haben

Danke, Hotte!

Bevor ich mich bei allen bedanke, die mir geholfen haben, dieses Buchprojekt zu verwirklichen, möchte ich die Hoffnungen benennen, die das Schreiben begleiteten:

- Mit Spaß ernsthaft Lernen – das ist die Zielsetzung dieses Buches. Die Umsetzung soll das Verständnis fördern und die Harmonie zwischen Mensch und Pferd.

- Ich hoffe – in Ehrfurcht vor der Natur und der Kreatur, daß es mir gelungen ist, bewußt zu machen, wieviel Verantwortung es bedeutet, Pferde (fremde oder eigene) zu betreuen.

- Ich hoffe, ich konnte zum Nachdenken und ganzheitlichen Mitdenken bewegen – durch Überzeugung, nicht durch Überredung.

Und jetzt mein Dank. Er gilt Hotte, stellvertretend für alle Pferde, die meinen Weg bis heute begleitet haben und von denen ich lernen durfte. Die mir auch Fehler verziehen und mir alle unendlich viel gegeben haben, von Vertrauen bis Freundschaft, von Erfahrung bis zu tiefer Zufriedenheit und Glück. Die mir Trost waren, wenn ich ihn nötig hatte, und die mich disziplinierten. Dafür danke ich ihnen. Ein Leben ohne Pferde wäre für mich unglaublich leer.

Ich habe einen ganz großen Lehrmeister, was Pferde angeht: meinen Vater. Er hat mir die Liebe zum Pferd geschenkt und mir vieles von dem beigebracht, was ich heute über diese großartigen Tiere weiß. Ihm gilt mein größter Dank.

Die Zeit zur Fertigstellung dieses Buches habe ich nur gehabt, weil mir meine geliebten Eltern sehr viel Arbeit abgenommen und mich auch sonst in jeder Hinsicht unterstützt und bestärkt haben. Auch dafür möchte ich danken.

Von meiner Mutter stammen bis auf das Titelbild alle Fotos. Sie hat ein wunderbares Auge dafür, Stimmungen und Situationen, die es aufzubewahren lohnt, mit der Kamera einzufangen. Dafür meine Anerkennung und ein Dankeschön.

Werner Kubny danke ich für das Überlassen des Coverfotos.

Das Studium der Tierpsychologie an der Akademie für Tiernaturheilkunde (ATM), insbesondere bei Frau Dr. Zeitler-Feicht, hat mein Wissen noch gefestigt. Ebenso danke ich der ATM für die freundliche Genehmigung, mich an den Studienskripten orientieren zu dürfen.

Ich habe viele Fachbücher gelesen. Eines meiner Lieblingsbücher ist »Die Sprache des Pferdes« von Dr. Michael Schäfer, dessen Erfahrungen und vor allem seine Beobachtungsgabe mir eine wertvolle Stütze waren. Auch ihm möchte ich meinen Dank aussprechen.

Allen anderen Autoren, die mich durch ihre Bücher weitergebracht haben, gilt ebenfalls Dank. Ihre Werke sind in den Literaturempfehlungen erwähnt.

Meinem schärfsten und liebsten Kritiker Gerd möchte ich für seine Bemerkungen und für die Erweiterung meiner Computerkenntnisse liebevoll danken.

Und Ihnen, lieber Leser oder liebe Leserin, danke ich schließlich dafür, daß Sie wirklich bis zum Schluß dabei geblieben sind. Oder sollten Sie dieses Buch »von hinten aufgezäumt haben«? Dann fanden Sie es hoffentlich einladend genug, um nun vorn weiterzulesen.

All das, was Hotte und ich hier vorgetragen haben, ist ausführlich und praktisch in meinen Kursen zu dem 1995 von mir entwickelten *»Pferde-Partner-Paß«-Programm* zu erfahren.

Ich meine, daß alle, die mit Pferden zu tun haben, über dieses Grundwissen verfügen sollten. Übrigens: Auch Nichtreiter können an meinem *»Pferde-Partner-Paß«-Programm* teilnehmen. Denn es gibt meines Wissens viele, die Pferde lieben, pflegen oder gar selbst halten, ohne sich jemals in den Sattel zu schwingen.

Als zusätzliche Lernhilfen biete ich Lernspiele, Videos, Dias, weitere Fotos, Karikaturen, Lernspielzeuge, Geschichten, Buchtips,

Demonstrationen und Betriebsführungen an, um verschiedenen Lernmethoden gerecht zu werden. Denn schließlich gibt es unterschiedliche Wege, um zu lernen. Aber alle Pferdefreunde verfolgen dabei dasselbe Ziel:

Den Pferden ein schöneres Leben zu ermöglichen. Und sie nicht nur zu besitzen, zu reiten und zu fahren, sondern ihnen gerechte Partner und Partnerinnen zu sein.

Mittlerweile planen auch die großen Reitsport-Organisationen, eine Art Partnerpaß herauszubringen ...

Brigitte Schulz

Literaturverzeichnis

ATM *(Akademie für Tiernaturheilkunde)*: Die Psychologie-Skripte. Bad Bramstedt.

Blendinger, Wilhelm: Psychologie und Verhaltensweisen. Berlin und Hamburg 1988, S. 204.

FN *(Deutsche Reiterliche Vereinigung)*: Wissenschaftliche Publikation Band 6, Pferdehaltung – Ernährung und Haltung. Warendorf 1986, S. 21

FN *(Deutsche Reiterliche Vereinigung)*: Wissenschaftliche Publikation Band 7, Pferdehaltung – Zucht. Warendorf 1986.

Morris, Desmond: Horsewatching. München 1989, S. 29 f., S. 87 ff.

Schäfer, Michael: Die Sprache des Pferdes. Stuttgart 1993, S. 33, 158, 201 ff.

Weitere Buch- und Videotips

Bundesministerium für Ernährung, Landwirtschaft und Forsten: Leitlinien zur Beurteilung von Pferdehaltungen unter Tierschutzgesichtspunkten. Bonn.

Bruns, Ursula und Tellington-Jones, Linda: Die Tellington Methode. Zürich 1985.

Eicher, Sigrid und Weiland, Elisabeth: Fredy Knie – Die sanfte Art mit Pferden umzugehen. Stuttgart 1994.

FN *(Deutsche Reiterliche Vereinigung)*: Band 1, Richtlinien für Reiten und Fahren, Grundausbildung für Reiter und Pferd. Warendorf 1994.

FN *(Deutsche Reiterliche Vereinigung)*: Band 4, Richtlinien für Reiten und Fahren, Haltung, Fütterung, Gesundheit und Zucht. Warendorf 1997.

FN *(Deutsche Reiterliche Vereinigung)*: Orientierungshilfen Reitanlagen- und Stallbau. Warendorf 1992.

Gohl, Christiane: Was der Stallmeister noch wußte. Stuttgart 1993.

Loeffler, Klaus: Anatomie und Physiologie der Haustiere. 8. ausgabe, Stuttgart-Hohenheim 1970.

Simpson, George Gaylord: Pferde. Die Geschichte der Pferdefamilie in der heutigen Zeit und in sechzig Millionen Jahren ihrer Entwicklung. Berlin und Hamburg 1977.

Tellington-Jones, Linda: Die Persönlichkeit ihres Pferdes. Stuttgart 1995.

Wegner, Bärbel und Steinmaier, Helga: Von Frauen und Pferden. Königstein / Taunus 1998.

Xenophon: Über die Reitkunst; Der Reitoberst. (Exklusivausgabe der Pferdezeitschrift Cavallo).

Videos

Meyer, Helmut: Pferdefütterung – Fütterungspraxis vom Pony bis zum Hochleistungssportler.

Schulz, Brigitte: *Vom Lob zu Begriff – Das Lernvermögen der Pferde* (VFD-empfohlener Lehrfilm).

Die Pferdefrau vom Immenhof (Portrait über Brigitte Schulz, für das WDR Fernsehen produziert von Werner Kubny).

Bärbel Wegner und Helga Steinmaier
Von Frauen und Pferden
Zur Geschichte einer besonderen Beziehung
ISBN 3-89741-003-6

Nicht nur Mädchen sind begeistert, auch erwachsene Frauen bleiben den Pferden oft treu oder wollen bald zurück in den Stall. Selbst mit fünfzig oder siebzig steigen sie wieder aufs ›hohe Roß‹.
Was ist das für eine Leidenschaft, die Frauen mit Pferden verbindet? In anschaulichen Episoden und Bildern läßt dieses Buch sie lebendig werden. Dabei verbindet es Informationen, z.B. über Berufe rund ums Pferd, mit einem bunten Streifzug durch Vergangenheit, die Freundinnen der Pferde stets im Blick. Wir begegnen mittelalterlichen Fürstinnen, grazilen Kunstreiterinnen und reisenden Damen, die reitend die Wüste durchkreuzen ... Denn durch die Geschichte der Frauen ziehen sich Pferdespuren – von den Amazonen bis hin zu den Pferdeliebhaberinnen unserer Tage.
Ein wunderbares Geschenkbuch – nicht nur – für Reiterinnen!

BÄRBEL WEGNER reitet und schreibt von Kindheit an. Seit 1977 Buchhändlerin und Pferdehalterin. HELGA STEINMAIER suchte die Mosaiksteine zu diesem Buch zusammen und ist begeisterte Freizeitreiterin.